Sprache im Blick

Ratgeber Leichte Sprache

Die wichtigsten Regeln und Empfehlungen für die Praxis

Von
Ursula Bredel und Christiane Maaß

Dudenverlag
Berlin

Die **Duden-Sprachberatung** beantwortet Ihre Fragen
zu Rechtschreibung, Zeichensetzung, Grammatik u. Ä.
montags bis freitags zwischen 09:00 und 17:00 Uhr.
Aus Deutschland: **09001 870098** (1,99 € pro Minute aus dem Festnetz)
Aus Österreich: **0900 844144** (1,80 € pro Minute aus dem Festnetz)
Aus der Schweiz: **0900 383360** (3,13 CHF pro Minute aus dem Festnetz)
Die Tarife für Anrufe aus den Mobilfunknetzen können davon abweichen.
Den kostenlosen Newsletter der Duden-Sprachberatung können Sie
unter www.duden.de/newsletter abonnieren.

Bibliografische Information der Deutschen Nationalbibliothek
Die Deutsche Nationalbibliothek verzeichnet diese Publikation in der
Deutschen Nationalbibliografie; detaillierte bibliografische Daten sind im Internet
über http://dnb.dnb.de abrufbar.

 D C B A
Bibliographisches Institut GmbH, Mecklenburgische Straße 53, 14197 Berlin

Redaktion Melanie Kunkel
Autorinnen Prof. Dr. Ursula Bredel, Prof. Dr. Christiane Maaß

Herstellung Maike Häßler
Umschlaggestaltung Büroecco, Augsburg
Satz fotosatz griesheim GmbH
Druck und Bindung Heenemann GmbH & Co. KG
Bessemerstraße 83–91, 12103 Berlin
Printed in Germany

ISBN 978-3-411-75618-6
Auch als E-Book erhältlich unter: ISBN 978-3-411-91236-0
www.duden.de

Über diesen Ratgeber

Kurze Sätze, einfache grammatische Formen, leicht zugängliche Wörter, viele Erklärungen, klares Schriftbild, direkte Leseransprache – Texten in Leichter Sprache begegnet man heute immer häufiger. Öffentliche Verwaltung, Bildungseinrichtungen oder auch Parteien setzen in ihrer Kommunikation zunehmend auf ein paralleles Textangebot in Leichter Sprache, Medien veröffentlichen Nachrichten in Leichter Sprache.

Entwickelt wurde das Konzept für Personen mit Leseeinschränkungen; es soll ihnen den Zugang zur Schriftsprache und damit die Teilhabe am gesellschaftlichen Leben ermöglichen. Zuletzt hat die Novelle des Behindertengleichstellungsgesetzes von 2016 die Rolle der Leichten Sprache deutlich gestärkt.

Dieser Band bietet Ihnen eine kompakte und übersichtliche Einführung in das Thema. Der erste Teil (Kapitel 1 bis 4) stellt die Rahmenbedingungen vor: Woher kommt das Konzept und wie hat es sich etabliert? Welche gesetzlichen Grundlagen gibt es? An wen richtet sich Leichte Sprache und wer kann von ihr profitieren? Wie funktioniert Verstehen und wie kann Verstehensproblemen wirksam vorgebeugt werden?

Im zweiten Teil (Kapitel 5 bis 10) erhalten Sie einen Einblick in die Praxis des Übersetzens in Leichte Sprache: Wie wickelt man einen Übersetzungsauftrag ab? Welche Hilfsmittel stehen Übersetzer(inne)n zur Verfügung? Sie lernen wichtige Gestaltungsprinzipien auf Wort-, Satz- und Textebene kennen und erfahren, wie das Layout und der Einsatz von Bildern das Textverstehen unterstützen können. Schließlich stellen wir Ihnen die Prinzipien der »Einfachen Sprache« vor, die bei Leser(inne)n mit weniger starken Leseeinschränkungen zum Einsatz kommt.

Wir hoffen, mit diesem Ratgeber zur Weiterentwicklung und Professionalisierung der Leichte-Sprache-Praxis beizutragen. Für alle, die ihre eigene Übersetzungskompetenz auch praktisch weiterentwickeln möchten, ist parallel zu diesem Ratgeber ein Arbeitsbuch mit zahlreichen Übungsaufgaben erschienen.

Ursula Bredel und Christiane Maaß

1. Zur Einführung

»Anders sehen« – ein Beispiel

Die Blindeninstitutsstiftung stellt ihr Leitbild unter dem Titel »Das ist uns wichtig« auch in Leichter Sprache zur Verfügung, hier ein Auszug (Blindeninstitutsstiftung 2015 a, S. 6):

> Die Blinden·instituts·stiftung gibt es schon sehr lange.
> Deshalb wissen wir sehr viel über Seh·behinderung.
> Und wir wissen sehr viel über Blindheit.
> Die Menschen sollen sich bei uns wohl·fühlen.
> Und wir möchten die Menschen fördern.
>
> Deshalb möchten wir auch immer dazu·lernen.
> Zum Beispiel fragen wir Fach·leute:
> Was können wir besser machen?
> Fach·leute wissen nämlich über bestimmte Sachen besonders viel.
> So erweitern wir unser Wissen ständig.
> Und so können wir Menschen mit Behinderungen besser helfen.

Der standardsprachliche Originaltext sieht so aus (Blindeninstitutsstiftung 2015 b, S. 4–5):

> Zur Entfaltung und Sicherung der Lebensqualität schaffen wir gute Rahmenbedingungen hinsichtlich Organisation, Konzeption, personeller und sachlicher Ausstattung.
> Spezifischen Anforderungen (zum Beispiel medizinischen und psychiatrischen) begegnen wir durch die kontinuierliche Weiterentwicklung unserer Fachkompetenz. Wir kooperieren dafür auch mit externen Fachleuten und bauen nach Bedarf Brücken zu anderen Unterstützungssystemen. [...]
> Die Stärke der Blindeninstitutsstiftung liegt in ihren vielfältigen Kompetenzen in den Bereichen Sehbehinderung und Blindheit. Aufbauend auf unserer langen fachlichen Tradition entwickeln wir unsere Kernkompetenz innovativ weiter.

Standardsprachliche Originaltexte werden im Folgenden *Ausgangstexte*, die Übersetzungen in Leichte Sprache *Zieltexte* genannt.

Der Ausgangstext der Blindeninstitutsstiftung schöpft die Möglichkeiten des Standarddeutschen breit aus und weist eine charakteristische fachsprachliche Verdichtung auf. Solche Texte, die uns im Alltag umgeben, können von durchschnittlichen Leser(inne)n in der Regel erschlossen werden. Selbst wo Schwierigkeiten auftreten, kann sich auf der Basis einer reichen Lesepraxis Verstehen einstellen. Im Gegensatz dazu haben Personen mit beeinträchtigter Lesefähigkeit weder die Textroutinen zur Verfügung, noch sind ihre Sprachkenntnisse so weit ausgeprägt, dass alle Inhalte erschlossen werden könnten. An diesem Punkt setzt Leichte Sprache an.

Das Übersetzen in Leichte Sprache ist jedoch eine schwierige Angelegenheit, denn die Komplexität des Gegenstands bleibt im Zieltext in Leichter Sprache normalerweise erhalten: Auch im Zieltext geht es um das Leitbild der Blindeninstitutsstiftung und um die Art und Weise, wie es in der Praxis umgesetzt wird. Allerdings stehen nicht mehr dieselben komplexen sprachlichen Mittel zur Verfügung wie im Ausgangstext.

Die wissenschaftlich fundierten Leichte-Sprache-Regeln, die wir in diesem Band vorstellen, sind so angelegt, dass sie für Leichte-Sprache-Übersetzer(innen) einen sicheren Rahmen setzen und Übersetzungsstrategien auch für Ausgangstexte mit hohem Fachlichkeitsgrad bieten.

Was Sprache leicht macht

Leichte Sprache, geschrieben mit großem »L«, ist eine stark vereinfachte Variante des Deutschen. In vielen unterschiedlichen Kontexten wird Sprache von Sprecher(inne)n oder Schreiber(inne)n intuitiv oder auch gezielt vereinfacht: Im kommunikativen Umgang mit kleinen Kindern etwa, mit Personen, die kaum Deutsch sprechen, mit Demenzpatient(inn)en oder in akuten Krisensituationen. Ziel ist es dabei jeweils, die kommunizierten Inhalte leicht aufnehmbar und verständlich zu machen. Wir sprechen dann langsam und deutlich, Hinweisschilder sind mit großer Schrift, kontrastreich und insgesamt gut sichtbar ausgelegt. Die versprachlichte Botschaft ist einfach und kurz, sie nutzt zentrale Wortschatzelemente.

Es zeigt sich hier – und die Forschung unterschiedlicher Disziplinen hat das vielfach bestätigt –, dass Verständlichkeit universalen Prinzipien folgt. Das wiederum heißt, dass diese Prinzipien, wenn sie gezielt eingesetzt werden, zu Texten mit hoher Verständlichkeit führen. So angepasste Texte sind dann für Personen mit Leseeinschränkungen oder Sprachverarbeitungsproblemen leichter verständlich oder überhaupt erst verständlich.

In diesen Kontext schreibt sich Leichte Sprache ein: Ihre Regeln sind an den Prinzipien ausgerichtet, die aus diesen unterschiedlichen Forschungsrichtungen und häufig auch aus der intuitiven Erfahrung heraus als verständlichkeitsverbessernd bekannt sind. So verfügt Leichte Sprache etwa nicht über Nebensätze, die verwendeten Sätze sind kurz und beginnen jeweils auf einer eigenen Zeile. In Leichte-Sprache-Texten werden nach Möglichkeit nur solche Wörter verwendet, die früh gelernt werden und im Wortschatz der meisten Sprachnutzer(innen) fest verankert sind. Bei komplexeren Wörtern werden die Wortbausteine mit Mediopunkt oder Bindestrich sichtbar gemacht. Hinzu kommen weitere Regeln, die man benötigt, um den hohen Anforderungen an die Verständlichkeit von Texten bei eingeschränkter Lesefähigkeit gerecht werden zu können.

Leicht, aber nicht falsch

Die Erleichterung darf jedoch nicht so weit gehen, dass falsches Deutsch entsteht. Die Gefahr ist aber sehr groß. Ein Beispiel kann dies verdeutlichen: Die Xenolektforschung beschäftigt sich damit, wie Muttersprachler(innen) mit Nichtmuttersprachler(inne)n kommunizieren, die erkennbare Probleme mit der gewählten Kommunikationssprache haben. Intuitiv wenden sie Erleichterungsstrategien an, die zu einer erhöhten Verständlichkeit führen. Sie sprechen langsam und deutlich, sie vermeiden Fachsprache, sie verwenden einfachen Wortschatz und kurze Sätze und wiederholen bzw. erläutern ihre Aussagen, wenn sie merken, dass sie nicht verstanden werden. Teilweise gehen sie dabei aber zu weit und produzieren ungrammatische Strukturen (»Da Bahnhof. Du Zug gehen«).

Hier zeigt sich eine deutliche Parallele zur Leichten Sprache: Die angewendeten Erleichterungsstrategien müssen sich hier wie dort zwingend im Rahmen des Standards bewegen, sonst schaffen oder vertiefen Erleichterungssysteme eine Asymmetrie, die sie eigentlich gerade zu heilen suchen.

Darum entsprechen die wissenschaftlich fundierten Regeln, wie sie auch in diesem Ratgeber vor allem in den Kapiteln 5–9 vorgestellt werden, sämtlich der deutschen Orthografie und Grammatik.

Es wäre auch in der Tat unakzeptabel, das Projekt Leichte Sprache mit falscher Orthografie oder Grammatik zu belasten. Das Argument, die Adressatenschaft brauche keine korrekte Orthografie/Grammatik, das sich bisweilen in den Diskurs um die Leichte Sprache einschleicht, ist dem Projekt Inklusion nicht dienlich. Für einen Teil der Adressat(inn)en ist Leichte Sprache ohnehin eine Durchgangsstufe auf dem Weg zum Standard. Diese Personen müssten, wenn sie Leichte Sprache hinter sich lassen, erst lernen, welche der zuvor erlernten Strukturen korrekt waren und welche nicht.

Ebenfalls schwer wiegt, dass die Leichte-Sprache-Leser(innen) diskreditiert werden, wenn ihnen vor den Augen der ganzen Gesellschaft Texte in fehlerhaftem Deutsch vorgelegt werden. Leichte Sprache zu benötigen ist ein Stigma.

Diesen Personen systematisch Texte in fehlerhaftem Deutsch vorzulegen, vergrößert die Abwertung, da in der öffentlichen Wahrnehmung von den Texten auf die Adressat(inn)en geschlossen wird.

Leichte-Sprache-Texte sollten in jeder Hinsicht hochwertig und standardkonform gestaltet werden, um mit ihrer Hilfe eine gleichberechtigte Kommunikation zu ermöglichen. Dabei gilt es, jede Form von Asymmetrie und Herabwürdigung zu vermeiden.

Wer Leichte Sprache braucht

Zum primären Adressatenkreis von Leichter Sprache zählen Menschen mit eingeschränkter Lesefähigkeit, die insbesondere durch geistige Behinderung, Lernschwierigkeiten, Demenz, prälinguale Hörschädigung bzw. Gehörlosigkeit, Aphasie oder funktionalen Analphabetismus hervorgerufen sein kann. Mit dem novellierten Behindertengleichstellungsgesetz von 2016 ist Leichte Sprache nunmehr auch in Bundesbehörden fest verankert, nachdem sie in den vergangenen Jahren bereits in den unterschiedlichsten Textsorten Anwendung gefunden hat (etwa Nachrichten, juristische Ratgeber, Wahlbroschüren). Gebraucht wird Leichte Sprache auch in der inklusiven Schule, die Lernmaterialien in unterschiedlichen Schwierigkeitsstufen bereithalten muss, auch für Kinder mit massiveren Beeinträchtigungen.

Darüber hinaus kann Leichte Sprache für die Integration von Migrant(inn)en mit nichtdeutscher Herkunftssprache wichtig werden. Intendiert ist, dass sie für diese Zielgruppe einen ersten Schritt auf dem Weg zum Erwerb der standardsprachlichen Varietät des Deutschen darstellt. Nachrichten und andere Informationsangebote in Leichter Sprache, insbesondere aus dem juristisch-administrativen Bereich, senken die Hürden beim Eintritt in die Gesellschaft.

Die drei Funktionen der Leichten Sprache

Leichte Sprache hat drei wichtige Funktionen:

1. **Partizipationsfunktion:** Leichte Sprache adressiert eine Leserschaft, die keinen direkten Zugriff auf allgemein- oder fachsprachliche Texte hat, weil diese Texte sprachlich zu schwer gestaltet sind und zu viele Wissensbestände voraussetzen. Diese Personen können nur dann am gesellschaftlichen Leben teilhaben, wenn ihnen Textangebote gemacht werden, die sich an ihrem Lesevermögen und an ihrem Vorwissen ausrichten. Leichte Sprache ermöglicht deshalb Teilhabe, Partizipation.
2. **Lernfunktion:** Leichte Sprache macht Inhalte für eine Leserschaft zugänglich, die auf die allgemein- oder fachsprachlichen Ausgangstexte keinen Zugriff hat. Sie ermöglicht das Anlegen von Wissensbeständen und auch das

Einüben in eine Textpraxis. Auf diese Weise können mit Leichter Sprache Lernimpulse gesetzt werden. Einem Teil der Leserschaft wird so der Weg zum Standard geebnet. Besonders wichtig ist in diesem Zusammenhang, dass Leichte-Sprache-Texte durchgehend in korrektem Deutsch verfasst sind.

3. **Brückenfunktion:** Textangebote in Leichter Sprache stehen stets neben den allgemein- oder fachsprachlichen Ausgangstexten. Das heißt, sie ersetzen kein ausgangssprachliches Angebot, sondern ergänzen es. Es ist daher sinnvoll, den Leichte-Sprache-Text in einer Weise aufzubauen, die ein Hin- und Herwechseln zwischen allgemein- oder fachsprachlichem Ausgangstext und dem Zieltext in Leichter Sprache ermöglicht. Die Leser(innen) haben dann tatsächlich die Chance, stellenweise oder großflächig auf den Ausgangstext zuzugreifen und werden nicht auf ein separates »Textuniversum« in Leichter Sprache verwiesen.

Grenzen der Leichten Sprache

Den Potenzialen der Leichten Sprache, möglichst vielen Gesellschaftsmitgliedern kommunikative Teilhabe zu ermöglichen, stehen empfindliche Nachteile gegenüber. In Leichter Sprache kann nicht alles ausgedrückt werden, was in der Standardsprache ausgedrückt werden kann. Durch die starke Reduktion sprachlicher Mittel und die gleichförmige optische Darstellung erreichen die Texte wenig Varianz und müssen häufig durch Erklärungen unterbrochen werden. Sprachspiel, Sprachwitz, Andeutungen und Verweise fallen dem Erfordernis unmittelbarer und direkter Kommunikation zum Opfer.

Entsprechend sind die Reaktionen auf Leichte Sprache häufig negativ bis abwehrend. Das bezieht sich jedoch nicht allein auf die Gestalt der Texte, sondern fällt negativ auf die Leser(innen) zurück, die diese Sprache brauchen: Wer derart aufbereitete Texte benötigt, ist von Stigmatisierung bedroht. Das erschwert die Arbeit am Projekt Leichte Sprache, das sich noch immer einem Rechtfertigungsdruck ausgesetzt sieht.

An der positiven Wahrnehmung von Leichter Sprache ist daher aktiv zu arbeiten. Eine wichtige Rolle wird hierbei zum einen spielen, die Übersetzungspraxis insgesamt zu professionalisieren und einen hohen und verlässlichen Standard der Texte auf allen Ebenen sicherzustellen. Der vorliegende Band will dazu beitragen. Zum anderen muss deutlich werden, dass Leichte Sprache immer nur ein Zusatzangebot neben standardsprachlichen Texten sein kann und will; sie stellt daher keine Bedrohung für die Ausdrucksvielfalt der deutschen Sprache dar.

Hinweise zum Umgang mit Quellen

Wo wir Beispiele für Ausgangstexte und ihre Übersetzung in Leichte Sprache zitieren, weisen wir die Quellen mit Abkürzungen aus (z. B. PAH-A und PAH-L), deren Auflösungen Sie in der Literaturliste finden. Die Abkürzungen für Ausgangstexte enden mit »A«, die Abkürzungen für die Leichte-Sprache-Übersetzungen mit »L«. Selbst erstellte Beispiele und ihre Übersetzungen werden dagegen nicht eigens als solche gekennzeichnet.

Zitate aus anderen Quellen passen wir an die geltende Rechtschreibung an.

Über die Autorinnen

Ursula Bredel ist Sprachwissenschaftlerin und Deutschdidaktikerin. Sie ist Spezialistin für deutsche Grammatik und hat zur Interpunktion und zum Leseerwerb geforscht. Christiane Maaß ist Sprach- und Übersetzungswissenschaftlerin und leitet die Forschungsstelle Leichte Sprache. Beide Autorinnen sind Professorinnen an der Universität Hildesheim.

2. Wie steht es aktuell um die Leichte Sprache in Deutschland?

2.1 Leichte Sprache – ein deutsches Konzept?

Leichte Sprache ist aktuell in Deutschland in aller Munde; sie ist aber keine deutsche Erfindung. Die derzeitigen Bemühungen in Politik, Wissenschaft und Gesellschaft um Leichte Sprache kommen, schaut man sich die Lage in anderen Ländern an, noch nicht einmal besonders früh.

Die International Federation of Library Associations and Institutions (IFLA) machte in den 1990er Jahren auf das Problem aufmerksam, dass es vielen Personen schwerfällt, sich in Texten mit einem bestimmten Schwierigkeitsgrad zu orientieren. Statt dies zu beklagen, legte die IFLA 1997 ihre Leitlinien zur Gestaltung von leichter zu lesenden Texten vor. Die IFLA empfiehlt unterschiedliche Niveaustufen, die an die Bedürfnisse und Fertigkeiten verschiedener Adressat(inn)en angepasst sind.

Aber auch in anderen Zusammenhängen wurde die Notwendigkeit gesehen, Texte so verständlich zu gestalten, dass Personen mit Lesebeeinträchtigungen Zugriff auf die Inhalte haben. Ein wichtiger Impuls kam aus den Reihen der Behindertenrechtsbewegung, die in den USA bereits seit den 1960er Jahren die Forderung nach verständlichen Texten (»Plain English«) einschloss. In Europa waren es vor allem die skandinavischen Länder, die das Erfordernis von Texterleichterungen erkannten und eigene Zentren für leichte Varianten der jeweiligen Amtssprachen einrichteten (s. Kap. 2.2).

Bei »Pathways« handelt es sich um ein europäisches Projekt (erste Phase 2007 bis 2009; zweite Phase 2011 bis 2013), das sprachübergreifend Prinzipien für leicht lesbare Texte zusammenstellte und in mehreren europäischen Sprachen (Englisch, Deutsch, Französisch, Finnisch, Litauisch und Portugiesisch) zugänglich machte. Im Gegensatz zum gestuften Erleichterungssystem der IFLA machte Pathways den Vorschlag einer einzigen Erleichterungsvariante, die maximal verständlichkeitsorientiert ist. Die deutsche Version wird dort als Leichte Sprache bezeichnet. Getragen wurde dieses Projekt von Inclusion Europe, der »Europäischen Vereinigung von Menschen mit geistiger Behinderung und ihrer Familien« (http://www.inclusion-europe.org), die bereits 1988 gegründet wurde.

In Deutschland war es vor allem das Netzwerk Leichte Sprache, ein Zusammenschluss von Akteuren aus dem Bereich der Arbeit mit Personen mit geistiger Behinderung, das seit seiner Gründung 2006 das Konzept der Leichten Sprache am entschiedensten propagiert hat. Das Netzwerk hat sich bei politischen

Entscheidungsträgern Gehör verschafft und der Leichten Sprache in Deutschland zum Durchbruch verholfen – bis dahin, dass Leichte Sprache in der Barrierefreie-Informationstechnik-Verordnung 2.0 von 2011 und im novellierten Behindertengleichstellungsgesetz von 2016 fixiert wurde (s. Kap. 2.3).

2.2 Ein Blick ins europäische Ausland

Während Leichte Sprache in Deutschland noch mit fehlender Akzeptanz zu kämpfen hat, sind leichte Texte im Norden von Europa, namentlich in Finnland, Schweden und Norwegen, ein selbstverständlicher Teil der gesellschaftlichen Kommunikationspraxis. Die leichten Varianten der Amtssprachen sind dort nicht zwangsläufig auf maximale Vereinfachung ausgelegt, sondern bewegen sich im Spektrum zwischen Leichter und Einfacher Sprache. Das gilt für die sprachliche Verfasstheit wie für das Layout der Texte.

Finnland hat zwei Amtssprachen: Finnisch und Schwedisch. Entsprechend gibt es Selkokieli (leichtes Finnisch) und Lättläst (»leicht zu lesen« = leichtes Schwedisch). Für beide Varianten erscheint eine Zeitung: Selkosanomat (http://www.selkosanomat.fi) in leichtem Finnisch und die Schwesterzeitung LL-Bladet (http://www.ll-bladet.fi) in leichtem Schwedisch. Darüber hinaus produziert der finnische Rundfunk Nachrichten in leichtem Finnisch (http://www.yle.fi/uutiset/selkouutiset). Schriftsteller(innen), Illustrator(inn)en und Verleger(innen) erhalten vom finnischen Kultusministerium eine Förderung für Literatur in den leichten Varianten der Amtssprachen. Daneben werden Fortbildungen für Übersetzer(innen) durchgeführt und es findet eine Vernetzung mit der internationalen Forschung statt. Die jahrelangen intensiven Bemühungen um leichtes Finnisch und leichtes Schwedisch haben inzwischen dazu geführt, dass die Leserschaft umfänglichen Lesestoff zu unterschiedlichsten Themen vorfindet. Davon profitieren nicht nur Personen mit einer Behinderung, sondern auch Lerner(innen) des Finnischen, beispielsweise Migrant(inn)en.

Auch in **Schweden** gibt es eine reiche Textpraxis: Das dortige Centrum för Lättläst (http://lattlast.se) wurde 1968 gegründet; seine Leitung wird von der Regierung bestellt und es erhält staatliche Unterstützung. Bereits seit 1984 gibt das Centrum för Lättläst eine Wochenzeitung heraus und unterhält seit 1991 einen eigenen Verlag für Publikationen in leichtem Schwedisch. Die Texte werden auch für das Vorlesen optimiert, die professionellen Akteure werden einschlägig geschult. Die Adressatenschaft, an die sich das Centrum för Lättläst richtet, umfasst neben Personen mit geistiger Behinderung und mit Demenz auch Personen mit Dyslexie, Aphasie, Autismus und Gehirnverletzungen sowie prälingual Gehörlose, darüber hinaus aber auch Migrant(inn)en, Schulkinder, ältere Menschen und ganz allgemein Personen mit Leseproblemen.

Norwegen verfolgt das Ziel, für Personen mit eingeschränkter Lesefähigkeit Bücher in leichtem Norwegisch zur Verfügung zu stellen und diese in den regulären Buchmarkt einzugliedern. Ein wichtiger Akteur ist hier der Verein »Leser søker bok« (http://lesersokerbok.no), der 2002 von einer Gruppe norwegischer Verlage, dem Institut für Sonderpädagogik der Universität von Oslo (ISP), einer Gruppe von norwegischen Sach- und Kinderbuchautor(inn)en, Buchillustrator(inn)en sowie dem norwegischen Übersetzerverband gegründet wurde und vom norwegischen Kultusministerium unterstützt wird. Der Verein finanziert Buchprojekte sowie die Anschaffung von Büchern durch öffentliche Bibliotheken. Eine große Zahl von entsprechenden Titeln liegt bereits vor, der aktuelle Gesamtbestand ist unter http://www.boksok.no abrufbar. Auch ein Vorleseservice wird von »Leser søker bok« angeboten, zusätzlich erscheint das Wochenblatt »Klar Tale« (http://www.klartale.no/) in leichtem Norwegisch.

In anderen Teilen Europas sind die Bemühungen um verständliche Sprache weniger ausgeprägt als im Norden. Wir beschränken uns hier darauf, die Lage in Österreich und in der Schweiz in Kürze wiederzugeben.

In **Österreich** ist in den letzten Jahren ein Aufschwung der Bemühungen um verständliche Sprache zu konstatieren. Dominierend ist hier derzeit die Methode »Capito« des österreichischen Unternehmens atempo, das im Jahr 2000 gegründet wurde. Die Methode Capito sieht eine dreistufige »LeichtLesen«-Skala mit aufsteigender Komplexität vor, entsprechend der Aufteilung in Leichte und Einfache Sprache, die sich in Deutschland etabliert hat (s. Kap. 10). Da atempo die Capito-Regeln jedoch als Franchise vergibt, sind sie nicht öffentlich zugänglich und können deshalb in diesem Ratgeber auch nicht besprochen werden. Neben Büros, die nach der Capito-Methode arbeiten, gibt es in Österreich auch zunehmend Büros für Leichte Sprache im engeren Sinne, die sich an deutschen Regelwerken (s. Kap. 2.4) ausrichten.

In der deutschsprachigen **Schweiz** ist in der jüngsten Zeit ebenfalls eine Hinwendung zur Leichten Sprache zu beobachten. Die Büros stehen in Verbindung mit den Akteuren der Leichten Sprache in Deutschland.

In beiden Ländern gibt es jedoch, anders als in Deutschland, für Personen mit Kommunikationseinschränkungen bislang keine rechtlich verbürgten Ansprüche auf Leichte Sprache.

2.3 Rechtliche Lage in Deutschland

In diesem Kapitel werden die Meilensteine bei der Etablierung der Leichten Sprache in Deutschland in chronologischer Reihenfolge benannt und kurz kommentiert. Eine ausführlichere Darstellung finden Sie in Bredel/Maaß 2016 a (im Folgenden: »Grundlagenwerk«), Kap. 2.2.

1994: Ergänzung des Grundgesetzes

»Niemand darf wegen seiner Behinderung benachteiligt werden.« Dieser Passus wurde 1994 Artikel 3 des deutschen Grundgesetzes nach langen Anhörungen und Debatten hinzugefügt. Das Verbot der Benachteiligung von Menschen mit Behinderung war ein Meilenstein für die Behindertenrechtsbewegung. Mit der Grundgesetzänderung war der Weg frei für eine rechtlich verbindliche Regelung der Frage nach der Teilhabe von Personen mit Behinderung am gesellschaftlichen Leben.

2001: Sozialgesetzbuch Neuntes Buch (SGB IX)

Das Neunte Buch des Sozialgesetzbuchs (SGB IX) trat im Juni 2001 in Kraft und trägt den Titel »Rehabilitation und Teilhabe behinderter Menschen«. Es macht erstmals konkrete Vorgaben darüber, wie das Benachteiligungsverbot konkret umzusetzen ist, und enthält Ausführungen zu Leistungen, auf die Personen mit Behinderung ein Anrecht haben, darunter …

… Leistungen zur medizinischen Rehabilitation,
… Leistungen zur Teilhabe am Arbeitsleben,
… unterhaltssichernde und andere ergänzende Leistungen,
… Leistungen zur Teilhabe am Leben in der Gemeinschaft.

Diese umfassen auch »Hilfen zur Förderung der Verständigung mit der Umwelt« (§ 55, Absatz 1.4), die in § 57 dahingehend präzisiert werden, dass »hörbehinderte Menschen oder behinderte Menschen mit besonders starker Beeinträchtigung der Sprachfähigkeit« Aufwendungen erhalten, wenn sie »auf Grund ihrer Behinderung zur Verständigung mit der Umwelt aus besonderem Anlass der Hilfe Anderer« bedürfen. Die Bedingung »aus besonderem Anlass« ist eine bedeutsame Einschränkung und die Formulierung »der Hilfe Anderer bedürfen« scheint gerade nicht auf selbstständige Teilhabe abzuzielen.

Dennoch war dieses Gesetz von großer Bedeutung für Personen mit Behinderung und stellte einen ersten großen Schritt in Richtung gesellschaftliche Teilhabe dar. Es ist bis heute Grundlage für die Gewährung von Nachteilsausgleichen durch unterschiedliche »Rehabilitationsträger«, deren Zuständigkeit in § 6 des SGB IX geregelt wird. Die Nachteilsausgleiche selbst sind im SGB IX, § 126 Satz 1 verankert:

> Die Vorschriften über Hilfen für behinderte Menschen zum Ausgleich behinderungsbedingter Nachteile oder Mehraufwendungen (Nachteilsausgleich) werden so gestaltet, dass sie unabhängig von der Ursache der Behinderung der Art oder Schwere der Behinderung Rechnung tragen.

Personen mit Behinderung haben damit den Anspruch, dass ihnen die Nachteile, die aus ihrer Behinderung erwachsen, kompensiert werden. Das Recht auf Nachteilsausgleich findet sich nicht nur im SGB IX. Auch in anderen rechtlichen Zusammenhängen gibt es Nachteilsausgleiche für Personen mit Behinderung, die ihnen die Teilhabe an unterschiedlichen gesellschaftlichen Bereichen ermöglichen. Nachteilsausgleiche können sehr unterschiedlich sein und richten sich nach der Art und Schwere der Behinderung. Typische Nachteilsausgleiche sind zum Beispiel

- der Anspruch auf unentgeltliche Beförderung im öffentlichen Personenverkehr,
- steuerliche Erleichterungen,
- Ermäßigung des Rundfunkbeitrags oder der Eintritte zu Veranstaltungen,
- Gewährung von Kündigungsschutz.

Auch die Bereitstellung von Texten in Leichter Sprache kann im Rahmen von Nachteilsausgleichen gewährt werden.

2002: Behindertengleichstellungsgesetz des Bundes (BGG)

Ein knappes Jahr später, im Mai 2002, folgte das Behindertengleichstellungsgesetz (BGG). Es regelte erstmals die Ansprüche von Personen mit Behinderung im Bereich des öffentlichen Rechts, die in die Zuständigkeit des Bundes fallen, und ist ein wichtiges Instrument der Umsetzung des Benachteiligungsverbots aus Artikel 3 des Grundgesetzes. § 9 des BGG schreibt das »Recht auf Verwendung von Gebärdensprache und anderen Kommunikationshilfen« für »hör- oder sprachbehinderte Menschen« fest. Leichte Sprache wird nicht eigens erwähnt, jedoch wird explizit geregelt, dass die »Träger öffentlicher Gewalt« die »notwendigen Aufwendungen« für eine »Verständigung mit anderen geeigneten Kommunikationshilfen« zu tragen haben, wenn »dies zur Wahrnehmung eigener Rechte« von Personen mit Behinderung »im Verwaltungsverfahren erforderlich ist« (BGG 2002, § 9). Leichte Sprache existierte 2002 noch nicht als etabliertes Konzept, sodass sie schon aus diesem Grund nicht namentlich aufgeführt werden konnte.

Gemäß § 5 BGG werden Behindertenverbände in die Lage versetzt, mit Unternehmen und staatlichen oder kommunalen Stellen Zielvereinbarungen zur Herstellung von Barrierefreiheit zu schließen und dafür Zeit- und Maßnahmenpläne auszuhandeln.

Das BGG regelt die Belange von Personen mit Behinderung auf Bundesebene. Auf Länderebene wurden in den nachfolgenden Jahren eigene Behindertengleichstellungsgesetze erlassen, z. B. das Gesetz des Landes Nordrhein-Westfalen zur Gleichstellung von Menschen mit Behinderung (BGG NRW) von 2003 oder das Niedersächsische Behindertengleichstellungsgesetz (NBGG) von 2007. Diese Gesetze auf Länderebene lehnen sich sehr stark, überwiegend sogar wörtlich, an das BGG an.

Behindertenverbände kritisieren das BGG von 2002 und die sich daran anlehnende Landesgesetzgebung als defizitorientiert: Es sei den gesellschaftlichen Bedingungen und nicht vorrangig der Behinderung von Personen zuzuschreiben, dass ihre Teilhabemöglichkeiten so beschränkt seien. Folglich müsse Behinderung auch nicht kompensiert werden, wie das im Gesetz suggeriert werde; vielmehr müsse das gesellschaftliche Umfeld so verändert werden, dass Personen mit unterschiedlichen körperlichen und geistigen Voraussetzungen partizipieren können.

2006/2009: UN-Behindertenrechtskonvention (UN-BRK)

Die UN-Behindertenrechtskonvention (Convention of the United Nations on the rights of persons with disabilities = Übereinkommen der Vereinten Nationen über die Rechte von Menschen mit Behinderung) oder kurz UN-BRK wurde im Dezember 2006 von der Generalversammlung der Vereinten Nationen verabschiedet und trat am 3. Mai 2008 in Kraft. Sie wurde inzwischen von mehr als 150 Staaten anerkannt. In Deutschland trat die UN-BRK zum 26. März 2009 in Kraft; für die Umsetzung der Maßnahmen wurde ein Nationaler Aktionsplan (NAP) aufgesetzt.

Die UN-BRK ist von größter Bedeutung für die Behindertenrechtsbewegung weltweit. Sie schreibt das Recht der Personen mit Behinderung auf gleichberechtigte Teilhabe an der Gesellschaft fest. Die Bringschuld wird hier umgekehrt: Nicht die Behinderten müssen ihre Behinderung über Rehabilitationsmaßnahmen kompensieren, sondern die Gesellschaft soll ihrerseits in Gänze möglichst barrierefrei eingerichtet sein. Sie soll damit Diversität nicht nur ausgleichen, sondern sogar fördern. Mit der UN-BRK wird ein Einstellungswechsel gegenüber Personen mit Behinderung initiiert, der sich auch in der neueren deutschen Gesetzgebung wiederfindet.

Artikel 2 der UN-BRK fordert die Aufbereitung von Texten in »plain language«. In den deutschen Übersetzungen der UN-BRK wird dieser Begriff mit »einfache Sprache« wiedergegeben. Es ist aber davon auszugehen, dass nach heutigem Stand »Leichte Sprache« die angemessenere Übersetzung wäre; entsprechend ist in der deutschen Gesetzgebung, die auf die UN-BRK aufsetzt, auch tatsächlich von Leichter Sprache die Rede.

In der UN-BRK zeigt sich insgesamt eine neue Wahrnehmung von Behinderung: Menschen mit Behinderung werden als aktive und informationssuchende Personen dargestellt, die in ihrer persönlichen Entwicklung zu unterstützen sind und auf ihrem individuellen Weg nicht eingeschränkt werden dürfen. Den ratifizierenden Staaten wird auferlegt, hierfür einen angemessenen Rahmen zu schaffen.

2011: Barrierefreie-Informationstechnik-Verordnung 2.0 (BITV 2.0)

Im September 2011 trat die BITV 2.0, die Verordnung zur Schaffung barrierefreier Informationstechnik nach dem Behindertengleichstellungsgesetz, in ihrer reformierten Fassung in Kraft. Die erste Fassung war bereits im Juli 2002 direkt nach der Verabschiedung des BGG in Kraft getreten. Die BITV regelt die Barrierefreiheit der Internetauftritte sowie der öffentlich zugänglichen Intranetangebote von Behörden der Bundesverwaltung. Sie lehnt sich an die Web Content Accessibility Guidelines (WCAG) an, ein Set von Best-Practice-Regeln, das von der Web Accessibility Initiative (WAI) in erster Fassung 1999 vorgelegt wurde (WCAG 1.0) und 2008 in überarbeiteter und an die UN-BRK angepasster Fassung erschien (WCAG 2.0).

Die BITV 2.0 von 2011 steht somit ebenfalls zwischen dem alten BGG von 2002 und den von der UN-Behindertenrechtskonvention inspirierten Web Content Accessibility Guidelines 2.0.

Die BITV 2.0 schreibt vor, dass Informationen über die Internet- und Intranetangebote von Bundesbehörden in Gebärdensprache und in Leichter Sprache vorgehalten werden müssen. Die BITV 2.0 ist damit der erste deutsche Verordnungstext, in dem Leichte Sprache explizit erwähnt ist.

In Anlage 2 zur BITV 2.0 werden auch Regeln zur Umsetzung von Texten in Leichter Sprache formuliert. Auf diese Regeln gehen wir im nächsten Teilkapitel ein. Von Bedeutung ist auch, dass für die Umsetzung eine Frist gesetzt wurde: Bis zum 22. März 2014 mussten alle Bundesbehörden »Informationen zum Inhalt« und »Hinweise zur Navigation« sowie »Hinweise auf weitere in diesem Auftritt vorhandene Informationen« in Leichter Sprache vorhalten.

Die explizite Nennung der Leichten Sprache als Kommunikationsmittel und die konkrete Fristsetzung waren ein wichtiger Impuls. Es zeigt sich jedoch, dass die Mehrzahl der Bundesbehörden tatsächlich nur die Minimalforderung der BITV 2.0 realisiert hat. Die Leser(innen) erfahren hier also lediglich, welche Art von Informationen sie dem Internetauftritt der jeweiligen Behörde entnehmen könnten, wenn sie denn keine Lesebeeinträchtigung hätten.

2011/12: Nationaler Aktionsplan (NAP)

Im Nationalen Aktionsplan (NAP) geht es »um gleichberechtigte Teilhabe [von Menschen mit und ohne Behinderungen] am politischen, gesellschaftlichen, wirtschaftlichen und kulturellen Leben, um Chancengleichheit in der Bildung, um berufliche Integration und um die Aufgabe, *allen* Bürgerinnen und Bürgern die Möglichkeit für einen selbstbestimmten Platz in einer barrierefreien Gesellschaft zu geben« (NAP 2011, S. 10). Dabei werden unterschiedliche Handlungsfelder definiert, die es in Umsetzung der UN-BRK zu bearbeiten gilt; die beiden Handlungsfelder »Kultur und Freizeit« sowie »gesellschaftliche und politische Teilhabe« sind unmittelbar mit der Forderung nach Angeboten in Leichter Sprache verbunden. Unter den ebenfalls definierten Querschnittsthemen sind vor allem »Barrierefreiheit« und »selbstbestimmtes Leben« für das Thema Leichte Sprache von Belang.

2016: Novellierung des Behindertengleichstellungsgesetzes des Bundes (BGG)

Am 27. Juli 2016 trat die Novelle des Behindertengleichstellungsgesetzes in Kraft. Leichte Sprache wird in diesem Gesetz umfassend aufgewertet. In § 11 »Verständlichkeit und Leichte Sprache« ist das Folgende ausgeführt:

> Träger öffentlicher Gewalt im Sinne des § 1 Absatz 2 Satz 1 sollen Informationen vermehrt in Leichter Sprache bereitstellen. Die Bundesregierung wirkt darauf hin, dass die in Satz 1 genannten Träger öffentlicher Gewalt die Leichte Sprache stärker einsetzen und ihre Kompetenzen für das Verfassen von Texten in Leichter Sprache auf- und ausgebaut werden. (BGG 2016, S. 1759)

Gestärkt werden soll das Recht auf Beratung in Leichter Sprache. Zu diesem Zweck soll eine Datenbank mit standardisierten Textbausteinen angelegt werden, auf die Verwaltungsmitarbeiter(innen) in Beratungssituationen zurückgreifen können. In den Erläuterungen zum Entwurf des neuen BGG von 2016 heißt es:

> »Ein Grundstock von Erläuterungen zu besonders relevanten Dokumenten soll in Leichter Sprache erstellt und den Behörden als Basis zur Verfügung gestellt werden.« (BGG, Entwurf 2016, S. 4)

Dieser »Pool von Mustererläuterungen« (ebd. S. 4) soll dann schrittweise erweitert werden. Während die Novelle des BGG am Tag ihrer Verkündung in Kraft getreten ist, ist dies für § 11, der die Verwendung der Leichten Sprache regelt, erst Anfang 2018 der Fall. Allerdings muss bis dahin zumindest ein Grundstock der Datenbank mit Textbausteinen für die Behördenkommunikation vorliegen. Die Schaffung einer solchen Datenbank ist eine große Aufgabe für die kommenden Jahre. Es handelt sich bei den Ausgangstexten durchgängig um juristisch-administrative Texte, deren Umsetzung in Leichte Sprache die Übersetzer(innen) vor erhebliche Herausforderungen stellen wird.

2.4 Regelwerke

In diesem Kapitel gehen wir auf die unterschiedlichen Regelwerke der Leichten Sprache ein. Obwohl sprachliche Erleichterungssysteme für unterschiedliche Sprachen schon seit langer Zeit existieren (s. Grundlagenwerk, Kap. 2.1.3), ist die deutsche Leichte Sprache ein relativ neues Konzept.

Netzwerk Leichte Sprache

Das Netzwerk Leichte Sprache hat 2009 auf seiner Homepage (http://www.leichtesprache.org) ein eigenes Regelwerk für Leichte Sprache zugänglich gemacht, das in Zusammenarbeit mit Personen mit geistiger Behinderung erstellt wurde. Das Regelwerk ist selbst in Leichter Sprache verfasst.

2013 hat das Bundesministerium für Arbeit und Soziales (BMAS) dieses Regelwerk in identischer Form aufgegriffen und macht es in einer eigenen Broschüre im Internet zugänglich (http://www.gemeinsam-einfach-machen.de).

Inclusion Europe

Ebenfalls 2009 veröffentlichte Inclusion Europe die Broschüre »Informationen für allc. Europäische Regeln, wie man Informationen leicht lesbar und leicht verständlich macht«. Es handelt sich dabei um das Ergebnis des Projekts »Pathways I« (s. o.), das Inclusion Europe von 2007 bis 2009 koordiniert hat und in dem mit Unterstützung der Europäischen Kommission Materialien für die Erwachsenenbildung in leichten Varianten unterschiedlicher europäischer Sprachen entwickelt wurden, darunter auch auf Deutsch. Die Regeln sind ebenfalls selbst in Leichter Sprache gehalten.

BITV 2.0

Die zweite Fassung der »Verordnung zur Schaffung barrierefreier Informationstechnik nach dem Behindertengleichstellungsgesetz« von 2011 enthält eine Anlage 2 mit 13 Regeln zur Leichten Sprache. Dabei handelt es sich um die erste Nennung und Beschreibung der Leichten Sprache in einem Verordnungstext.

Welche Regeln haben die verschiedenen Praxisregelwerke gemeinsam und wo weichen sie voneinander ab?

Die drei genannten Regelwerke stellen insgesamt durchaus vergleichbare Regeln auf. Insgesamt haben alle drei die folgenden 17 Regeln gemeinsam:

Visuelle und mediale Gestaltung	1.	Größere Schriftgröße
	2.	Jeder Satz auf eine neue Zeile
	3.	Keine Worttrennung am Zeilenende
	4.	Linksbündig
Wortstruktur	5.	Kurze Wörter
	6.	Trennung durch Bindestriche
	7.	Verbot von Abkürzungen und Kurzwörtern
	8.	Passiv vermeiden
Wortschatz	9.	Leicht verständliche Wörter
	10.	Möglichst keine Fremdwörter
	11.	Fremdwörter erklären
Satzbau	12.	Kurze Sätze
Bedeutung	13.	Negation vermeiden
Text	14.	Gleiche Wörter für gleiche Dinge
	15.	Relevante Informationen an den Anfang
	16.	Zwischenüberschriften erwünscht
	17.	Direkte Ansprache

Die Struktur der Leichten Sprache wird hier in Umrissen erkennbar. Wir werden im Weiteren mit diesen Regeln arbeiten. Sie müssen aber präzisiert und detailliert werden, um eine funktionierende Leichte-Sprache-Textpraxis zu ermöglichen.

Welche Bereiche der Sprache regeln die Regelwerke wie intensiv?

Wie aus der Tabelle hervorgeht, machen die Regelwerke Vorschriften für die Bereiche mediale und visuelle Gestaltung, Wortstruktur, Wortschatz, Satzbau, Bedeutung und Text. Darüber hinaus gehen sie teilweise auch auf Möglichkeiten ein, die Qualität von Texten in Leichter Sprache zu überprüfen.

Besonders intensiv wird der Bereich »mediale und visuelle Gestaltung« geregelt. Das ist durchaus sinnvoll, denn der kognitiven Verarbeitung von Sprache geht die visuelle oder auditive Erfassung voraus: Wir können nur das verstehen, was wir auch wahrnehmen können. Es zeigt sich jedoch, dass die Vorgaben in den Regelwerken recht unterschiedlicher Art sind. Die Regelwerke weichen etwa in ihren Empfehlungen zur Zahl der verwendbaren Schriftarten, in den Vorgaben über den Einsatz von Bildern und Fotos, von Tabellen, von Schriftauszeichnungen wie Fettung, Kursivierung und Unterstreichung voneinander ab.

Insgesamt beinhalten die Regelwerke deutlich weniger gemeinsame als voneinander abweichende Vorschriften: Nur die oben genannten 17 der insgesamt 120 Leichte-Sprache-Regeln finden sich in allen drei Regelwerken. Fast zwei Drittel der Regeln kommen aber nur in einem einzigen Regelwerk vor:

Zahl der Regeln insgesamt	**120**
Davon nur in einem Regelwerk	76
Davon gemeinsame Regeln Netzwerk Leichte Sprache und Inclusion Europe	18
Davon gemeinsame Regeln Netzwerk Leichte Sprache und BITV 2.0	7
Davon gemeinsame Regeln Inclusion Europe und BITV 2.0	2
Davon gemeinsame Regeln aller drei Regelwerke	17

Besonders wenige Regeln gibt es für den Satzbau in Leichter Sprache. Insgesamt werden hier nur fünf Regeln formuliert und nur eine einzige findet sich in allen Regelwerken. Sie besagt, dass die Sätze in Leichte-Sprache-Texten kurz sein sollen.

Wo liegen die Grenzen der Praxisregelwerke?

Die Regelwerke von Inclusion Europe und vom Netzwerk Leichte Sprache richten sich nicht an die Leichte-Sprache-Übersetzer(innen). Sie sind selbst in Leichter Sprache geschrieben und versuchen die Leichte Sprache aus der Praxis heraus intuitiv greifbar zu machen. Hierin liegt ihr besonderes Verdienst. Die Regeln sind dazu geeignet, sich mit Leichter Sprache vertraut zu machen oder festzustellen, ob ein Text in Leichter Sprache geschrieben ist. Allerdings führt die Vielzahl der Unterschiede auch zu Unsicherheiten.

Für die konkrete Übersetzungspraxis sind viele Einlassungen der Regelwerke außerdem noch nicht detailliert und noch nicht konkret genug oder sie sind schwer oder gar nicht umsetzbar.

So erweisen sich etwa Regeln wie das Negationsverbot oder das Metaphernverbot, wie sie in einigen Regelwerken ausgesprochen werden, in der Praxis als nicht umsetzbar: Weder ist eine Sprache ohne Negation noch eine Sprache ohne Metaphern bzw. ohne »Rede-Wendungen und bildliche Sprache« (BMAS 2013, S. 33) denkbar (s. auch Kap. 6.1 und Kap. 7.7). Bei der mechanischen Anwendung anderer Regeln kann es zudem zu orthografisch oder grammatisch nicht korrekten Ergebnissen kommen, z. B. zur Trennung von zusammengesetzten Wörtern durch Bindestriche (s. Kap. 6.4) oder alleinstehenden *wenn*-Sätzen (s. Kap. 7.1.1).

Die Regelwerke enthalten deshalb keine ausreichende Handlungsorientierung für die Übersetzer(innen): Negation und Metaphern soll vermieden werden, Sätze sollen nicht lang sein; aber was ist zu tun, wenn Negation und Metaphern im Zieltext unbedingt benötigt werden? Und wie können lange Sätze des Ausgangstexts so umformuliert werden, dass sie im Zieltext keine Nebensätze mehr enthalten? Hier benötigen Übersetzer(innen) konkrete Handlungsanleitungen; diese können an die Ausführungen der Praxisregelwerke anschließen und sie weiterentwickeln.

Welchen Beitrag leisten wissenschaftlich fundierte Regelwerke?

Inzwischen ist die Leichte Sprache im Forschungskontext angekommen. Anfang 2014 wurde an der Universität Hildesheim nach mehreren Jahren intensiver Arbeit am Thema die Forschungsstelle Leichte Sprache (http://www.uni-hildesheim.de/leichtesprache) gegründet. Diverse wissenschaftliche Studien von der Bachelorarbeit bis zur Habilitationsschrift sind an unterschiedlichen Universitäten in Arbeit. An der Universität Leipzig läuft mit LeiSA (Leichte Sprache im Arbeitsleben, http://research.uni-leipzig.de/leisa/de/) ein Projekt, das untersucht, wie durch den Einsatz der Leichten Sprache die Teilhabe von Personen mit Behinderungen am Arbeitsleben erleichtert werden kann.

Ein Ziel der Forschung zur Leichten Sprache ist es, wissenschaftlich fundierte und ausführliche Regeln für Übersetzer(innen) zu erarbeiten. Ein erstes solches Regelwerk der Hildesheimer Forschungsstelle mit einer Handreichung für Übersetzer(innen) erschien Anfang 2015 (Maaß 2015). Das bereits genannte Grundlagenwerk (Bredel/Maaß 2016 a) als bisher umfassendste Darstellung zur Leichten Sprache trägt u. a. die wissenschaftliche Basis aus diversen Disziplinen zusammen und macht konkrete Regelvorschläge. In der Zukunft wird es verstärkt darum gehen, die Regelvorschläge empirisch zu prüfen. Der enge Kontakt und Austausch mit der Praxis wird dabei wichtige Impulse setzen.

2.5 Textpraxis

Informationsbroschüren und Flyer

Informationsbroschüren und Flyer gehörten zu den ersten Textsorten, die in Leichter Sprache vorgelegt wurden. Insbesondere Wahlbroschüren und Wahlprogramme der Parteien werden seit Jahren mit hohen Auflagen gedruckt: In der Broschüre zur Bundestagswahl von 2013 geben die Verfasser Karl Finke und Ulrike Ernst an, vorangegangene Wahlbroschüren aus ihrer Feder seien mit einer Gesamtauflage von 650 000 Exemplaren gedruckt worden. Die politische Teilhabe ist ein erklärtes und zentrales Ziel der UN-Behindertenrechtskonvention von 2009. Es liegt also nahe, dass sich hier besonders früh eine Textpraxis ausbilden konnte. Häufig finden sich auch Kurzinformationen in Form von Flyern zu unterschiedlichsten Themen.

Noch ganz am Anfang steht der Bereich der Patientenkommunikation in Leichter Sprache. Hier beschreitet der Klarigo-Verlag Neuland mit Patienteninformationen zu diversen Krankheitsbildern in Leichter Sprache. Aktuell liegen u. a. Broschüren zu Brustkrebs, Parkinson oder pulmonal-arterieller Hypertonie in Leichter Sprache vor.

Das Niedersächsische Justizministerium hält gedruckte Broschüren in Leichter Sprache zu diversen Rechtsthemen vor: So werden Erbrecht und Betreuungsrecht in Leichter Sprache erläutert. Das Besondere an diesen Broschüren ist, dass sie sowohl Ausgangs- als auch Zieltext enthalten: Öffnet man das Heft von der einen Seite, liest man den standardsprachlichen Ausgangstext. Dreht man es herum, so erscheint die Übersetzung in Leichter Sprache. Die Adressat(inn)en können selbst entscheiden, welcher Text für sie angemessen ist. So wird das Problem einer möglichen Bevormundung umgangen.

Eine Reihe von Flyern und Broschüren dieser Art ist mittlerweile auch im Internet verfügbar.

Internetpräsenzen

Gemäß der Barrierefreie-Informationstechnik-Verordnung müssen Behörden auf Bundesebene seit März 2014 ein Angebot in Leichter Sprache verfügbar machen. Wie oben bereits aufgezeigt, müssen allerdings lediglich »Informationen zum Inhalt« und »Hinweise zur Navigation« sowie »Hinweise auf weitere in diesem Auftritt vorhandene Informationen« in Leichter Sprache zur Verfügung gestellt werden und die Mehrzahl der Bundesbehörden hat nur diese Minimalanforderungen umgesetzt.

Auf kommunaler und Landesebene gibt es aktuell noch wenig Angebote (s. aber die Seiten des Niedersächsischen Justizministeriums in Leichter Sprache: http://www.mj.niedersachsen.de/ > Justiz verstehen in Leichter Sprache). Insbesondere im süddeutschen Raum bereiten weitere Behörden auf kommunaler und Landesebene zusätzliche Angebote vor. So steht z. B. seit Juli 2016 die Seite »Einfach Heidelberg« der Stadt Heidelberg bereit (http://www.einfach-heidelberg.de/). Die meisten derartiger Anstrengungen sind im Rahmen des Projekts »Bayern barrierefrei 2023« angesiedelt; beispielsweise hält die Stadt Aschaffenburg auf ihrer Internetpräsenz relativ umfangreiche Informationen in Leichter Sprache vor (http://www.aschaffenburg.de).

In der Wirtschaft werden aktuell noch kaum Online-Informationen in Leichter Sprache angeboten.

Nachrichten

Seit einigen Jahren bietet der Deutschlandfunk in Zusammenarbeit mit der Fachhochschule Köln Nachrichten in Einfacher, wenn auch nicht in Leichter Sprache an (http://www.nachrichtenleicht.de). Seit Herbst 2015 veröffentlicht der NDR in Zusammenarbeit mit der Forschungsstelle Leichte Sprache wöchentlich Nachrichten in Leichter Sprache sowie ein sich ständig erweiterndes Glossar mit wichtigen Hintergrundinformationen zu Nachrichtentexten in Leichter Sprache (http://www.ndr.de > Leichte Sprache im NDR).

Texte aus dem juristisch-administrativen Bereich

Eine Besonderheit von Rechtstexten gegenüber anderen Texten in Leichter Sprache ist, dass hier die Übersetzung in Leichte Sprache fast immer mit einer Funktions- und Statusänderung einhergeht: Rechtstexte in Leichter Sprache sind in aller Regel nicht justiziabel. Sie können also nicht herangezogen werden, um Rechte einzuklagen, sondern stellen lediglich Informationen über Rechtstexte dar. Man kann sich auf diese Weise direkt über juristische Gegenstände informieren, und das ist Laien bei vielen Rechtstexten wegen ihres hohen Schwierigkeitsgrades ansonsten nicht uneingeschränkt möglich.

Im juristischen Bereich liegen inzwischen diverse Texte vor. Hier einige Beispiele:

- **Gesetzestexte:** Auf der Seite des bzw. der Bundesbehindertenbeauftragten (http://www.behindertenbeauftragte.de > Leichte Sprache) findet sich eine aktuelle Liste mit Links auf Leichte-Sprache-Fassungen von Gesetzen.

- **Behördeninformationen:** Das Niedersächsische Justizministerium hält Texte zu unterschiedlichen Themen in Leichter Sprache vor, neben Informationsbroschüren (dazu s. o.) auch allgemeine Informationen über das deutsche Rechtssystem. Das Niedersächsische Landessozialamt informiert über Nachteilsausgleiche für behinderte Menschen in Leichter Sprache.
- **Erläuterungen von Formularen:** Existierende Formulare können nicht problemlos in Leichte Sprache übersetzt werden. Erläuterungen in Leichter Sprache können das Ausfüllen aber erleichtern. Diesen Weg beschreitet das Niedersächsische Justizministerium. Aktuell liegen für zwei Formulare Erläuterungen in Leichter Sprache vor (Antrag auf Einrichtung einer Betreuung, Antrag auf Prozesskostenhilfe).

2.6 In welche Richtung entwickelt sich Leichte Sprache?

Für die Leichte Sprache zeichnen sich die folgenden Entwicklungspfade ab:

- **Die Öffnung der Adressatenschaft:** Leichte Sprache ist nicht allein für Leser(innen) mit geistiger Behinderung nützlich, sondern für größere Adressatenkreise (s. Kap. 3). Derzeit gibt es beispielsweise vielfältige Bemühungen, Leichte Sprache systematisch im Bereich Deutsch als Zweitsprache einzusetzen, um insbesondere den nach Deutschland Geflüchteten schnelle Teilhabe zu ermöglichen.
- **Die Erschließung unterschiedlicher Textsorten:** Aktuell gibt es vor allem Informationstexte in Leichter Sprache; im Sinne der Inklusionsbemühungen gilt es nun, Leichte Sprache auch in anderen Bereichen der Schriftlichkeit zu verankern (s. Kap. 2.2 und 2.3).
- **Die wissenschaftliche Fundierung der Regeln:** Eine funktionierende Textpraxis ist auf funktionierende Regeln angewiesen. Diese bedürfen einer wissenschaftlichen Fundierung (Maaß 2015; Grundlagenwerk). Nun steht noch die empirische Überprüfung dieser Regeln aus. Diese wird die Forschung während der nächsten Jahre und Jahrzehnte beschäftigen.
- **Die Idee der Stufung:** Leichte Sprache ist die maximal verständnisoptimierte Variante des Deutschen. Die Lesefähigkeit der Adressatenschaft ist aber sehr unterschiedlich. Die Leserschaft sollte gemäß ihren Fähigkeiten angesprochen werden. Neben der Leichten Sprache werden daher zukünftig auch andere, »weniger leichte« Varianten des Deutschen benötigt (s. Kap. 10).
- **Die Professionalisierung der Leichte-Sprache-Übersetzer(innen):** Wenn die Textpraxis in Leichter Sprache sich ausweitet, werden auch die Anforderungen an die Übersetzer(innen) steigen. Gerade im Bereich der juristisch-

administrativen oder medizinischen Fachtexte werden Aufträge auf den Markt gelangen, die eine hohe Expertise vonseiten der Übersetzer(innen) erfordern. Die Leichte-Sprache-Übersetzung wird sich also weiter professionalisieren müssen, um hier Schritt zu halten (s. Kap. 5).

3. Wer braucht Leichte Sprache?

3.1 Primäre Adressat(inn)en – sekundäre Adressat(inn)en – Mittler(innen)

Zwei sehr unterschiedliche Personengruppen benötigen Leichte Sprache dringend: Auf der einen Seite sind dies Personen mit einer Leseeinschränkung. Wir nennen sie primäre Adressat(inn)en. Auf der anderen Seite sind es Personen, die mit den primären Adressat(inn)en Umgang haben, etwa Expert(inn)en in Beratungskontexten. Wir nennen sie Mittler(innen). Hinzu kommen die sogenannten sekundären Adressat(inn)en: Hier handelt es sich um Personen, die Leichte-Sprache-Texte lesen oder wahrnehmen, für die diese Texte aber nicht in erster Linie gedacht sind (s. Grundlagenwerk, Kap. 5).

Die Gruppe der primären Adressat(inn)en ist für uns am interessantesten, denn Leichte Sprache richtet sich an den Verstehensvoraussetzungen dieser Gruppe aus. Für Leichte-Sprache-Übersetzer(innen) ist es von großer Bedeutung, die Bedürfnisse der primären Adressat(inn)en zu kennen, denn auf diese Kenntnis gründen sich die Übersetzungsentscheidungen. Wir stellen deshalb die verschiedenen Gruppen von primären Adressat(inn)en ausführlich vor. Auf die sekundären Adressat(inn)en und die Mittler(innen) gehen wir im letzten Teil des Kapitels in Kürze ein. Weitere Ausführungen dazu finden Sie im Grundlagenwerk (Kap. 5.3 und 5.4).

3.2 Primäre Adressat(inn)en

Wer braucht Leichte Sprache?

Personen mit einer Leseeinschränkung brauchen Leichte Sprache. Die Leseeinschränkung geht oft auf eine Behinderung zurück. Wir gehen hier auf die folgenden Gruppen ein:

- Personen mit geistiger Behinderung
- Personen mit Lernschwierigkeiten
- Personen mit Demenz
- von Gehörlosigkeit Betroffene
- Personen mit Aphasie

Eine Leseeinschränkung kann aber auch andere Gründe haben. Wir gehen hier auf die folgenden Personengruppen ein:

- funktionale Analphabet(inn)en
- Personen mit geringen Deutschkenntnissen (Deutsch als Zweitsprache)

Diese Gruppen unterscheiden sich voneinander u. a. nach diesen Kriterien:

- Benötigen sie Leichte Sprache dauerhaft oder können sie ihre Lesefähigkeit in der Zukunft verbessern?
- Sind sie deutsche Muttersprachler(innen)?
- Beherrschen sie eine andere als die deutsche Sprache?
- Beherrschen sie diese andere Sprache auch in der Schrift?

Allen diesen Personengruppen aber ist gemeinsam, dass sie von Texten in Leichter Sprache profitieren (ausführlicher dazu s. Grundlagenwerk, Kap. 5). Dabei können diese Kriterien auch zusammen auftreten; beispielsweise kann eine Person nichtdeutscher Muttersprache eine Aphasie oder eine Demenz erleiden.

Warum wirken sich diese Kriterien auf die Lesefähigkeit aus? Drei Beispiele:

- Gehörlose sind keine deutschen Muttersprachler(innen). Ihre Erstsprache ist die Gebärdensprache. Weil die Gebärdensprache nicht verschriftet ist, schreiben und lesen sie aber die deutsche Sprache, die sie als Fremdsprache erwerben müssen, ohne dass ihnen eine andere Schriftsprache zur Verfügung steht.
- Migrant(inn)en, die Deutsch lernen, bringen schon muttersprachliche Kenntnisse einer anderen Lautsprache mit. Wenn sie diese Sprache auch in der Schrift beherrschen, wird ihnen das Lernen einer weiteren Schriftsprache leichter fallen. Wenn nicht, dann müssen sie neben dem Spracherwerb auch Lesen und Schreiben lernen. Sie haben dann naturgemäß andere Probleme und Bedürfnisse als Personen, die schon eine andere Sprache oder mehrere in Wort und Schrift beherrschen.
- Bei Personen mit geistiger Behinderung oder mit Lernschwierigkeiten liegen häufig bereits Einschränkungen beim Erwerb der Erstsprache vor. Eine nicht voll ausgebaute sprachliche Kompetenz kann – zusammen mit anderen Schwierigkeiten – zu Problemen beim Erwerb der Schriftsprache führen. Die Texte in Leichter Sprache müssen dem Rechnung tragen.

Die einzelnen Gruppen sind unterschiedlich groß; die nachfolgenden Zahlen enthalten Schätzungen, Angaben zu den Quellen finden Sie am Ende des Buchs:

	Größe der Gruppe (Schätzung)	Quelle
Lernschwierigkeiten, hier: nur Legasthenie	470 000	Langenfeld (2006, S. 7)
Geistige Behinderung	400 000–800 000	Bundesvereinigung Lebenshilfe (2001)
Demenz	1 300 000	Schindelmeiser (2008, S. 127)
Prälinguale Hörschädigung	80 000	Deutscher Gehörlosen-Bund (http://www.gehoerlosen-bund.de > Über uns; abgerufen am 24. 08. 2016)
Aphasie	130 000–240 000	Huber/Poeck/Springer (2006, S. 25); Bundesverband für die Rehabilitation der Aphasiker (http://www.aphasiker.de; abgerufen am 24. 08. 2016)
Funktionaler Analphabetismus bis α3	7 500 000	Grotlüschen/Riekmann (2011, S. 2)
Deutsch als Zweitsprache	>1 000 000	RAM-Studie (2008)

Geistige Behinderung

Zunächst einige kurze Bemerkungen zu den Begriffen »geistige Behinderung« und »Lernschwierigkeiten«: Aus den Reihen der Behindertenverbände kommen seit einigen Jahren Vorbehalte gegen die Bezeichnung als »geistig behindert«. Auf der Internetseite von »Mensch zuerst – Netzwerk People First« finden sich dazu die folgenden Ausführungen:

> Mensch zuerst – Netzwerk People First Deutschland e.V. ist ein Verein von und für Menschen mit Lern-Schwierigkeiten.
> Wir wollen nicht »geistig behindert« genannt werden.
> Wir sind Menschen mit Lern-Schwierigkeiten!
> (http://www.menschzuerst.de)

Nun wird die Bezeichnung »Menschen mit Lernschwierigkeiten« allerdings bereits auf eine andere Gruppe von Personen angewandt, die nicht geistig behindert sind. Wir gehen auf diese Gruppe im nächsten Abschnitt ein.

Die Probleme mit dem Begriff der geistigen Behinderung liegen auf der Hand: »Nennen wir einen Menschen in seinem Geist behindert, werten wir ihn damit zwangsläufig in seinem Personsein ab«, sagt Barbara Fornefeld, Professorin für Pädagogik für Menschen mit geistiger Behinderung (Fornefeld 2000, S. 50).

Möglicherweise wird sich in der Zukunft eine andere Benennung für diese Art der Behinderung durchsetzen. In der Fachliteratur und auch in der aktuellen Gesetzgebung (z. B. im novellierten Behindertengleichstellungsgesetz von 2016) ist allerdings weiterhin von geistiger Behinderung die Rede.

Als geistig behindert werden nach Fornefeld (2000, S. 44) Personen mit einer ausgeprägten Beeinträchtigung ihrer intellektuellen Fähigkeiten bezeichnet, sofern diese Beeinträchtigung auf eine direkte oder indirekte organische Schädigung zurückgeht. Der Neurologe Michael Seidel unterscheidet Schädigungen, die vor, während oder nach der Geburt entstanden sind:

- Eine geistige Behinderung kann bereits vor der Geburt zustande kommen, z. B. durch genetische Abweichungen, Infektionen oder Krankheiten der Mutter, die auf das Kind übergreifen, Alkoholkonsum der Mutter oder Strahleneinwirkungen.
- Während der Geburt können u. a. Funktionsstörungen der Plazenta, Schwangerschaftsvergiftung, Sauerstoffmangel oder Gehirnblutungen zu einer geistigen Behinderung führen.
- Nach der Geburt kommen Infektionen, ein Schütteltrauma oder Epilepsien als Auslöser infrage.

Nicht alle Personen mit geistiger Behinderung sind durchgehend auf Leichte Sprache angewiesen. Ein – relativ kleiner – Teil dieser Gruppe kann regulär lesen und benötigt lediglich für fachliche (z. B. administrative) Texte eine Unterstützung. Eine deutlich größere Gruppe der Personen mit geistiger Behinderung erreicht dagegen gar nicht die Fähigkeit, Texte eigenständig zu lesen. Der Sonderpädagoge Christoph Ratz geht davon aus, dass dies auf 60–70 % der Personen mit geistiger Behinderung zutrifft (Ratz 2013). Dieser Personenkreis zählt naturgemäß auch nicht zu den Leser(inne)n von Texten in Leichter Sprache. Allerdings können auch diese Personen zur primären Adressatenschaft von Leichter Sprache gezählt werden, denn sie profitieren von diesen Texten in Mittlersituationen (s. Grundlagenwerk, Kap. 5.4).

Lernschwierigkeiten

»Lernschwierigkeiten« ist ein Begriff aus der Förderpädagogik. Man spricht dann von Lernschwierigkeiten, wenn eine Person gravierende Probleme hat, sich Informationen und Kenntnisse anzueignen, die sie dringend benötigt oder die andere bei ihr voraussetzen. Im Grunde kann jeder in einer bestimmten Situation Lernschwierigkeiten haben, wenn Anforderungen gestellt werden, die die eigenen Fähigkeiten übersteigen und zu deren Bewältigung man Hilfe benötigt. Lernschwierigkeiten können unterschiedlich schwer ausgeprägt sein. Sie können einen oder mehrere (schulische) Bereiche betreffen. Manchmal können sie von den betroffenen Personen oder ihrem Umfeld selbst gelöst werden, manchmal sind förderpädagogische Maßnahmen nötig.

Kinder oder Jugendliche können aus unterschiedlichen Gründen Lernschwierigkeiten ausbilden. Häufig treten Lernschwierigkeiten auf, wenn Kinder in einem wenig lernfördernden Umfeld groß werden. In anderen Fällen sind sie z. B. durch eine Legasthenie, also eine Lese-Rechtschreib-Schwäche, verursacht. Bei einer Lese-Rechtschreib-Schwäche sind der Arbeitsspeicher und das Langzeitgedächtnis in einer Weise beeinträchtigt, die das Lesen und richtige Schreiben erschwert. Diese Störung trägt dazu bei, dass ein Teil der von Legasthenie Betroffenen nur sehr langsam und mit einer hohen Fehlerzahl liest. Leichte Sprache ist hier eine unmittelbare Hilfe.

Häufiger ist aber der Fall, dass das soziale Umfeld von Kindern und Jugendlichen die Entwicklung von Lernschwierigkeiten mitverursacht: Nach Ulrich Heimlich, Professor für Lernbehindertenpädagogik, stammen 90 % der Kinder mit Lernschwierigkeiten aus bildungsfernen Elternhäusern (Heimlich 2009). Hier zeigt sich, wie wichtig die begriffliche Abgrenzung zwischen geistiger Behinderung und Lernschwierigkeiten ist: Geistige Behinderung ist gleichmäßiger über die sozialen Schichten verteilt als Lernschwierigkeiten. Sie hat andere Ursachen und ein anderes Erscheinungsbild.

Im Unterschied zur geistigen Behinderung können insbesondere solche Lernschwierigkeiten, die durch das soziale Umfeld mitverursacht wurden, überwunden werden. Das setzt unter anderem voraus, dass den Kindern und Jugendlichen Texte angeboten werden, die ihrem Kenntnisstand und ihren Fähigkeiten entsprechen. Leichte Sprache kann den Einstieg in die Schriftlichkeit erheblich erleichtern.

Demenz

Demenzen sind erworbene Hirnschädigungen, die meist erst im fortgeschrittenen Alter auftreten: Der Gründer des Neurolinguistischen Labors Freiburg,

Michael Schecker, schreibt, dass bei den 80- bis 84-Jährigen 13,3 %, bei den über 90-Jährigen sogar 34,6 % von Demenz betroffen sind (Schecker 2003, S. 278).
Bei den folgenden Ausführungen stützen wir uns weiter auf Werke von Michael Schecker; außerdem ziehen wir Ausführungen von Jochen Schindelmeiser und Alexander Kurz zurate.

Demenzen führen zu Gedächtnisstörungen, Veränderungen der sprachlichen Fähigkeiten, aber auch allgemein zu Orientierungsproblemen und motorischen Einschränkungen. Die meisten Demenzen sind unumkehrbar und die Symptome verstärken sich mit der Zeit.

Gegenwärtig gibt es in Deutschland ca. 1,3 Millionen Demenzkranke, wobei die Forschung davon ausgeht, dass die Zahl sich zukünftig noch erhöhen wird, weil die durchschnittliche Lebenserwartung der Bevölkerung steigt.

Die häufigste Form der Demenz ist die Alzheimer-Krankheit. Sie verläuft in drei Stadien – leichtgradige, mittelschwere und schwere Demenz; jedes dieser Stadien dauert im Schnitt drei Jahre. Zu sprachlichen Beeinträchtigungen inklusive Wortfindungsstörungen kommt es schon ab dem ersten Stadium.

Die Auswirkungen von Demenzen auf das Sprach- und Leseverstehen sind sehr gut erforscht:

Probleme bereitet es Demenzpatient(inn)en beispielsweise, zusammenhängenden Darstellungen zu folgen oder solche selbst zu entwickeln. Die Betroffenen verlieren in Texten und Gesprächen leicht den roten Faden, der Gesamttext gerät ihnen aus dem Blick. Sie haben Probleme mit Metaphern und indirekten Formulierungen (Ironie, Höflichkeit) sowie mit komplexen Sätzen.
Welche sprachlichen Abbauprozesse genau zu beobachten sind, hat Michael Schecker (2003) zusammengestellt, hier einige Beispiele:

- Aktivkonstruktionen können länger verarbeitet werden als Passivkonstruktionen
- Reihungen von Einzelsätzen länger als untergeordnete Nebensätze
- ab einem bestimmten Punkt bereitet die Wiederaufnahme von Textgegenständen mit Personalpronomen Probleme *(der Nachbar > er)*
- es werden nur noch wenige Zeitformen verwendet

All dies wird in den Leichte-Sprache-Regeln aufgegriffen: nur Aktiv (kein Passiv), nur Einzelsätze (keine Nebensätze), nur identische Wiederaufnahme (keine Personalpronomen der dritten Person), nur Präsens und Perfekt, Vermeidung indirekter Formulierungen und bewusster und gezielter Umgang mit Metaphern. Leichte Sprache kann daher sprachliche Barrieren wirksam verringern und Personen mit Demenzen länger im kommunikativen Alltag halten.

Auch Pflegepersonal kann von Leichter Sprache profitieren: Unter dem Titel »Spurenlesen im Sprachdschungel« hat die Sprachwissenschaftlerin Svenja Sachweh die Schwierigkeiten in der Kommunikation mit Demenzpatient(inn)en in Pflegeeinrichtungen beschrieben (Sachweh 2008). Handreichungen in Leichter Sprache und bildgestützte Kartensysteme könnten den Umgang mit den Patient(inn)en und Bewohner(inne)n erheblich erleichtern.

Prälinguale Hörschädigung / Gehörlosigkeit

Eine Hörschädigung hat häufig dann Auswirkungen auf die Lesefähigkeit, wenn sie vor abgeschlossenem Spracherwerb auftritt oder angeboren ist; sie heißt dann »prälinguale Hörschädigung«. Eine prälinguale Hörschädigung kann unterschiedliche Ursachen haben: Vererbung, eine Krankheit der Mutter während der Schwangerschaft, einen Unfall oder eine Krankheit (z.B. Meningitis). Die Gruppe der prälingual Gehörlosen umfasst in Deutschland etwa 80 000 bis 100 000 Personen. In den letzten Jahren werden insbesondere jüngere Menschen aus dieser Gruppe häufig mit Cochlea-Implantaten versorgt. Sie können dann zwar Hörerfahrungen machen, die wenigsten von ihnen erreichen aber ein durchschnittliches Hörvermögen.

Die Sprache der Personen mit prälingualer Hörschädigung in Deutschland ist die Deutsche Gebärdensprache (DGS). Es handelt sich um eine natürliche Sprache mit eigener Grammatik und natürlich gewachsenem Wortschatz. In § 6 des Behindertengleichstellungsgesetzes von 2002 ist die DGS als Sprache der Gehörlosengemeinschaft gesetzlich verankert: »Die Deutsche Gebärdensprache ist als eigenständige Sprache anerkannt.« Die DGS hat jedoch keine eigene Schriftsprache ausgeprägt, sodass DGS-Muttersprachler(innen) für das Lesen und Schreiben auf die deutsche Sprache angewiesen sind. Da sie eine sprachliche Minderheit in einem deutschsprachigen Land sind, brauchen sie ohnehin Zugriff auf die Schriftsprache der dominierenden Kultur.

Personen mit prälingualer Hörschädigung haben jedoch häufig ausgeprägte Probleme mit dem Lesen und Schreiben. Ein Grund dafür ist, dass bei hörenden Kindern der Spracherwerb des Deutschen zunächst über das Ohr erfolgt. Der Schriftspracherwerb ist nachgelagert; dabei ist hörenden Kindern das Lautbild der Wörter, deren Schriftbild sie lernen, stets gegenwärtig. Gehörlosen ist dieser Weg nicht zugänglich. Sie haben allein das Schriftbild zur Verfügung, um in einer – ihnen fremden – Sprache Lesen und Schreiben zu lernen. Das stellt sie vor erhebliche Herausforderungen. Hinzu kommt ein weiterer erschwerender Faktor: Die Gebärdensprache wurde erst sehr spät als Sprache anerkannt. Gehörlose Kinder werden überwiegend in hörende Familien hineingeboren (nur 2,3 % der gehörlosen Kinder haben mindestens einen gehörlosen Elternteil) und noch immer wird diesen Familien davon abgeraten, ihre Kinder mit Gebärdensprache zu erziehen. Der Spracherwerb über das Ohr ist aber bei nicht hörenden Kindern nicht möglich, sodass diese Kinder in ihren Familien kommunikativ isoliert aufwachsen und in ihrem Spracherwerb behindert werden. Das hat gravierende Auswirkungen auch auf die spätere Leseleistung.

Die typischen Probleme, die viele prälingual Gehörlose mit der Schriftsprache haben, sind überwiegend auf diese schwierige Lage zurückzuführen. Prälingual Gehörlose verfügen im Deutschen über ein ausgesprochen geringes Vokabular – Studien gehen von ca. 2000 Wörtern bei Schulabgänger(inne)n aus. Sie haben ausgeprägte Probleme mit der Grammatik. Die Wiederaufnahme von Textgegenständen mit Personalpronomen *(der Nachbar > er)* wird schlecht verstanden, ebenso wie Passiv, Präteritum, untergeordnete Nebensätze, Metaphern und indirekte Formulierungen. Hinzu kommt, dass viele Wissensbestände, die üblicherweise über Bücher, Radio, Fernsehen oder andere Medien vermittelt werden, nicht vorausgesetzt werden können, weil Gehörlose keinen Zugriff auf diese Informationen haben: Radio und Fernsehen erfordern eine Hörfähigkeit, gedruckte Texte oder auch Untertitel eine ausgeprägte Lesefähigkeit. Prälinguale Hörschädigung hat darum gravierende Auswirkungen auf die gesellschaftliche Teilhabe. Leichte Sprache kann, neben der Gebärdensprache, dazu beitragen, dass kommunikative Barrieren fallen.

Weitere Informationen über die Auswirkungen von Hörschädigungen auf die Lesefähigkeit erhalten Sie bei Johannes Hennies und Klaudia Krammer (vollständige Angaben am Ende des Buchs).

Aphasie

Unter dem Begriff Aphasie werden unterschiedliche Sprachstörungen zusammengefasst, die meist durch eine Verletzung der linken (bei Linkshändern: der rechten) Hirnhälfte entsteht. Eine Aphasie ist keine geistige Behinderung. Die häufigste Ursache ist ein Schlaganfall, aber auch Unfälle können Aphasien auslösen. Nur die Hälfte der Aphasien bildet sich zurück. Zwischen 130 000 und 200 000 Menschen in Deutschland sind von einer chronischen Aphasie betroffen, darunter ca. 40 000 Kinder (http://www.aphasiker.de).

Bei Aphasien sind das Sprechen und Schreiben, aber auch das Verstehen und Lesen beeinträchtigt. Es gibt verschiedene Arten von Aphasien (Tesak 2006). Von Leichter Sprache profitieren vor allem Personen, die an einer Broca- oder einer Wernicke-Aphasie leiden. Broca und Wernicke bezeichnen dabei die jeweils betroffenen Hirnareale. Bei der Broca-Aphasie sind vor allem der Funktionswortschatz (z. B. der Gebrauch von Artikeln und Präpositionen) und insgesamt die grammatischen Fähigkeiten beeinträchtigt. Broca-Patient(inn)en produzieren grammatisch nur schwach verknüpfte Folgen von Inhaltswörtern, wie das folgende Beispiel aus einem frühen Werk der Sprachwissenschaftlerin Helen Leuninger zeigt, die sich umfassend mit Aphasien beschäftigt hat (Leuninger 1989, S. 31):

Arzt: Ja. Wie hat das denn mit Ihrer Krankheit angefangen?
Patient: Skifahren, Österreich … Abfahrt … und … und … peng … kaputt.
Arzt: Haben Sie einen Skiunfall gehabt?
Patient: Ja, Ski … un … fall … nicht … aber … Ski … Gehirn- … b-, bl- b … Gehirn- … Gehirn … blu … tung.
Arzt: Was ist dann mit Ihnen passiert?
Patient: Ja … kaputt … gelähmt.
Arzt: Wo sind Sie hingekommen?
Patient: Ja … Ös … terreich … Sanka … nunterfahrn, und … liegen … vier Tage liegen … ja … liegen … ja … vier Tag …

Patient(inn)en mit einer Wernicke-Aphasie produzieren grammatisch relativ korrekte Äußerungen. Bei ihnen ist der Zugriff auf die Inhaltswörter beeinträchtigt. Die Aphasie-Therapeutin Luise Lutz zeigt die Wernicke-Aphasie an folgendem Beispiel (Lutz 1992, S. 46):

Arzt: Ja, haben Sie da auch einen Garten? Da, wo Sie wohnen?
Patient: Ja, gäh äh ka ur ein geomer, ein teomer von annern te eh
Arzt: Ja …
Patient: Nech, also, mein schön kerger küksil im Sommer, jetzt um diese Zeit …
Arzt: Ja …
Patient: Gehabt un so auch heute den bron denn ein ein für äh na et den oder oder für mich denn für – Gott, wie schwer ist das denn!
Arzt: Ich kann Sie immer noch nicht gut verstehen, leider! Ich möchte so gern, aber da kommen immer andere Wörter …
Patient: Ich weiß, aber aber ein mies da hab ich denn manches manches manches so gelies gehakkert ja, ach ja, sach ich da stehn für halle sarge was ich wusste …

Gemeinsam ist den Aphasie-Patient(inn)en, dass sie sprachliche Äußerungen für sich genommen nur schwer interpretieren können. Sie stützen sich häufig auf den Kontext. Informationen, die nicht unmittelbar in die Sprechsituation eingebunden sind und beispielsweise in der Vergangenheit liegen, sind für sie nur schwer oder, bei erheblichem Schweregrad der Aphasie, gar nicht zu interpretieren.

Inwiefern Leichte Sprache Aphasiker(inne)n helfen kann, ist noch nicht wissenschaftlich untersucht worden. Es liegt jedoch nahe, dass Broca-Patient(inn)en von der wenig komplexen Grammatik der Leichten Sprache profitieren könnten und Wernicke-Patient(inn)en von der Beschränkung auf einen zentralen, früh erlernten Wortschatz sowie von den zahlreichen Erläuterungen im Text.

Funktionaler Analphabetismus

Von funktionalem Analphabetismus sind Personen betroffen, die das Schulsystem durchlaufen und trotzdem keine ausreichende Lesefähigkeit erworben haben, um aktiv an der Schriftkultur teilzuhaben. Das betrifft nicht nur Personen mit Behinderungen, sondern einen viel größeren Personenkreis.

Im März 2011 wurde die leo.-Studie veröffentlicht. Die Hamburger Erziehungswissenschaftlerinnen Anke Grotlüschen und Wibke Riekmann haben darin zum ersten Mal statistisch belastbare Daten zum Analphabetismus in Deutschland vorgelegt. Sie unterscheiden vier sogenannte α-Levels:

α-Level	Beschreibung	Betroffene in Deutschland (Altersgruppe 18–64)
α 1	Die Betroffenen können keine Wörter lesen.	300 000
α 2	Die Betroffenen können zwar einzelne Wörter lesen, diese aber nicht zu Sätzen verbinden.	2 000 000
α 3	Die Betroffenen können zwar Sätze lesen, scheitern aber an der Textebene.	5 200 000
α 4	Die Betroffenen können zwar Wörter, Sätze und Texte lesen und schreiben, jedoch nur, wenn diese nicht zu fachlich sind. Sie beherrschen keine korrekte Orthografie.	13 300 000

Die α-Levels 1–3 rechnen Grotlüschen und Riekmann dem funktionalen Analphabetismus zu; Texte können von Personen, die nicht über das α-Level 3 hinauskommen, in der Regel nicht eigenständig lesend erschlossen werden. Nach der Studie sind somit in Deutschland 7,5 Millionen Personen zwischen 18 und 64 Jahren von funktionalem Analphabetismus betroffen. Sie sind primäre Adressat(inn)en von Leichter Sprache, wobei von Personen, die nicht über das α-Level 1 hinauskommen, auch Leichte-Sprache-Texte nicht bewältigt werden können.

Die Personen auf α-Level 4 haben ebenfalls ausgeprägte Schwierigkeiten mit Texten, insbesondere fachlichen wie z. B. Briefen vom Amt. Sie profitieren ebenfalls von einem Textangebot in Leichter Sprache, das ihnen Bereiche der Schriftlichkeit zugänglich macht, die sie sonst nicht erreichen könnten. Es kommen hier noch einmal 13,3 Millionen potenzielle Leser(innen) für die Leichte Sprache hinzu, sodass insgesamt 20,8 Millionen Menschen in Deutschland allein aufgrund ihrer Leseschwäche (d. h. überwiegend ohne Vorliegen einer Behinderung) potenzielle Leichte-Sprache-Leser(innen) sind. Insgesamt umfasst die Gruppe der 18- bis 64-Jährigen gemäß den Autorinnen der leo.-Studie 51,6 Millionen, sodass etwas mehr als 40 % der erwachsenen Bevölkerung im erwerbsfähigen Alter von Angeboten in Leichter Sprache profitieren würde. Von einer Randgruppe kann unter diesen Umständen nicht gesprochen werden.

Deutsch als Zweitsprache: Leichte Sprache für Migrant(inn)en

Von »Deutsch als Zweitsprache« (DaZ) spricht man, wenn das Deutsche in einer deutschsprachigen Umgebung erworben und direkt für die Alltagsbewältigung eingesetzt wird. Wie schnell und wie erfolgreich dieser Spracherwerb erfolgt, ist von unterschiedlichen Faktoren abhängig.

Probleme können auftreten …

… wenn die Motivation, das Deutsche zu erlernen, gering ist.
… wenn das Deutsche nur in wenigen Situationen eingesetzt werden kann, beispielsweise, weil sich der überwiegende Teil des Alltags in einer anderen Sprache vollzieht (»Gettobildung«).
… wenn kein hinreichender sprachlicher Input erfolgt.
… wenn Defizite in der Beherrschung der Herkunftssprache bestehen.

2006 lebten in Deutschland rund 3 Millionen Personen anderer Herkunftssprachen, die älter als 13 Jahre waren und sich seit mindestens zwölf Monaten in Deutschland aufhielten. Im Auftrag des Bundesamtes für Migration und Flüchtlinge (BAMF) wurden ausgewählte Migrantengruppen in der sogenannten RAM-Studie (Repräsentativbefragung ausgewählter Migrantengruppen) nach ihren Lesefähigkeiten in ihrer zweiten Sprache Deutsch befragt. Gut 15 % der Befragten gaben an, über schlechte oder sehr schlechte Lesefähigkeiten zu verfügen, 19 % schätzten ihre Lesefähigkeit als mittelmäßig ein. Diese Personen könnten durch Texte in Leichter Sprache besser am gesellschaftlichen Leben partizipieren.

In der aktuellen Zuwanderungsdebatte spielt Leichte Sprache auch für den Spracherwerb selbst eine zunehmend größere Rolle. Asylsuchende müssen in relativ kurzer Zeit Deutschkenntnisse erwerben, um sich in die Gesellschaft integrieren zu können. Bereits in der Anfangsphase ihres Aufenthalts in Deutschland sind zahlreiche administrative Hürden zu meistern. Erschwerend kommt hinzu, dass nur ein Teil der Personen in der eigenen Herkunftssprache problemlos lesen und schreiben kann: Ludger Wössmann, Leiter des Zentrums für Bildungsökonomik in München, legte in einem Interview mit der »Zeit« Schätzungen vor (Ausgabe vom 19. 11. 2015), wonach zwei Drittel der Geflüchteten, die 2015 nach Deutschland gekommen sind, in ihren Herkunftssprachen funktionale Analphabet(inn)en sind. Hier liegt eine doppelte Schwierigkeit vor, weil nicht nur deutsche Sprachkenntnisse, sondern parallel dazu auch eine ausreichende Lesefähigkeit erworben werden müssen.

Leichte Sprache kann hier Hürden abbauen. Sie wird bereits heute in Deutschklassen eingesetzt, allerdings stehen die Bemühungen noch ganz am Anfang. Letztlich ist es bei dieser Personengruppe aber das Ziel, sie mittelfristig zum Lesen der allgemeinsprachlichen Ausgangstexte zu befähigen. Leichte Sprache ist hier nur der Einstieg in den Sprach- und Leseerwerb.

3.3 Sekundäre Adressat(inn)en

Sekundäre Adressat(inn)en finden Texte in Leichter Sprache in ihrer Umwelt vor. Das kann unterschiedliche Gründe haben:

Vielleicht liegt ein Textangebot ausschließlich in Leichter Sprache vor.
Leichte-Sprache-Texte sollten allerdings stets ein Zusatzangebot sein und niemals die Ausgangstexte ersetzen. Wenn Informationen nur in Leichter Sprache angeboten werden, liegt ein schweres Missverständnis über die Rolle der Leichten Sprache vor: Diese baut Barrieren ab, sie darf jedoch nicht dafür eingesetzt werden, die Vielfalt der Sprache einzuebnen bzw. den Standard zu verdrängen.

Vielleicht möchten die Leser(innen) bei der Erschließung des Inhalts Zeit sparen.
Auch viele geübte Leser(innen) greifen gern auf Informationsangebote in Leichter Sprache zu, wenn sie es eilig haben. Leichte-Sprache-Texte sind in Layout und sprachlicher Gestaltung für eine schnelle Informationsentnahme optimiert.

Vielleicht ist der Ausgangstext zu schwer.

Briefe oder Formulare vom Amt, Einwilligungserklärungen beim Arzt und Gebrauchsanweisungen zu technischen Geräten sind häufig fachsprachlich verfasst. Manchmal sind sie nur noch den Expert(inn)en selbst problemlos zugänglich. Auch Leser(innen), die mit standardsprachlichen Texten ansonsten gut zurechtkommen, gelangen hier an ihre Grenzen. Texte in Leichter Sprache sind einerseits sprachlich leichter, andererseits setzen sie weniger Wissen voraus und erklären mehr. Hiervon profitiert häufig nicht nur die primäre Adressatenschaft, und es zeigt sich, dass der Bedarf an verständnisoptimierten Texten über die eigentliche Zielgruppe hinausgeht.

Vielleicht ist die Lesefähigkeit der Leser(innen) nicht deutlich besser als die primärer Adressat(inn)en.

13,3 Millionen Personen sind gemäß der leo.-Studie dem α-4-Leseniveau zuzuordnen, ihre Schriftsprachenkenntnisse sind defizitär. Sie gelten zwar nicht als funktionale Analphabet(inn)en und gehören damit auch nicht zu den primären Adressat(inn)en. Sie können aber von Texten in Leichter Sprache profitieren, weil für sie ebenfalls ein Großteil der Alltagsschriftlichkeit nicht problemlos zugänglich ist.

Wie kann man sich auf sekundäre Adressat(inn)en einstellen?

Texte in Leichter Sprache sind für die sekundären Adressat(inn)en in der Regel zu leicht und wirken auf diese Leserschaft häufig sehr befremdlich, insbesondere wenn sie noch keine Bekanntschaft mit Leichter Sprache gemacht hat. Sie sollten niemals ohne standardsprachliche Alternative an diese Adressatengruppe gerichtet werden. Leichte-Sprache-Texten kann auch eine Erläuterung vorangestellt werden. Dies wird beispielsweise bei den Patientenaufklärungsbroschüren der Firma Klarigo so gehandhabt:

> Liebe Leserin,
> lieber Leser,
> dieser Text ist für Sie vielleicht sehr leicht.
> Dieser Text ist nämlich in Leichter Sprache geschrieben.
> So soll der Text besonders barrierefrei sein.
>   Das bedeutet:
>   Sehr viele Menschen sollen den Text verstehen können.
> (PAH-L, S. 2)

3.4 Mittler(innen)

In § 11 des novellierten Behindertengleichstellungsgesetzes (BGG) heißt es, dass auf Verlangen von Personen mit geistiger Behinderung »Bescheide, Allgemeinverfügungen, öffentlich-rechtliche Verträge und Vordrucke in Leichter Sprache« erläutert werden sollen (BGG 2016, S. 17; s. Kap. 2.3). Im Unterschied zu den anderen Paragrafen der Novelle tritt dieser § 11 erst zum 1. Januar 2018 in Kraft: »Damit soll den Trägern öffentlicher Gewalt ausreichend Zeit und Gelegenheit gegeben werden, um Kompetenzen zur einfachen Sprache sowie zur Leichten Sprache aufzubauen.« (BGG, Entwurf 2016, S. 49)

Für die Erläuterungen gemäß § 11 soll auf eine Datenbank mit Mustererklärungen und Textbausteinen zugegriffen werden. Die Erläuterungen werden durch Behördenvertreter(innen), also Beamte bzw. Beamtinnen oder Verwaltungsfachangestellte, eingesetzt.

Expert(inn)en in bestimmten Berufsfeldern, vorrangig aus dem juristisch-administrativen oder medizinischen Bereich, sind häufig in der Situation, mit Klient(inn)en bzw. Patient(inn)en zu kommunizieren, die zur Gruppe der primären Adressat(inn)en gehören. Gerade in diesen Situationen geht es oft darum, besonders komplexe Sachverhalte zu vermitteln – eine Diagnose, eine sozialrechtliche Fragestellung oder Ähnliches. Dafür muss ein Stück (fachliche) Welt erläutert werden. Die Arbeit der Expert(inn)en wird erheblich erleichtert und manchmal überhaupt erst ermöglicht, wenn sie dafür auf Textbausteine in Leichter Sprache zurückgreifen können.

Das neue Behindertengleichstellungsgesetz trägt dieser Tatsache für den administrativen Bereich der Bundesverwaltung Rechnung. Leichte-Sprache-Übersetzer(innen) sehen sich hier einem wachsenden Markt gegenüber. Die Ausgangstexte sind in diesem Bereich fast durchgängig fachsprachlich, sodass die Erstellung von Materialien, die von Expert(inn)en in Mittlersituationen eingesetzt werden können, eine erhebliche Herausforderung für die Leichte-Sprache-Übersetzung darstellt.

4. Was macht Sprache und Texte leicht?

Bei der Frage, was Sprache und Texte leicht macht, sind zunächst zwei Perspektiven zu unterscheiden: die Perspektive der Leser(innen) und die Perspektive der Texte. Texte müssen mit Blick auf ihre Gestaltung und die sprachliche Darstellung bestimmte Gestaltungsmerkmale aufweisen, damit Leser(innen) sie gut wahrnehmen und verstehen können. Daraus ergibt sich eine Gliederung in vier Aspekte, denen wir in diesem Kapitel nachgehen werden:

	Textoberfläche	**Inhalt**
Leser(in)	Wahrnehmen	Verstehen
Text	Wahrnehmbarkeit	Verständlichkeit

Zunächst wenden wir uns der Frage zu, wie Lesen funktioniert und inwiefern es beeinträchtigt sein kann. Im nächsten Schritt stellen wir dar, wie die Texte in Bezug auf das Layout und die sprachliche Gestaltung optimiert werden können, damit sie das Lesen erleichtern. Und schließlich gehen wir darauf ein, wie sich die Verständlichkeit von Texten überprüfen lässt. Ausführlichere Informationen zum Verstehen und zur Verständlichkeit von Texten erhalten Sie im Grundlagenwerk (Kap. 4).

4.1 Wahrnehmen und Verstehen

Wörter, Sätze und Texte lesen

Die leo.-Studie unterscheidet vier Ausprägungen, sogenannte α-Levels, von Lesebeeinträchtigungen (s. Kap. 3.2, Tabelle auf S. 38).
Aber wie ist es möglich, dass man Sätze, aber nicht Texte lesen kann? Oder anders gefragt: Wie funktioniert Lesen?

Der Leseprozess

Der Leseprozess ist mehrstufig und hierarchisch strukturiert: Zunächst einmal muss die Information über die Augen aufgenommen werden (Wahrnehmen), sie muss verarbeitet (Verstehen) und schließlich abgespeichert werden (Behalten). Nur was mit den Augen wahrgenommen werden konnte, nur was verstanden wurde, kann zu Aussagen und größeren Einheiten zusammengebaut werden. Die höchste Verstehensstufe ist das Behalten: Einen Text verstehen wir nicht als

Folge einzelner Wörter, sondern als Folge im Gedächtnis zwischengespeicherter und dann miteinander verknüpfter Aussagen. Für den gesamten Leseprozess stehen allerdings nur begrenzte Kapazitäten zur Verfügung. Je mehr von diesen Kapazitäten auf den unteren Stufen verbraucht wird, desto weniger verbleibt für die höheren Stufen. Wahrnehmungs-, Verarbeitungs- und Speicherungsprozesse konkurrieren also um die zur Verfügung stehenden Ressourcen. Daraus folgt, dass Probleme beim Wahrnehmen sich negativ auf das Behalten auswirken.

Sicher haben Sie schon einmal Kindern zugehört, die gerade Lesen lernen: Sie können vielleicht schon einen Satz vorlesen, wenn auch stockend. Wenn sie aber wiederholen sollen, was sie soeben vorgelesen haben, so sind sie dazu möglicherweise nicht in der Lage. Sie haben die Wörter korrekt wahrgenommen und jedes für sich auch verstanden. Der Aufbau von Sinneinheiten ist ihnen jedoch nicht gelungen, weil die zur Verfügung stehende Kapazität gänzlich auf der Ebene von Wahrnehmen und Wortverstehen aufgebraucht wurde. Sie können damit dem Text keine Aussagen entnehmen, die sich verknüpfen und abspeichern lassen. Dies jedoch wäre die Voraussetzung für das Textverstehen.

Wahrnehmen

Der Leseprozess selbst verläuft nicht linear. Das Auge bewegt sich in Sprüngen (Sakkaden), die etwa 7–8 Buchstaben umfassen, und von Fixpunkt zu Fixpunkt (Fixationen) über den Text. In der Regel springt das Auge vorwärts; bei Leseproblemen werden jedoch Rückwärtssakkaden erforderlich. Rückwärtssakkaden und lange Fixationen werden auch bei geübten Leser(inne)n z. B. durch lange oder mehrdeutige Wörter, überlange Zeilen oder inhaltlich komplexe Sätze ausgelöst. Die Zahl der Wörter, die pro Minute gelesen werden, verringert sich dann.

Studien zeigen, dass geübte Leser(innen) häufig vorkommende Wörter weniger lang fixieren als seltenere. Ebenso werden Wörter, die in einem bestimmten Kontext erwartbar sind, schneller erkannt. Funktionswörter wie Artikel oder Präpositionen werden häufig sogar übersprungen, sie werden sozusagen »im Augenwinkel« erkannt und müssen nicht eigens fixiert werden. Dieser Vorteil ergibt sich aus der Lesepraxis: Was häufig gelesen wurde, wird schneller erfasst. Die primäre Adressatenschaft von Leichte-Sprache-Texten hat eine gering ausgeprägte Lesepraxis, sodass dieser Vorteil weitgehend entfällt. Die Informationsentnahme ist damit entscheidend behindert: Ungeübte Leser(innen) müssen die Wörter im Text – auch die Funktionswörter – einzeln entziffern, um sie im nächsten Schritt zu Sinneinheiten zusammensetzen und in den Zusammenhang des bisher Gelesenen einordnen zu können. Möglicherweise erreichen sie diese Stufe jedoch nicht, weil der Wahrnehmungsprozess, also das Entziffern der einzelnen Wörter, bereits alle zur Verfügung stehenden Ressourcen gebunden hat.

Verstehen

Wenn die Wörter wahrgenommen wurden, werden sie im Arbeitsgedächtnis zwischengespeichert. Das Arbeitsgedächtnis hat eine begrenzte Kapazität. Wird sie ausgereizt oder überdehnt, so verlangsamt sich der Leseprozess und die Ablage im Langzeitgedächtnis wird behindert oder unmöglich gemacht. Die Leichte-Sprache-Leserschaft liest, wie eben festgestellt, einzelwortbezogen. Damit wird das Arbeitsgedächtnis schon mit sehr kleinen Einheiten ausgelastet. Je nach dem Grad der Leseeinschränkung und dem Schwierigkeitsgrad des Texts kann das Gelesene dann nur noch in eingeschränktem Maß zu größeren Sinneinheiten und Aussagen auf Satz-, Aussagen- oder Textebene integriert werden.

Eine sinnentnehmende Verarbeitung ist jedoch die Voraussetzung für das Verstehen auf den unterschiedlichen Ebenen. Sätze werden nicht einfach aneinandergereiht, sondern verstehend aufeinander bezogen. So kann es dazu kommen, dass ein Leser oder eine Leserin zwar einzelne Wörter oder Sätze lesen kann, dass es ihm oder ihr dann jedoch nicht mehr gelingt, die nächsthöhere Ebene des Textverstehens zu erreichen und die Textinhalte dauerhaft als Wissen abzuspeichern.

Auf welchen Ebenen können die Leseprobleme liegen?

Durchschnittliche Leser(innen), an denen sich standard- oder fachsprachliche Texte ausrichten, erfüllen vielfältige Voraussetzungen, die diese Texte an sie stellen. Die Leichte-Sprache-Leserschaft hat auf einer oder mehreren dieser Ebenen Probleme, sodass der Leseprozess nicht oder nur mit Einschränkungen glückt:

Anforderungen durchschnittlicher Texte an die Leserschaft	Mögliche Probleme, die Leseeinschränkungen generieren
Ausreichendes Sehvermögen: Text visuell wahrnehmbar	Probleme mit bestimmten Schriftauszeichnungen, Sehbehinderung
Ausreichender Wortschatz, Kenntnis der grammatischen Strukturen des Deutschen	Nur zentraler Wortschatz, bestimmte grammatische Kategorien sind nicht verfügbar
Zügige Informationsentnahme im Rahmen der Kapazität des Arbeitsspeichers	Informationsentnahme sprengt den Rahmen des Arbeitsspeichers
Textsortenwissen, aus dem sich Erwartungen an den Text ergeben	Mangelndes Textsortenwissen durch geringe Lesepraxis
Vorwissen über den Textgegenstand	Mangelndes Vorwissen über den Textgegenstand

Die in der linken Spalte formulierten Voraussetzungen müssen erfüllt sein, damit der Leseprozess gelingt. Ist das nicht der Fall, kommt es zu Beeinträchtigungen. Es ergibt sich hieraus auch der Grund dafür, warum insbesondere bei fachlichen Texten nicht nur die primären, sondern auch die sekundären Adressat(inn)en (s. Kap. 3.3) häufig scheitern: Solche Texte rufen einen Wortschatz auf, der nur Expert(inn)en, nicht aber Laien geläufig ist, und sie setzen ein Wissen über den Gegenstand voraus, das durchschnittliche Leser(innen) nicht haben. Die primären Adressat(inn)en von Leichter Sprache haben jedoch weitergehende und mehrstufige Beeinträchtigungen, sodass der Leseprozess bei ihnen deutlich stärker belastet ist. Die Texte müssen darum viele unterschiedliche Arten von Schwierigkeiten kompensieren. Deshalb profitieren sekundäre Adressat(inn)en zwar davon, wenn fachliche Texte in Leichter Sprache vorliegen; sie sind für diese Adressat(inn)en jedoch in jedem Fall zu leicht. Für die primäre Leichte-Sprache-Leserschaft ist der hohe Grad an Verständlichkeitsoptimierung jedoch eine Voraussetzung dafür, dass die Texte überhaupt sinnentnehmend gelesen werden können.

4.2 Wahrnehmbarkeit und Verständlichkeit

Wir haben im vorangehenden Abschnitt einen kurzen Einblick gegeben, wie Lesen und Verstehen funktionieren. Nun wenden wir uns der Frage zu, wie Texte und sonstige Informationsangebote aufbereitet werden müssen, damit sie auch für eine Leserschaft mit unterdurchschnittlicher Lesefähigkeit verständlich sind.

Wahrnehmbarkeit

Texte in Leichter Sprache müssen visuell so aufbereitet sein, dass sie optimal wahrnehmbar sind. Die Forschung belegt, dass hierzu die folgenden Maßnahmen geeignet sind (s. Grundlagenwerk, Kap. 4.2.1):

- Buchstaben- und Wortbilder müssen typografisch so gestaltet sein, dass sie eindeutig erkennbar sind:
  - lange Wörter, wenn möglich, optisch gliedern (Bindestrich: *Patienten-Broschüre*, Mediopunkt: *An·alphabet*)
  - keine Wörter in durchgängiger Großschreibung
  - leicht erhöhte Schriftgröße
  - kein Eingriff in den Wortkörper (Vermeidung von Kursiva und Sperrdruck, Unterstreichungen nicht zu eng am Wortkörper, keine Worttrennungen)

- Auf der Ebene des Gesamtdokuments:
  - nur ein Satz pro Zeile
  - keine zu langen Zeilen
  - vertikaler Zeilenabstand leicht vergrößert (eineinhalbzeilig)
  - kontrastreiche Gestaltung des Dokuments
  - gleichmäßige Wortabstände (besser Flattersatz als Blocksatz)
  - Gliederung durch Absätze und Zwischenüberschriften
  - ggf. Randglossen/Marginalien
  - Einbindung von Bildern (möglichst nah beim zugehörigen Text und nicht hinter den Text gelegt)

Texte mit diesen Eigenschaften weisen eine optimierte Wahrnehmbarkeit auf; damit unterstützen sie die erste Ebene des Leseprozesses (zu den Details der visuellen Gestaltung von Leichte-Sprache-Texten s. Kap. 9).

Verständlichkeit

Die Verständlichkeit von Texten hängt in entscheidendem Maße davon ab, wie lang Wörter und Sätze sind: Je weniger Buchstaben oder Silben ein Wort hat und je weniger Wörter ein Satz, desto höher ist tendenziell die Verständlichkeit. Hierzu liegen zahlreiche Forschungsergebnisse vor (s. kommentierte Literaturliste, s. Grundlagenwerk, Kap. 4.2.2); der Grad der Verständlichkeit eines Texts kann über sogenannte Lesbarkeitsindizes berechnet werden. Diese Tests haben jedoch Grenzen: So zeigt sich in diversen Studien zum Beispiel, dass lange Wörter zwar eine längere Fixation erfordern, dass unbekannte Wörter aber noch viel länger fixiert werden und damit eine noch größere Verstehenshürde darstellen; die Indizes identifizieren aber allein Länge und nicht (Un)bekanntheit als schwierigkeitssteigernd.

Dennoch können die Erkenntnisse der Verständlichkeitsforschung hier insofern aufgegriffen werden, als lange Wörter in Leichte-Sprache-Texten vermieden werden sollten bzw. dort, wo sie unverzichtbar sind, durch das Einfügen visueller Hilfen (Bindestrich, Mediopunkt) erschließbar zu machen sind.

Auf Satzebene sind die Zahl der Wörter und in noch stärkerem Maße die Zahl der Aussagen pro Satz ausschlaggebend für die Verständlichkeit: Ein Satz ist umso verständlicher, je weniger Wörter und Aussagen er enthält. Negierte Aussagen bereiten größere Probleme als nicht negierte. Auch diese Befunde können auf die Leichte Sprache übertragen werden.

Moderne Verständlichkeitsindizes wie der Hohenheimer Verständlichkeitsindex berücksichtigen neben der Wort- und Satzlänge z. B. auch, wie viele Abstrakta und Fremdwörter in einem Text vorkommen, ob er im Nominalstil oder im Verbalstil verfasst ist und wie viele seltene Wörter er enthält. Auch diese Kriterien sind mit Blick auf die Leichte Sprache relevant.

Nach dem Hamburger Verständlichkeitsmodell der Psychologen Langer, Schulz von Thun und Tausch von 1974 sind Texte dann verständlich, wenn sie einfach, gegliedert und prägnant sind sowie anregende Zusätze enthalten. Auch andere Verständlichkeitsansätze enthalten ähnlich gelagerte Hinweise, die inzwischen auch vielfach in Studien nachgeprüft wurden. Die Verständlichkeitsforschung liefert also gesicherte Belege dafür, dass typische Leichte-Sprache-Regeln sinnvoll sind, z. B. ganz konkret die folgenden:

- zentralen Wortschatz wählen, randständigen meiden (s. Kap. 6),
- Fachwörter erklären (s. Kap. 6.1.2),
- Sätze kurz und prägnant gestalten (s. Kap. 7.1),
- Passiv vermeiden und Leser(innen) persönlich ansprechen (s. Kap. 7.4)
- Nominalstil vermeiden (s. Kap. 7.3).

Insgesamt weisen die Erkenntnisse der Verständlichkeitsforschung eine hohe Übereinstimmung mit den Leichte-Sprache-Regeln auf. Im Umkehrschluss lässt sich damit auch sehen, dass die Leichte-Sprache-Regeln auf solidem wissenschaftlichem Fundament stehen. Die Forschung muss sich in den kommenden Jahren aber noch detaillierter damit befassen, wie die Regeln genau ausgestaltet werden sollten. So ist etwa belegt, dass z. B. Sätze mit Negation schwerer zu verstehen sind als Sätze ohne Negation. Wie genau in Leichter Sprache Negation ausgeführt werden sollte, um ein Verstehen dennoch zu gewährleisten, können wir allerdings im Moment nur als Hypothese formulieren.

4.3 Verstehens- und Verständlichkeitsprüfungen: Siegel und Zertifizierung

Texte können aus zwei Perspektiven geprüft werden:

1. Auf Konformität mit den Regeln der Leichten Sprache auf Wort-, Satz- und Textebene. Eine solche Prüfung nennen wir **Verständlichkeitsprüfung**.
2. Auf Verstehen durch Teile der primären Adressatenschaft. Eine solche Prüfung nennen wir **Verstehensprüfung**.

Für beide Perspektiven stehen für Leichte Sprache Zertifizierungen zur Verfügung.

Optimal sind Zertifizierungen dann, wenn sie neben der Verständlichkeit und dem Verstehen, die ja zwei Seiten einer Medaille sind, auch die beiden folgenden Kriterien berücksichtigen:

- Ist der Ausgangstext korrekt wiedergegeben?
- Ist die Übersetzung der Zielsituation angepasst?

4.3.1 Verständlichkeitsprüfung

Mit Verfahren der Verständlichkeitsprüfung wird untersucht, ob ein bestimmter Text den Regeln der Leichten Sprache entspricht. Diese Tests können automatisiert oder über Korrektor(inn)en ausgeführt werden. Texte, die gemäß den Leichte-Sprache-Regeln erstellt werden, sind verständlichkeitsoptimiert. Aktuell findet sich in Internet und Print eine Vielzahl von Texten, die das Label »Leichte Sprache« für sich reklamieren, jedoch nicht regelkonform (beispielsweise zu schwierig) sind. Bei Texten, die eine Verständlichkeitsprüfung durchlaufen haben, ist dagegen eine stabile Qualität zu erwarten. Das hat zwei Vorteile: Zum einen können die Adressat(inn)en im Rahmen ihrer Leseeinschränkungen optimal auf den Inhalt zugreifen. Zum anderen stabilisieren regelkonforme Texte die Leichte Sprache als Varietät des Deutschen.

Automatisierte Prüfung

Die Verständlichkeit kann mit automatisierten Prüftools wie dem Hohenheimer Verständlichkeitsindex geprüft werden. Er liegt u.a. der Software TextLab zugrunde (s. Kap. 5.4.4), die für einen gegebenen Text einen Verständlichkeitswert zwischen 0 (maximal unverständlich) und 20 (maximal verständlich) berechnet. Texte in Leichter Sprache sollten hier mindestens 18 Punkte erreichen. Automatisierte Verständlichkeitstests beschränken sich aber, wie oben bereits aufgeführt, auf quantifizierbare Parameter wie

- Länge von Wörtern und Sätzen,
- Vorhandensein von Passivkonstruktionen oder
- Abgleich mit zugrunde liegenden Listen (Grundwortschatz, Fach- oder Fremdwörter).

Hohenheimer Verständlichkeitsindex (Quelle: http://comlab-ulm.de; abgerufen am 24. 08. 2016)

Solche automatisierten Verfahren geben insbesondere für die Wort- und Satzebene Hinweise für eine mögliche Optimierung von Texten; die Gestaltung der Textebene kann man mit ihnen nicht prüfen. Ob die Regeln für Leichte Sprache eingehalten sind, wird insofern mitgeprüft, als die Regeln der Leichten Sprache und die Merkmale des Verständlichkeitsindexes viele Überschneidungspunkte haben.

Die Frage, ob ein Text korrekt übersetzt wurde, kann vom Hohenheimer Verständlichkeitsindex jedoch nicht geprüft werden, weil Textvergleiche nicht vorgesehen sind.

Und auch ob ein bestimmter Text in einer bestimmten Zielsituation funktioniert, kann durch die automatisierte Prüfung nicht festgestellt werden.

Prüfung über Korrektor(inn)en

Die Verständlichkeitsprüfung kann auch über Korrektor(inn)en ausgeführt werden. Das Vieraugenprinzip ist auch in der professionellen Übersetzung zwischen verschiedenen Sprachen Teil der Qualitätssicherung: Die internationale Norm ISO 17100 aus dem Jahr 2015 schreibt die Korrektur von Übersetzungen durch eine zweite Person sogar vor (s. Kap. 5.5).

Für Leichte Sprache prüfen die Korrektor(innen) auch, ob der Text korrekt übersetzt wurde, ob er mit den Leichte-Sprache-Regeln konform ist und in der geplanten Zielsituation funktioniert.

Ein Verständlichkeitssiegel, das diese Art der Prüfung zertifiziert, ist das Hildesheimer Prüfsiegel »Leichte Sprache wissenschaftlich geprüft«:

Siegel »Leichte Sprache wissenschaftlich geprüft« der Forschungsstelle Leichte Sprache (http://www.uni-hildesheim.de/leichtesprache; abgerufen am 24.08.2016)

4.3.2 Verstehensprüfung

Zielgruppenprüfung

Mit Verstehensprüfungen wird ermittelt, ob ein konkreter Text von einem bestimmten Personenkreis verstanden wird. Allerdings muss dafür sichergestellt sein, dass die Gruppe der Prüfer(innen), denen der Text vorgelegt wird, repräsentativ für diesen Personenkreis und seine Verstehensvoraussetzungen ist: Die Prüfgruppen müssen also groß genug sein und die Beeinträchtigungen der intendierten Zielleser(innen) abbilden. Nun ist die primäre Adressatenschaft von Leichte-Sprache-Texten aber sehr breit gefächert (s. Kap. 3). Die Einschränkungen liegen auf verschiedenen Ebenen: Die Zielleser(innen) sind in unterschiedlichem Maße in ihrem Sprach-, Diskurs- und Weltwissen beeinträchtigt. Die Prüfung durch einseitig ausgewählte Prüfer(innen) birgt die Gefahr der Übergeneralisierung der Verstehensvoraussetzungen von Einzelpersonen.

Auch ob die Regeln der Leichten Sprache eingehalten werden, ist durch die Prüfgruppenkorrektur nur schwer feststellbar: Zwar können die Prüfer(innen) die Texte im Optimalfall verstehen, sie können aber nicht sagen, warum das der Fall ist. Aussagen über Regelkonformität setzen Regelkenntnis voraus.

Die Frage, ob der Ausgangstext korrekt wiedergegeben ist, lässt sich mit der Zielgruppenprüfung nicht beantworten: Die Prüfer(innen) sind ja gerade dadurch qualifiziert, dass sie den Ausgangstext nicht verstehen, sodass die Vergleichsbasis fehlt.

Um zu Aussagen darüber zu kommen, ob der Text in der intendierten Zielsituation funktioniert, muss bei der Zielgruppenprüfung darauf geachtet werden, dass die Prüfsituation der intendierten Zielsituation zumindest annähernd gleicht. Ist ein Text zum Beispiel für die eigenständige Informationsentnahme gedacht, sollten die Leser(innen) ihn auch in der Prüfsituation eigenständig lesen. Weichen die Prüfsituationen von den Zielsituationen ab, kann dies im Anschluss zu unvorhergesehenen Lektüreproblemen führen.

Das aktuell am weitesten verbreitete Prüfsiegel, dessen Verwendung eine Zielgruppenprüfung voraussetzt, ist das von Inclusion Europe. Es darf für Texte verwendet werden, die nach den Regeln von Inclusion Europe verfasst und von mindestens einer Person mit geistiger Behinderung geprüft wurden. Inclusion Europe behält sich das Recht vor, auch im Nachhinein die Verwendung des Logos zu untersagen, wenn ernsthafte Zweifel an der Befolgung der Regeln bestehen.

»Europäisches Logo für Leichtes Lesen« von Inclusion Europe (Quelle: http://easy-to-read.eu > Europäisches Logo; abgerufen am 24. 08. 2016)

Vor allem in Österreich verbreitet ist das »Gütesiegel für Leichtes Lesen«. Es wird für Texte verwendet, die nach der Capito-Methode (s. Kap. 2.2) erstellt wurden und eine Verstehensprüfung durch eine Prüfgruppe durchlaufen haben.

Das Gütesiegel gibt es in drei Stufen, die sich am Gemeinsamen Europäischen Referenzrahmen für Sprachen orientieren (A1, A2 und B1, die sich jedoch nicht auf Personen mit Leseeinschränkung beziehen, sondern auf den Fremdsprachenerwerb, dazu auch s. Grundlagenwerk, S. 145).

»Gütesiegel für Leichtes Lesen« von Capito (Quelle: http://www.atempo.at/de/Ueber-LL; abgerufen am 24. 08. 2016)

4.3.3 Weitere Leichte-Sprache-Logos

Es gibt weitere Leichte-Sprache-Logos in großer Vielfalt, wobei sich die meisten an das Prüfsiegel von Inclusion Europe anlehnen, z. B. auf den Seiten mancher Bundesministerien. So sieht die Logovariante auf der Seite des Bundesministeriums für Arbeit und Soziales aus:

Leichte-Sprache-Logo des Bundesministeriums für Arbeit und Soziales (Quelle: http://www.bmas.de > Leichte Sprache; abgerufen am 24. 08. 2016)

Ein Logo für Texte in Leichter Sprache, an dessen Verwendung keine Auflagen gebunden sind, ist das Leichte-Sprache-Logo der Forschungsstelle Leichte Sprache:

Logo »Leichte Sprache« der Forschungsstelle Leichte Sprache (Quelle: http://www.uni-hildesheim.de/leichtesprache; abgerufen am 24. 08. 2016)

Dieses Siegel können Sie in druckbarer Qualität von der Internetseite der Forschungsstelle herunterladen (http://www.uni-hildesheim.de/leichtesprache > Prüfsiegel/Siegel) und Ihre Texte als Texte in Leichter Sprache kennzeichnen.

5. Wie gehen Leichte-Sprache-Übersetzer(innen) vor?

5.1 Warum »Übersetzen« in Leichte Sprache?

Wir benötigen Texte in Leichter Sprache, weil es eine große Zahl von Personen gibt, für die das standardsprachliche Informationsangebot nicht zugänglich ist. Durch den Übersetzungsprozess wird die sprachliche Oberfläche in einer Weise verändert, dass sie einen leichteren Zugriff auf die Inhalte ermöglicht.
In Kap. 4.1 sind wir darauf eingegangen, auf welcher Ebene die Leseprobleme liegen können, die es der Adressatenschaft von Leichte-Sprache-Texten unmöglich macht, den Ausgangstext zu erfassen.
Wir haben dabei verschiedene Voraussetzungen für ein erfolgreiches Textverstehen identifiziert, die hier noch einmal auf den Punkt gebracht werden:

Die Leser(innen) …

- … müssen den Text genügend gut wahrnehmen können.
- … müssen genügend Kenntnisse der Sprache bzw. Sprachform haben, in der der Text verfasst ist.
- … müssen über eine ausreichende Lesepraxis verfügen und z. B. bestimmte Textmuster und Textsorten einordnen können.
- … müssen den Textgegenstand gut genug kennen, sodass sie das Wissen, das der Text neu bietet, in ihr bereits bestehendes Wissen einordnen und langfristig abspeichern können.

Schon wenn eine dieser Voraussetzungen nicht gegeben ist, haben die Leser(innen) mehr oder weniger ausgeprägte Probleme mit dem Ausgangstext, die bis dahin gehen können, dass sie den Inhalt nicht erschließen können. Diese Schwierigkeiten verschärfen sich, wenn gleich mehrere dieser Voraussetzungen nicht gegeben sind. Eine erfolgreiche Textlektüre wird dann unmöglich. Leichte Sprache macht deshalb ein der Adressatenschaft angepasstes Textangebot.

Leichte-Sprache-Texte …

- … sind im Layout optimiert: Sie sind sehr gut wahrnehmbar.
- … sind sprachlich optimiert: Sie sind sehr gut verständlich.

… kompensieren Lücken in der Lesepraxis: Hintergründe und Informationen aus anderen Texten werden nicht vorausgesetzt, sondern eingeführt und erläutert.
… kompensieren Lücken im Weltwissen: Erklärungen werden gegeben, Wissen wird gezielt aufgebaut.

Die Vorgehensweise, die beim Erstellen solcher Texte aus allgemein- oder fachsprachlichen Vorlagen Anwendung findet, ist dem Übersetzen zwischen verschiedenen Sprachen sehr ähnlich: Es wird jedoch nicht zwischen verschiedenen Einzelsprachen übersetzt, sondern zwischen unterschiedlichen Varianten, unterschiedlichen Sprachformen des Deutschen.

Übersetzen zwischen Sprachen hat eine lange Praxis und ist umfangreich wissenschaftlich erforscht. In den vergangenen Jahrzehnten sind Hilfsmittel entwickelt worden, von denen auch die Übersetzung in Leichte Sprache profitieren kann. Auch die beruflichen Strukturen – beispielsweise die Organisation in Berufsverbänden, die Übersetzer(inne)n u. a. die Weiterbildung und die Auftragsakquise erleichtert – müssen für den Bereich Leichte Sprache nicht noch einmal ganz von vorn entwickelt werden. Die Leichte-Sprache-Übersetzer(innen), die ihren Markt heute noch häufig intuitiv erschließen, können hier von einer reichen Erfahrung profitieren. Das Leichte-Sprache-Übersetzen kann sich weiter professionalisieren. Das ist angesichts der Herausforderungen auch nötig: Schließlich soll in den kommenden Jahren eine Vielzahl fachlicher (z. B. juristisch-administrativer) Texte in Leichte Sprache übertragen werden. Dies ist keine kleine Aufgabe, und sie erfordert professionelle Strukturen.

In den folgenden Abschnitten gehen wir darauf ein, wie Sie beim Abwickeln von Aufträgen vorgehen können. Wir orientieren uns dabei an der Praxis des Übersetzens zwischen Sprachen sowie an den Erkenntnissen aus unserer eigenen Leichte-Sprache-Übersetzungspraxis in der Forschungsstelle Leichte Sprache.

5.2 Wie wickeln Sie einen Übersetzungsauftrag ab?

1. Auftragsakquise

- **Öffentliche Ausschreibungen:** Unter http://www.bund.de finden Sie die Ausschreibungen der öffentlichen Verwaltung. Sie können sich auf die Ausschreibungen bewerben, indem Sie ein Angebot abgeben.
- **Werbung im Internet:** Wenn Sie bereits ein Übersetzungsdienstleister sind, haben Sie sicherlich eine eigene Unternehmensseite, über die Sie Werbung

für sich machen. Wie Sie sich mit anderen Anbietern vernetzen können, erfahren Sie in Kap. 5.4.1.

- **Portale der Übersetzerverbände:** Es gibt in Deutschland mehrere große Übersetzer-Berufsverbände, z. B. den BDÜ (Bundesverband der Dolmetscher und Übersetzer, http://www.bdue.de) und den ADÜ Nord (Assoziierte Dolmetscher und Übersetzer in Norddeutschland, http://www.adue-nord.de). Diese Verbände haben Portale für die Auftragsakquise (z. B. beim BDÜ unter http://suche.bdue.de, beim ADÜ direkt auf der Startseite): Der Kunde oder die Kundin trägt die gewünschte Sprachrichtung und das Fachgebiet ein und erhält eine Liste zertifizierter Übersetzer(innen), die für eine Auftragsübernahme infrage kommen. Es gibt Anzeichen, dass sich solche Portale in naher Zukunft auch für die Übersetzung in Leichte Sprache öffnen werden.

2. Erstellung eines Angebots

Hat ein Kunde oder eine Kundin Sie kontaktiert, so erstellen Sie ein Angebot. Das Angebot sollte Ihren tatsächlichen Aufwand abbilden, deshalb ist es meist nötig, dass Sie Zugriff auf den Ausgangstext oder ein repräsentatives Stück davon erhalten.
So erstellen Sie das Angebot:

- Sie klären mit dem Kunden / der Kundin, ob er/sie überhaupt eine Übersetzung in Leichte Sprache meint. Bisweilen benötigen Kund(inn)en einfach eine verständlichere Form, also einen Zieltext aus dem Spektrum der Einfachen Sprache (s. Kap. 10). Das ist dann der Fall, wenn das Zielpublikum keine behinderungsbedingten Leseeinschränkungen hat, sondern der Ausgangstext in seiner Fachlichkeit unzugänglich ist. Sie sind der Experte / die Expertin, der/die die Kund(inn)en dahingehend berät, welche Textvereinfachungsstufe für ihre Bedürfnisse angemessen ist. Nicht zuletzt darum ist die Frage nach der Adressatenschaft so wichtig.

- Sie klären mit dem Kunden oder der Kundin, welche Art von Übersetzung geplant ist:
  - Wer sind die Adressat(inn)en?
  - Welche Textlänge ist geplant?
  - In welchem Medium soll der Zieltext erscheinen?

- Sie führen eine erste grobe Analyse des Ausgangstexts durch:
  - Wie lang ist der Text?
  - Ist es ein Fachtext?
  - Wie hoch ist sein Fachlichkeitsgrad?
  - Haben Sie schon ähnliche Aufträge vorher bearbeitet?

- Sie ermitteln, wie viel Unterstützung durch den Auftraggeber Sie benötigen werden:
  - Fehlen dem Ausgangstext Informationen, beispielsweise zu Handlungsträger(inne)n und Ansprechpartner(inne)n, die Sie nicht durch eigenständige Recherche ermitteln können?
  - Wer sind Ihre Ansprechpartner(innen) beim Auftraggeber und sind sie über das Projekt informiert? Wenn ein Fachtext in Leichte Sprache übersetzt wird, ist das für Fachleute, die bisher mit Leichter Sprache nicht zu tun hatten, häufig befremdlich. Sie als Übersetzer(in) benötigen hier die Unterstützung Ihres Auftraggebers, der den Ansprechpartner(inne)n die Relevanz des Projekts verdeutlicht.

- Sie ermitteln, welche Überarbeitungsschritte für das Projekt notwendig sind. Jeder Überarbeitungsschritt wird Sie zusätzliche Arbeitszeit kosten, die Sie beim Erstellen des Angebots berücksichtigen müssen. Der reguläre Ablauf ist: Erstellung der Übersetzung > Korrektur der Übersetzung durch einen Partner / eine Partnerin > Abnahme durch den Auftraggeber. Häufig kommen aber weitere Schritte hinzu, die für Sie weitere Textdurchläufe bedeuten. Sie sollten sich mit dem Kunden oder der Kundin abstimmen und in Ihrem Angebot festhalten, welcher Ablauf für den jeweiligen Text gewählt wird:
  - Fachliche Prüfung: Soll der Text eine fachliche Prüfung/Abnahme durch den Auftraggeber durchlaufen? In diesem Falle müssen Sie die daraus resultierenden Überarbeitungswünsche in einem weiteren Schritt in den Text einarbeiten.
  - Zielgruppenkorrektur: Soll der Text eine Zielgruppenkorrektur durchlaufen? Was geschieht mit den Ergebnissen der Zielgruppenkorrektur?

  Das Problem besteht darin zu entscheiden, ob nun eine erneute fachliche Prüfung nötig ist und wer darüber entscheidet, welche Fassung gelten soll. Diese Fragen stellen sich auch deshalb, weil die Zielgruppenkorrektur häufig zu sehr heterogenen Ergebnissen führt, auch innerhalb ein und desselben Texts. Bereits mit den Expert(inn)en abgestimmte Lösungen werden möglicherweise verworfen. Die gefundenen Lösungen müssen dann vielleicht noch einmal fachlich geprüft werden. Wenn die Fachleute dem Vorschlag der Zielgruppe nicht zustimmen, weil er fachlich nicht mehr als korrekt einzustufen ist, stehen weitere Abstimmungsrunden an. Sie sollten darum im Vorfeld den geplanten Ablauf genau festhalten.

- Sie erarbeiten eine grobe Übersetzungsstrategie für den konkreten Einzeltext:
  - Dabei können Sie sich an den »Strategien zur Gestaltung der Textebene« (s. Kap. 8.2) orientieren.
  - Diese Übersetzungsstrategie entwickeln Sie im Fall der Auftragsübernahme weiter (s. Kap. 5.3).

- Nun können Sie das Angebot für den Auftraggeber erstellen:
  - Der Preis wird üblicherweise pro Normseite berechnet. Eine Normseite besteht aus 1 500 Anschlägen (also Zeichen inkl. Leerzeichen).

Hinweis: Die Anzahl der Normseiten berechnen Sie so: Ermitteln Sie die Gesamtzeichenzahl des Dokuments (in Word: Programmleiste > Überprüfen > Wörter zählen) und teilen Sie sie durch 1 500.

  - Für die Festlegung des Preises der Normseite müssen Sie den Aufwand kalkulieren, der Ihnen höchstwahrscheinlich entsteht. Die Bezugsgröße ist dabei normalerweise der Ausgangstext, denn er stellt Ihre Arbeitsgrundlage dar. Davon sollten Sie aber in zwei Fällen abweichen:
    - Wenn eine informationskonstante Übersetzung geplant ist, wenn also alle oder die meisten Informationen des Ausgangstexts in den Leichte-Sprache-Text übernommen werden, dann wird Ihre Übersetzung länger als der Ausgangstext. Dies gilt umso mehr, je fachlicher der Ausgangstext ist, da Sie mehr erklären müssen.
    - Wenn eine stark verkürzende Übersetzung geplant ist, wenn also der Zieltext viel kürzer werden soll als der Ausgangstext, dann können Sie den Umfang des geplanten Zieltexts mit in Ihre Normseitenberechnung einbeziehen. Bedenken Sie jedoch, dass Sie für Ihre Übersetzung den ganzen Ausgangstext berücksichtigen und aus seinen Informationen auswählen müssen.
  - In beiden genannten Fällen orientiert sich die Kalkulation auch am geplanten Umfang der Übersetzung in Leichte Sprache.

- In Ihrer Kalkulation müssen Sie die folgenden Aspekte berücksichtigen:
  - den tatsächlichen Aufwand für Analyse, Recherche, Übersetzung und Korrektur nach dem Vieraugenprinzip
  - die Kosten für eine Zielgruppenprüfung (sofern Sie diese an einen Anbieter von Zielgruppenprüfungen vermitteln bzw. selbst mit eigener Prüfgruppe durchführen)
  - die Kosten für das Einarbeiten des von der Prüfgruppe angezeigten Veränderungsbedarfs
  - die Kosten für das Einarbeiten der Veränderungswünsche nach fachlicher Prüfung durch den Auftraggeber

3. Abwicklung des Auftrags

Glückwunsch: Sie haben den Auftrag erhalten. So geht es nun weiter:

- **Probeübersetzung anfertigen und abstimmen:** Übersetzen Sie, wenn möglich, einen Abschnitt des Texts auf Probe und stimmen Sie sich mit dem Auftraggeber ab. Nicht alle Auftraggeber sind sich klar darüber, wie ihr Text in Leichter Sprache wirklich aussieht. So können Sie Überraschungen vorbeugen, Missverständnisse direkt klären und ggf. Ihre Übersetzungsstrategie anpassen.
- **Eigentliche Übersetzung anfertigen**
- **Zielgruppenkorrektur durchführen:** Falls eine Zielgruppenkorrektur geplant ist, führen Sie sie durch bzw. leiten Sie die Texte an die Durchführenden weiter. Falls irgend möglich, nehmen Sie an der Feedbackrunde teil. Die Rückmeldungen aus der Zielgruppenkorrektur sind häufig nicht so explizit, dass sie eine gute Basis für die Überarbeitung wären. Teilweise sind einfach die Stellen unterstrichen, mit denen die Prüfgruppe bzw. einzelne Mitglieder der Prüfgruppe nicht zurechtgekommen sind, ohne dass Sie weitere Einlassungen dazu erhalten. Sie benötigen jedoch genaue Informationen dahingehend, welcher Art die Probleme waren. Diese können Sie im persönlichen Gespräch in der Feedbackrunde leichter erhalten.
- **Überarbeitungshinweise einarbeiten**
- **Korrektur nach dem Vieraugenprinzip durchführen lassen:** Lassen Sie Ihre Übersetzung von einem Fachkollegen / einer Fachkollegin gegenlesen (s. Kap. 5.4.7).
- **Abnahme der Übersetzung:** Übergeben Sie die Übersetzung an den Auftraggeber und lassen Sie sie von ihm abnehmen. Bereiten Sie sich darauf vor, gegebenenfalls Ihre Übersetzungsentscheidungen zu begründen.
- **Rechnung stellen:** Stellen Sie die Rechnung und überprüfen Sie den Zahlungseingang.

4. Fazit

Es dürfte deutlich geworden sein, dass Übersetzen in Leichte Sprache mit erheblichem Aufwand verbunden ist. Dieser Aufwand korreliert ganz konkret mit der Arbeitszeit, die Sie investieren müssen. Die wiederum hat ihren Preis. Verschleiern Sie darum nicht Ihren tatsächlichen Aufwand, um einen Auftrag um jeden Preis zu bekommen. Für das konkrete Projekt »bezahlen« Sie sonst mit einem zu geringen Stundensatz. In der Summe führen zu billige Übersetzungen in Leichte Sprache dazu, dass sich am Markt Preise etablieren, von denen Leichte-Sprache-Übersetzer(innen) nicht leben können. Eine weitere Folge ist, dass gehäuft minderwertige Texte publiziert werden und das Bild prägen, das die Gesellschaft von der Leichten Sprache hat. Angesichts der Bedeutung des Übersetzens in Leichte Sprache für unsere Gesellschaft wäre das fatal.

Wer bereits mit einer Sprachkombination als Übersetzer(in) am Markt tätig ist, wird feststellen, dass der Aufwand des Übersetzens in Leichte Sprache höher ist als der einer Übersetzung zwischen verschiedenen Sprachen (dem interlingualen Übersetzen). Das liegt daran, dass normalerweise tiefere Texteingriffe nötig sind als beim durchschnittlichen interlingualen Übersetzen. Außerdem stehen weniger Hilfsmittel zur Verfügung (Wörterbücher, Terminologiedatenbanken, *Translation Memories* etc.). Darum ist das Übersetzen in Leichte Sprache auch ohne Zielgruppenkorrektur pro Normseite sogar häufig teurer als eine interlinguale Übersetzung eines Texts mit demselben Schwierigkeitsgrad: Der Übersetzer / die Übersetzerin benötigt schlicht mehr Zeit für das Übersetzen in Leichte Sprache. Dem sollten Sie bei der Berechnung des Preises für eine Normseite Rechnung tragen, sonst unterschreiten Sie schnell den gesetzlichen Mindestlohn oder können den Auftrag nicht in der gebotenen Qualität ausführen.

5.3 Wie entwickeln Sie eine Übersetzungsstrategie?

Eine erste Übersetzungsstrategie haben Sie bereits für die Erstellung des Angebots ausgearbeitet. Nach Auftragserteilung sollten Sie hier weiter ins Detail gehen. Mit einer funktionierenden Übersetzungsstrategie sparen Sie aufs Ganze gerechnet Zeit, weil Sie sich nicht auf Holzwege begeben. So vermeiden Sie beispielsweise Kürzungen, wenn Ihr Zieltext zu lang wird.

Folgende Schritte sollten Sie durchlaufen:

1. Ausgangstext analysieren
2. Adressatenschaft im Blick haben
3. Zielsituation berücksichtigen
4. Übersetzungsstrategie entwickeln

Für die Punkte 2–4 verweisen wir noch einmal auf Kap. 8.

5.3.1 Analyse des Ausgangstexts

Wie Sie vor der Auftragsgewinnung bei einer ersten Analyse des Ausgangstexts vorgehen, haben wir bereits in Kap. 5.2 erläutert. Jetzt, da Sie den Zuschlag für die Übersetzung bekommen haben, können Sie ins Detail gehen und sich den Text noch einmal in Ruhe ansehen.
Oft fällt erst bei genauerer Beschäftigung mit dem Text auf, wo seine Probleme liegen: Häufig sind Texte nicht logisch aufgebaut; Informationen widersprechen sich oder sind veraltet. Oft sind Texte auch für Adressat(inn)en ohne Leseeinschränkungen, an die sie sich primär richten, nicht gut verständlich. Wenn Sie eine derartige Schieflage im Ausgangstext entdecken, sprechen Sie Ihren Auftraggeber darauf an. Der Fall, dass ein Ausgangstext im Zuge seiner Übersetzung in Leichte Sprache überarbeitet und optimiert wird, tritt häufiger auf, als man denkt. Sie können die Ergebnisse Ihrer Analyse dem Auftraggeber zugänglich machen. Achten Sie aber darauf, dass Sie zusätzlichen Aufwand (beispielsweise für eine Optimierung des Ausgangstexts) auch zusätzlich in Rechnung stellen, um Ihren Stundensatz nicht zu schmälern.

5.3.2 Erkenntnisse über die Adressatenschaft

Ein Text sollte passgenau auf die Adressatenschaft zugeschnitten sein. Informationen darüber, an wen sich der Text richtet, erhalten Sie vom Auftraggeber; darüber hinaus hilft Ihnen hier Ihr eigenes Wissen als Experte/Expertin für die Zielgruppe. Weitere Ausführungen hierzu finden Sie in Kap. 3 und auch in Kap. 8.

Ihre Übersetzungsstrategie muss u. a. berücksichtigen ...

... ob die Adressatenschaft eine sprachliche oder auch eine kognitive Beeinträchtigung hat.

... ob sie Einschränkungen eines Sinneskanals hat; so ist beispielsweise ein Audioangebot für Gehörlose nicht sinnvoll, für funktionale Analphabet(inn)en aber schon. Diese Information wird also Ihre Entscheidung über die Gestalt und Medialität des Zieltexts beeinflussen.

... wie alt Ihre Adressatenschaft ist. Sie werden Kinder anders ansprechen als Erwachsene. Auch welche Konzepte als alltagsweltlich bekannt vorausgesetzt werden können, ist in gewissem Maße altersabhängig.

… welchen kulturellen Hintergrund Ihre Adressatenschaft hat. Bestimmte Konzepte können für in Deutschland sozialisierte Personen als alltagsweltlich vorausgesetzt werden, nicht aber für Personen mit anderem kulturellem Hintergrund.

… welche Rolle bzw. welches Verhältnis die Adressat(inn)en zum Auftraggeber oder zum Autor oder der Autorin des Texts bzw. zum Nutzer oder der Nutzerin in der Zielsituation haben: Sind sie z. B. Kund(inn)en, Mitarbeiter(innen), Schüler(innen) oder Patient(inn)en?

Der Ton, in dem Sie die Adressatenschaft ansprechen, sowie Art und Umfang der Kenntnisse, die Sie voraussetzen können, sind nicht zuletzt von den Antworten auf diese Fragen abhängig.

5.3.3 Fokussierung auf die Zielsituation und die Medialität

Auf diesen Aspekt gehen wir in Kap. 8.2.3 ausführlich ein. Darum benennen wir hier nur kurz die wichtigsten Punkte.

Ihre Übersetzungsstrategie fußt darauf …

… in welcher Situation Ihr Zieltext eingesetzt werden soll (Lesen durch primäre Adressat(inn)en selbst, mit/ohne Hilfe, Verwendung in einer Mittlersituation).

… welche Medialität Ihr Zieltext hat (z. B. Print-, Online-, Audioformat, Untertitel).

… ob weitere Zeichenressourcen hinzutreten (z. B. Bilder, Videomaterial, Audiomaterial).

… welche Rezeptionsarten ermöglicht werden sollen (z. B. eigenständig lesend, Vorlesesituation, mitlesend bei gleichzeitigem Hören der Audiofassung, mündliche Interaktion).

5.3.4 Entwicklung einer Strategie für den Leichte-Sprache-Text

Auf der Grundlage dieser Informationen entwickeln Sie eine Strategie für Ihren konkreten Einzeltext. Der Text soll grundsätzlich für die Zielsituation angemessen übersetzt werden. Sie müssen sich u. a. in Bezug auf diese Kategorien festlegen:

- Wird der Leichte-Sprache-Text kürzer oder länger als der Ausgangstext?
- Wie hoch ist seine Informationsdichte?
- Wie ist seine Erklärtiefe, d. h., welche Begriffe können Sie als bekannt voraussetzen und welche müssen Sie erklären?
- Was müssen Sie in Sachen Layout und sonstige mediale Aufbereitung beachten?

Diese Fragen sind jeweils mit Blick auf Ihren Einzeltext zu beantworten. Im Zweifelsfall wenden Sie sich an Ihren Auftraggeber und stellen Sie Nachfragen.

5.4 Welche Ressourcen und Hilfsmittel stehen Ihnen zur Verfügung?

Die Ressourcen und Hilfsmittel, die professionellen Übersetzer(inne)n im Bereich der interlingualen Übersetzung zur Verfügung stehen, sind vielfältiger Art.

Wer als professioneller Übersetzer oder professionelle Übersetzerin zwischen zwei Sprachen agiert …

… ist in beruflichen Vereinigungen organisiert und nutzt diese Plattformen für die Vernetzung, die Weiterbildung, die Beratung und auch für die Auftragsakquise.

… kann an Universitäten und Fachhochschulen spezialisierte Übersetzungsstudiengänge durchlaufen und im Anschluss auch außerhalb der Berufsverbände auf ein breites Fortbildungsangebot zugreifen.

… kann sich unterschiedlicher Wörterbücher der großen Verlage bedienen, die auf eine jahrzehntelang professionell betriebene Lexikografie zurückgehen.

… kann auf mehrsprachige Onlinewörterbücher zugreifen, die nicht nur Einträge zu einzelnen Wörtern enthalten (so z. B. http://www.leo.org), sondern die auf riesigen Übersetzungskorpora fußen und für jedes Wort tatsächliche Verwendungen im Kontext abrufbar machen (so z. B. bei http://www.linguee.de); daneben gibt es Portale mit einsprachigen Wörterbüchern, hinter denen lexikografische und/oder informatische und informationswissenschaftliche Projekte stehen (z. B. http://wortschatz.uni-leipzig.de, http://www.duden.de).

... kann Übersetzungssoftware unterschiedlicher Systeme verwenden. Diese bieten die Möglichkeit, Übersetzungen in Terminologiedatenbanken und Translation-Memory-Systemen abzuspeichern, die den Übersetzungsprozess nachhaltig unterstützen (s. Kap. 5.4.5).
... kann sich auf die von den Normungsinstituten gesetzten Standards berufen, insbesondere die ISO 17100:2015, die Standards zur Qualitätssicherung von Übersetzungsdienstleistungen definiert (s. Kap. 5.4.7).

Nachfolgend gehen wir darauf ein, inwieweit diese einzelnen Punkte auf das Übersetzen in Leichte Sprache übertragbar sind und wie hier der aktuelle Stand der Umsetzung ist.

5.4.1 Berufliche Assoziation

Die großen Übersetzer-Berufsverbände wie der Bundesverband der Dolmetscher und Übersetzer (BDÜ), der nach eigenen Angaben rund 80 % der organisierten Dolmetscher(innen) und Übersetzer(innen) repräsentiert, und die Assoziierten Dolmetscher und Übersetzer in Norddeutschland (ADÜ Nord) haben sich bisher nicht für Leichte-Sprache-Übersetzer(innen) geöffnet. BDÜ und ADÜ haben aber bereits konkret Interesse an einer Öffnung bekundet. Wie schnell und in welcher Form dies geschieht, hängt auch davon ab, ob die Leichte-Sprache-Übersetzer(innen) sich den Qualitätsanforderungen stellen, die diese Verbände an eine Mitgliedschaft knüpfen (Ausbildung, Berufserfahrung, Arbeit nach konkret benannten Qualitätsstandards). Da die Berufsbezeichnung »Übersetzer(in)« in Deutschland nicht geschützt ist, ist eine solche Mitgliedschaft für die Auftraggeber ein Signal, dass der oder die beauftragte Übersetzer(in) professionell arbeitet. In den vergangenen Jahren haben sich die Berufsverbände bereits in Richtung barrierefreie Kommunikation geöffnet, indem sie die Gebärdensprache in ihr reguläres Sprachportfolio mit aufgenommen haben. Die Öffnung in Richtung Leichte Sprache ist darum wahrscheinlich.

In der Zwischenzeit gibt es andere Wege der Vernetzung. Auf Workshops unterschiedlicher Anbieter kann man Übersetzer(innen) kennenlernen und Kooperationen anstoßen. Darüber hinaus gibt es auf unterschiedlichen Plattformen in sozialen Netzwerken, etwa bei Xing, Gruppen von Leichte-Sprache-Übersetzer(inne)n, in denen man sich auch über einzelne Probleme mit Texten austauschen kann.

5.4.2 Ausbildung und Weiterbildung

Leichte Sprache hat in den vergangenen Jahren Eingang ins universitäre Studienangebot gefunden, häufig im Rahmen einzelner Seminare. Die Forschungsstelle Leichte Sprache der Universität Hildesheim bietet neben universitären Kursen auch regelmäßig externe Fortbildungen und Vernetzungstreffen an (http://www.uni-hildesheim.de/leichtesprache).

Darüber hinaus gibt es ein weitgefächertes außeruniversitäres Kursangebot; Informationen über Weiterbildungsangebote findet man u. a. auf der Plattform Hurraki (http://hurraki.de/blog/category/termine). Das Netzwerk Leichte Sprache informiert auf seiner Internetpräsenz über Kursangebote seiner Mitglieder (http://www.leichtesprache.org > Termine).

Das Kursangebot wird sich in den nächsten Jahren ausdifferenzieren; es steht zu erwarten, dass vor allem spezialisierte Angebote im Bereich Fachübersetzen hinzukommen werden.

5.4.3 Nachschlagewerke

Aktuell gibt es keine Wörterbücher der Leichten Sprache – seien sie nun elektronisch oder gedruckt –, die für das Übersetzen in Leichte Sprache eingesetzt werden könnten. Die existierenden Leichte-Sprache-Wörterbücher sind Praxiswörterbücher, die eher als Nachschlagewerke für Personen mit geistiger Behinderung ausgelegt sind. Sie sind keine Übersetzungstools. Hier sind die folgenden zu nennen (die Links finden Sie in der Literaturliste):

- **Das Wörterbuch für Leichte Sprache der Bundesvereinigung Lebenshilfe e.V.:** Es ist online zugänglich und umfasst aktuell ca. 300 Einträge, hauptsächlich Begriffe aus dem Alltag und dem Themenfeld Inklusion.
- **Das neue Wörterbuch für Leichte Sprache vom Netzwerk People First:** Dieses Buch ist in gedruckter Form verfügbar und enthält über 400 Einträge.
- **Hurraki e.V.:** Bei diesem Wörterbuch handelt sich um eine Internetplattform, auf der alle Nutzerinnen und Nutzer Informationen einstellen und damit ihr Wissen teilen können (Wiki). Es enthält aktuell ca. 2 000 Einträge zu unterschiedlichen Bereichen des Alltags und auch eine Reihe von Fachwörtern aus unterschiedlichen Gebieten (*Kofferwort, Zwei-Faktor-Authentifizierung, Zugänglichmachungsverordnung* etc.) und ist damit das augenblicklich größte derartige Projekt. Die Natur dieses Projekts als Wiki, bei dem jeder mitmachen kann, bringt es mit sich, dass die Qualität der Einträge sehr unterschiedlich ist.

- Das **Wörterbuch SGB II Leichte Sprache** wurde 2014 vom Netzwerk IQ (Integration durch Qualifizierung) herausgegeben. Es enthält »Kommunikationsempfehlungen für Mitarbeiterinnen und Mitarbeiter der Arbeitsverwaltung« (http://www.netzwerk-iq.de). Dort werden Fachbegriffe aus dem Sozialgesetzbuch in Leichter Sprache, teilweise auch in Einfacher Sprache aufbereitet, um sie in Mittlersituationen einzusetzen.

Diese Projekte sind wichtig für die Sichtbarkeit der Leichten Sprache und können von primären Adressat(inn)en als Informationsplattformen genutzt werden; für Übersetzer(innen) sind sie aber schon allein wegen ihres geringen Umfangs keine große Hilfe. Ein normales zweisprachiges Großwörterbuch geht deutlich darüber hinaus – die allgemeinsprachlichen Englisch-Deutsch-Großwörterbücher von PONS oder Langenscheidt enthalten beispielsweise pro Sprachrichtung mehr als 150 000 Einträge, außerdem steht ein reiches Reservoir an Fachwörterbüchern zur Verfügung.

Hinzu kommt, dass die Einträge in den Leichte-Sprache-Angeboten keine durchgängig verlässliche Qualität haben, sodass sie in der Regel nicht direkt in Texte übernommen werden können.

Überhaupt ist die Idee, ein Leichte-Sprache-Wörterbuch zu erstellen, das für die Übersetzung funktionieren kann, nicht leicht umzusetzen: Ein Fachterminus hat in Leichter Sprache keine textübergreifende Entsprechung. Während das deutsche Wort »Düsentriebwerk« eine Entsprechung in anderen Sprachen hat (engl. *jet engine*, frz. *moteur à réaction*, russ. *реактивный двигатель*), kann es dafür keine direkte Entsprechung in Leichter Sprache geben. Der Terminus wird in einem Leichte-Sprache-Text entweder mit einem weniger spezifischen Wort (z. B. »Motor«) umgesetzt werden, oder er wird mit Gliederungsmarkierungen unterteilt (Düsen-Trieb·werk) in den Text übernommen und mit einer Erläuterung versehen.

Informationen zu fachlichen oder sonstigen Begriffen können Sie aus einsprachigen Wörterbüchern, Enzyklopädien oder sonstiger Fachliteratur übernehmen. Sie müssen die Erläuterung dann allerdings noch in Leichte Sprache übersetzen. Ihre Erläuterung wird wiederum je nach Kontext, Zielsituation, Adressatenschaft und gewünschter Erklärtiefe unterschiedlich ausfallen.

Hilfreich für das Übersetzen in Leichte Sprache sind die großen einsprachigen Wörterbücher oder Synonymwörterbücher des Deutschen, und zwar sowohl in gedruckter wie elektronischer Form. Manche elektronischen Portale bieten den Vorteil, dass sie Angaben dazu machen, wie häufig ein Wort vorkommt (Wortschatzportal der Universität Leipzig: http://wortschatz.uni-leipzig.de oder Duden online: http://www.duden.de). Dies ist hilfreich, um den allgemeinen

Bekanntheitsgrad eines Wortes einschätzen zu können (s. Kap. 6.1). Die genannten Ressourcen stehen bereits zur Verfügung und sind die wichtigsten Nachschlagewerke der Leichte-Sprache-Übersetzung.

Aus den zahlreichen Übersetzungsprojekten, die aktuell am Markt durchgeführt werden, wird in den kommenden Jahren eine professionelle Lexikografie in Leichter Sprache erwachsen: Professionelle Terminologiedatenbanken (s. Kap. 5.4.5), die zu einzelnen Projekten angelegt werden, werden (kostenlos oder gegen Entgelt) für andere Nutzer(innen) geöffnet werden. Halten Sie die Augen offen – es wird sich hier sicherlich in absehbarer Zeit eine veränderte Lage ergeben.

5.4.4 Software zur Verständlichkeitsprüfung

Elektronische Prüftools

Schon seit fast 100 Jahren gibt es Lesbarkeitsindizes, die auf der Grundlage von Parametern wie Wort- oder Satzlänge ermitteln, wie verständlich ein Text voraussichtlich ist. Seit dem Siegeszug der Computer werden solche Tests elektronisch durchgeführt. Neben Parametern wie Wort- oder Satzlänge kann z. B. auch geprüft werden, ob ein Text Passivkonstruktionen enthält oder ob sein Vokabular einer bestimmten hinterlegten Liste von Einträgen entspricht. Diese Tools sind hilfreich für Übersetzer(innen), weil sie manche Probleme aufzeigen, die ein Text noch in sich birgt. Auch für die Analyse des Ausgangstexts sind sie gut einsetzbar, denn sie offenbaren auf einen Blick bestimmte sprachliche Schwierigkeiten, an denen es beim Übertragen in Leichte Sprache zu arbeiten gilt.

Die elektronischen Prüftools sind allerdings nicht dafür geeignet, ohne weitere Maßnahmen die Qualität einer Übersetzung in Leichte Sprache nachzuweisen (s. Kap. 4.3).

Hurraki

Ein kostenloses elektronisches Prüftool, das konkret auf die Leichte Sprache zugeschnitten ist, steht mit dem »LanguageTool Prüfung auf Leichte Sprache« (http://www.hurraki.de/pruefung/pruefung) zur Verfügung. Dieses Instrument ist darauf programmiert, gängige Leichte-Sprache-Regeln abzuprüfen. Texte können direkt in ein entsprechendes Fenster im Browser kopiert und geprüft werden. Für das Beispiel auf S. 67 haben wir einen Auszug aus einem standardsprachlichen Ausgangstext ausgewählt, um deutlich zu machen, wie das Tool auf Verstöße gegen die Leichte-Sprache-Regeln reagiert:

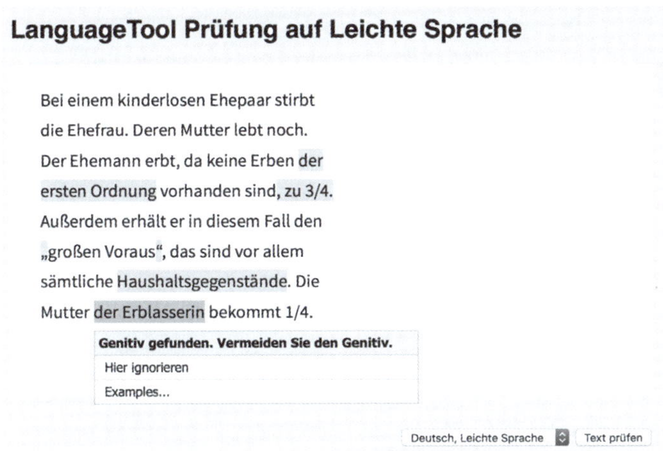

Der Screenshot zeigt die Prüfung eines Auszugs aus dem Text ERB-A. Die grau unterlegten Wörter markieren Verstöße gegen Leichte-Sprache-Regeln, die auch explizit benannt werden. Hier im Beispiel wird »der Erblasserin« als Genitiv erkannt; per Mouse-over kann man sich die Art des Regelverstoßes anzeigen lassen: »Genitiv gefunden. Vermeiden Sie den Genitiv.« (Der Genitiv ist in Leichter Sprache verboten, s. Kap. 7.3.) Dass das Tool Grenzen hat, zeigt sich schon im ersten Wort des zweiten Satzes: »*Deren* Mutter lebt noch.« *Deren* ist ebenfalls ein Genitiv, der Bezug ist hier bestimmt nicht leicht herzustellen. Es wird im Test aber nicht beanstandet.

TextLab

TextLab ist ein kostenpflichtiges elektronisches Prüftool der Firma ComLab, das ein besonders ausgefeiltes System von Parametern abprüft. Auch dieses Tool hat eine Erweiterung für Leichte Sprache. Hinzu kommt, dass es für die Terminologiearbeit eingesetzt werden kann: Man kann mit seiner Hilfe Terminologiedatenbanken erstellen, die auch kompatibel zu anderen Systemen sind. Es ist darüber hinaus für die Zusammenarbeit unterschiedlicher Partner(innen) an einem Projekt von verschiedenen Rechnern aus geeignet.

5.4.5 Terminologiedatenbanken

Moderne Übersetzungssoftware bietet u. a. die Möglichkeit, Terminologiedatenbanken zu erstellen oder bereits fertige Datenbanken einzuspielen und zu verwenden. Terminologiearbeit ist insbesondere bei Fachübersetzungen heute eine Selbstverständlichkeit. Fachübersetzer(innen) erhalten oft auch vom Auftraggeber Terminologielisten, die dann für die Übersetzungsprojekte genutzt werden können bzw. müssen. Dies hat im Wesentlichen zwei Zielrichtungen: Zum einen wird beim Übersetzen Zeit gespart, zum anderen aber werden die Texte konsistenter – für dieselbe Sache wird immer derselbe Terminus verwendet, selbst wenn mehrere Übersetzer(innen) am Werk waren.

Auch das Übersetzen in Leichte Sprache kann in beiderlei Hinsicht profitieren: Man muss sich Erklärungen zu bestimmten Fachwörtern nicht mehrfach neu überlegen – das spart Zeit und die Lösungen sind einheitlicher. Entsprechend sollte auch für das Leichte-Sprache-Übersetzen Terminologiearbeit geleistet werden. Sprechen Sie Ihren Auftraggeber an: Vielleicht kann die Terminologiearbeit ein (vergüteter) Teil des Übersetzungsprojekts sein. Gerade für Fachtexte, die später aktualisiert oder erweitert werden (das ist bei Behörden-Homepages oft der Fall), profitiert der Auftraggeber in der Zukunft von diesen Daten – genau wie Sie als Übersetzer(in).

Für die Terminologiearbeit können Sie, wenn Sie nicht sofort in ein professionelles System investieren wollen, mit Excel beginnen. Die Datei sollte mindestens die folgenden Informationen enthalten:

Projekt	Terminus	Themengebiet	Synonym, alternative Bezeichnung	Definition oder Erklärung	Quelle und Datum
XYZ	Sozialdemokratische Partei Deutschlands	Politik	SPD	Die SPD ist eine Partei. SPD ist die Abkürzung für Sozial·demokratische Partei Deutschlands. Der Chef von der SPD ist Sigmar Gabriel.	xxx.docx (21.04.16)

Die etabliertesten professionellen Übersetzungssysteme sind *Accross, memoQ* und *Trados*. Alle gestatten einen Import von Daten aus Excel, sodass auch ein späterer Wechsel noch möglich ist.

Translation Memories

Bei *Translation Memories*, auch »Übersetzungsspeicher« genannt, werden fertige Übersetzungen samt ihren Ausgangstexten in die Übersetzungssoftware eingespeist. Die Software versucht selbstständig, Entsprechungen auf Satzebene zu erkennen. Im nächsten Schritt prüft der Übersetzer / die Übersetzerin, ob die Satzerkennung gut funktioniert hat und die Software die richtigen Sätze in Ausgangs- und Zieltext miteinander verbunden hat. Kommt dann in einem nachfolgenden Übersetzungsprojekt im Ausgangstext derselbe Satz noch einmal vor, dann erkennt das System, dass dieser Satz schon übersetzt wurde, und schlägt die bereits vorliegende Übersetzungssequenz vor.

Aus dieser Beschreibung der Funktionsweise wird deutlich, dass *Translation Memories* nur dann wirklich gut funktionieren können, wenn Texte übersetzt werden, die untereinander in möglichst hohem Maße übereinstimmen. Das ist vorrangig bei Fachübersetzungen der Fall, vor allem bei technischen (etwa unterschiedlichen Versionen eines Benutzerhandbuchs). In Leichter Sprache ist die Spezialisierung der Übersetzungsbüros aktuell noch nicht so ausgeprägt. Es ist darum fraglich, ob dieser Fall mit einer Wahrscheinlichkeit eintritt, die durchgängig das Anlegen von *Translation Memories* rechtfertigen würde.

Der Aufwand bei der Erstellung ist nämlich relativ groß: Da die Texteingriffe beim Übersetzen in Leichte Sprache tiefer sind als beim Übersetzen zwischen verschiedenen Einzelsprachen (Satzgefüge werden in mehrere Einzelsätze aufgelöst, Erklärungen eingefügt, Textabschnitte umgestellt), gerät die automatische Erfassung der Entsprechungen schnell an ihre Grenzen. Es muss dann von Hand nachjustiert werden. Dieser Aufwand ist nur gerechtfertigt, wenn in einem großen Projekt sehr viele ähnliche Texte übersetzt werden sollen oder wenn die Anlegung bzw. Pflege eines *Translation Memory* ein (vergüteter) Teil des Auftrags ist.

5.4.6 Kontakt mit dem Auftraggeber

Ein erfolgreiches Übersetzungsprojekt ist darauf angewiesen, dass Auftraggeber und Übersetzer(in) miteinander kooperieren. Das beginnt schon bei der Erstellung des Angebots, denn der Übersetzer / die Übersetzerin kann nur dann ein professionelles Angebot erstellen, wenn er/sie die oben genannten Informationen – beispielsweise zu Adressat(inn)en und Zielsituation – erhält.

Die Ausgangstexte sind häufig weniger explizit als die Leichte-Sprache-Version; gerade mit Blick auf die handelnden Personen, aber auch auf die genauen Abläufe bleibt im Ausgangstext oft vieles ungesagt. Die Übersetzer(innen) benötigen hier ganz konkrete Informationen von den Auftraggebern, um den Leichte-Sprache-Text funktional zu gestalten.

Hinzu kommt, dass das Feld der Leichte-Sprache-Übersetzung im Moment noch nicht so ausdifferenziert ist, wie das für die Übersetzung zwischen Einzelsprachen der Fall ist. Beim Fachübersetzen sind die Übersetzer(innen) meist selbst Expert(inn)en für das betreffende Fach: Sie haben Kenntnisse in Technik, Recht oder Medizin und spezialisieren sich dann auf Texte aus dem jeweiligen Feld. Es steht zu erwarten, dass sich in Zukunft auch die Leichte-Sprache-Übersetzung in dieser Weise ausdifferenzieren wird. Für den Moment allerdings sind Leichte-Sprache-Übersetzer(innen) meist in unterschiedlichsten Textwelten unterwegs. Soll ein fachlicher (etwa juristischer) Text in Leichte Sprache übersetzt werden, so bedarf er im Anschluss einer Prüfung durch Fachexpert(inn)en. Häufig ist dies der Auftraggeber bzw. sie werden durch diesen vermittelt.

5.4.7 Vieraugenprinzip und fachliche Abnahme

Gerade bei Fachtexten ist es wichtig, dass ein Fachkollege / eine Fachkollegin oder der Auftraggeber die Texte fachlich prüft bzw. prüfen lässt und abnimmt (s. Kap. 5.4.6).

Darüber hinaus sollten Texte in Leichter Sprache auch von einem/einer zweiten Leichte-Sprache-Übersetzer(in) geprüft werden. Dieses Vieraugenprinzip entspricht den anerkannten Normen der interlingualen Übersetzung (s. Kap. 5.5). Es ist ein wichtiges Hilfsmittel für eine stabile Qualität von Leichte-Sprache-Übersetzungen. Lassen Sie also Ihre Texte nach Möglichkeit immer von einem Kollegen oder einer Kollegin gegenlesen, und zwar unter Abgleich mit dem Ausgangstext.

5.5 Welche Qualitätsstandards gibt es für die Übersetzung von Texten?

Wie die Qualität von Übersetzungsprozessen gesichert werden kann, steht in der ISO 17100, einer internationalen Norm, die die Qualität von Übersetzungsprozessen regelt. Sie wurde 2015 erlassen (daher findet man auch oft die Angabe ISO 17100:2015) und ersetzt die DIN EN 15038 von 2006 (bzw. DIN EN 15038:2006) (DIN = Deutsche Industrienorm; EN = Europäische Norm).

Normen haben keinen Gesetzescharakter, sie zeigen aber auf, wie eine Praxis so geregelt werden kann, dass sie anerkannten Qualitätsstandards entspricht. Die ISO 17100 ist eine Prozessnorm, bezieht sich also nicht auf das Produkt der Übersetzung, sondern auf den Weg: Wenn ein Übersetzungsdienstleister nach ISO 17100 arbeitet, dann weiß der Auftraggeber, wie dieser Anbieter vorgeht und dass er international anerkannten Best-Practice-Normen der Übersetzungsbranche folgt. Dahinter steht der Gedanke, dass die Übersetzung eine verlässliche Qualität erzielen wird, wenn der Übersetzungsprozess nach etablierten Qualitätsstandards abläuft. Die ISO 17100 macht Aussagen zu drei Bereichen:

1. Die Vorbereitung des Übersetzungsprojekts

Ein bedeutender erster Schritt ist die Analyse des Ausgangstexts. Dabei müssen Auftraggeber und Übersetzungsdienstleister zusammenwirken. Der Übersetzungsdienstleister prüft die Anfrage des potenziellen Auftraggebers dahingehend, ob das Projekt durchführbar ist, wo es Problemstellen enthält, ob die nötigen Ressourcen zur Verfügung stehen und welchen Aufwand es bedeutet. Dann treffen Auftraggeber und Übersetzungsdienstleister klare Vereinbarungen darüber, wie und in welchen Schritten das Projekt durchzuführen ist.

Dieses Vorgehen entspricht dem, was wir Ihnen unter »Erstellung eines Angebots« empfohlen haben.

2. Die Qualifikation der Beteiligten und konkreter Ablauf

Wenn eine Übersetzung nach ISO 17100 durchgeführt wird, muss sie zwingend nach dem Vieraugenprinzip entstehen. Das heißt, Übersetzungen werden grundsätzlich von einer zweiten Person redigiert. Hinzu kann eine fachliche Prüfung kommen. Die Übersetzer(innen) und auch die Redigierenden müssen obligatorisch über die folgenden (nachweisbaren) Kompetenzen verfügen:

- übersetzerische Kompetenz
- sprachliche und textuelle Kompetenz in Ausgangs- und Zielsprache
- Recherchekompetenz
- kulturelle Kompetenz
- fachliche Kompetenz und Sachgebietskompetenz

Letzteres soll gewährleisten, dass die Beteiligten die fachlichen Ausgangstexte auch verstehen können. Dabei müssen sie keine Fachexpert(inn)en im engeren Sinne sein, sie müssen aber über die Kompetenz verfügen, sich in das jeweilige Sachgebiet einzuarbeiten und sich das nötige Wissen anzueignen. Dies kann z. B. durch Weiterbildung erreicht werden.

Das Vieraugenprinzip ist ein wichtiges Indiz für die Übersetzungsqualität; dabei haben sowohl Übersetzer(in) als auch Redigierende(r) die nötigen sprachlichen und fachlichen Kompetenzen, um die Qualität der Übersetzung sicherzustellen und überprüfen zu können.

Das Vieraugenprinzip sollten Sie bereits jetzt in Ihre Leichte-Sprache-Übersetzungspraxis implementieren. Auch Sachgebietskompetenz ist mittelfristig unumgänglich: Spezialisieren Sie sich und bilden Sie sich weiter.

3. Die Nachbereitung

Übersetzungen werden nach Abschluss archiviert und ggf. in *Translation Memories* bzw. Terminologiedatenbanken (s. Kap. 5.4.5) unter Gewährleistung des Datenschutzes aufbereitet.

Die ISO 17100 sieht außerdem vor, dass für jede Übersetzung ein Kundenfeedback eingeholt wird, damit zukünftige Übersetzungen möglicherweise weiter professionalisiert werden können.

Nun ist es nicht so, dass Sie Ihre Übersetzungen sämtlich und obligatorisch nach ISO 17100 durchführen müssen. Eine Orientierung an dieser Norm ist aber ein Qualitätsausweis für Ihre Übersetzungen. Wenn Sie nach ISO 17100 zertifiziert werden wollen, müssen Sie der Norm in allen Punkten folgen. Sie können dann eine Konformitätserklärung abgeben, dass Sie sich an ISO 17100 gehalten haben und dass Sie Ihren Text dem dort beschriebenen Prozedere entsprechend übersetzt haben. Sie deklarieren Ihren Text dann als »übersetzt nach ISO 17100«.

In der Leichte-Sprache-Übersetzung ist eine Orientierung an der prozessorientierten ISO-17100-Norm jedoch noch nicht die übliche Praxis. Vielmehr wird versucht, die Qualitätssicherung über verschiedene produktorientierte Verfahren zu leisten. In Kap. 4.3 haben wir diese Verfahren beschrieben und dabei Verstehens- und Verständlichkeitsüberprüfungen voneinander abgegrenzt. Ebenfalls dort haben wir die verschiedenen Gütesiegel vorgestellt, die mit unterschiedlichen Verfahren der Qualitätssicherung verbunden sind. Halten Sie Rücksprache mit Ihrem Auftraggeber, welche Form der Qualitätssicherung gewünscht wird.

6. Was müssen Sie auf Wortebene beachten?

Die Regelwerke, die wir in Kap. 2.4 vorgestellt haben, empfehlen, in Leichter Sprache »einfache Wörter« (BMAS 2013, S. 22) bzw. »leicht verständliche Wörter, die allgemein bekannt sind« (Inclusion Europe 2009, S. 10) zu verwenden. Außerdem soll auf Fach- und Fremdwörter verzichtet werden. Für Übersetzer(innen) stellen sich allerdings die folgenden Fragen:

- Wie kann man zuverlässig ermitteln, ob ein Wort »einfach«, »verständlich« und »allgemein bekannt« ist?
- Ist es immer sinnvoll, Fremdwörter und Fachwörter zu vermeiden?
- Zu welchen Problemen kann es bei der Verwendung von Eigennamen kommen und wie kann man Abhilfe schaffen?
- Wie steht es mit weiblichen Personenbezeichnungen in Leichter Sprache?

Bei der Auswahl von Wörtern für den Text in Leichter Sprache müssen manchmal auch Wörter verwendet werden, die aus mehreren Wortbausteinen bestehen. Diese Wörter können durch Bindestrich *(Profifußballer > Profi-Fußballer)* oder Mediopunkt *(Gleichstellungsgesetz > Gleichstellungs·gesetz)* optisch gegliedert werden. Auch hier ergeben sich Fragen:

- Welche Wörter genau sollen optisch aufbereitet werden?
- In welchen Fällen kann ein Bindestrich gesetzt werden?
- Welchen Einsatzbereich hat der Mediopunkt?

Wir gehen in diesem Kapitel sowohl auf die Wortwahl (s. Kap. 6.1) als auch auf die optische Aufbereitung der gewählten Wörter (s. Kap. 6.4) ein.

Bei den Überlegungen, welche Wörter für Leichte Sprache geeignet sind, sollten auch die eher unauffälligen Wörter wie *der, auf, und, ein, er, von* eine Rolle spielen. Immerhin sind die zehn häufigsten Wörter in deutschsprachigen Texten überhaupt die folgenden: *der/die/das, in, und, sein, ein, zu, von, haben, werden, mit.*

Welche davon und wie man sie in Leichter Sprache verwenden kann, um das Verstehen von Texten zu optimieren, haben wir im Grundlagenwerk (Kap. 9.2.2) dargestellt. In diesem Ratgeber gehen wir nur auf diejenigen ein, deren Vermeidung besonders große Folgen für die entstehenden Texte hat: Pronomen *(er/sie/es)* behandeln wir in diesem Kapitel (s. Kap. 6.3), Hinweise zu Subjunktionen (*obwohl, dass, wenn* etc.) finden Sie in Kap. 7.1.

6.1 Wie erkennt man leichte Wörter?

Der Wortschatz einer Sprache lässt sich in Wortfelder gruppieren. Wortfelder beinhalten benachbarte Wörter mit ähnlicher Bedeutung. Zum Wortfeld *sagen* etwa gehören neben vielen anderen *reden*, *sprechen*, *sich äußern*, *ausdrücken*, *erklären*, *erwähnen* oder *mitteilen*; aber auch Exoten wie *labern*, *entschlüpfen*, *schwadronieren* oder *verbalisieren* zählen dazu.
Nicht alle diese Wörter sind gleich gut für die Leichte Sprache geeignet. Gewählt werden sollten die zentralen Vertreter von Wortfeldern. Man erkennt sie an den folgenden Merkmalen:

Zentrale Vertreter eines Wortfeldes …

… kommen häufiger als ihre Wortfeldnachbarn vor.
… bestehen aus wenigen Wortbausteinen.
… können viele ihrer Wortfeldnachbarn ohne Bedeutungsverfälschung vertreten.
… können in der mündlichen und in der schriftlichen Sprache genutzt werden.
… sind stilistisch neutral.
… bezeichnen nur ihren Gegenstand und diesen möglichst genau.
… haben keine oder kaum Nebenbedeutungen.
… sind keine Metaphern.
… gehören zum Kernwortschatz des Deutschen.
… werden früh gelernt.
… werden bei Sprachabbauprozessen (z. B. Demenzen) spät verlernt.

Wenn Sie also entscheiden müssen, ob ein Wort für die Leichte Sprache geeignet ist, stützen Sie sich auf diese Merkmale. Wir beschreiben sie hier einzeln am Beispiel des Wortfeldes *sagen*:

Häufigkeit: Ob ein Wort häufig vorkommt oder nicht, können Sie z. B. mit dem elektronischen Wortschatzportal der Universität Leipzig ermitteln (http://wortschatz.uni-leipzig.de). Sie finden dort für jedes Wort eine Angabe, zu welcher Häufigkeitsklasse es gehört. Je niedriger der Wert, desto häufiger kommt ein Wort vor. *Sagen* hat die Häufigkeitsklasse 7, *labern* die Häufigkeitsklasse 16, *entschlüpfen* die Häufigkeitsklasse 19. Neben *sagen* haben auch *reden* und *sprechen* mit den Häufigkeitsklassen 8 und 9 gute Werte; sie sind zentrumsnah.

Auf Duden online (http://www.duden.de) wird die Worthäufigkeit auf einer fünfstufigen Skala ausgewiesen: Je höher der Skalenwert, desto häufiger ist ein Wort in Gebrauch. *Sagen* hat fünf von fünf Punkten, *labern* nur zwei:

sagen	labern
Wortart: **schwaches Verb**	Wortart: **schwaches Verb**
Häufigkeit: ■■■■■	Gebrauch: **umgangssprachlich**
	Häufigkeit: ■■□□□

Reden und *sprechen* erreichen auf dieser Skala vier von fünf Punkten. Wenn Sie sich nicht sicher sind, ob ein Wort für Ihren Text zentral genug ist oder ob es einer Erklärung bedarf, dann kann die Häufigkeitsklasse des Wortschatzportals der Universität Leipzig oder die Skala von Duden online Ihnen also wichtige Hinweise liefern.

Wenige Wortbausteine: Wörter, die aus wenigen Wortbausteinen bestehen (z. B. *sagen, reden, sprechen*), sind oft zentraler als zusammengesetzte wie *dazwischenrufen, aussprechen* oder *erklären.*

Vertretung von Wortfeldnachbarn: Die zentralen Vertreter haben die Eigenschaft, viele ihrer Wortfeldnachbarn vertreten zu können, ohne dass der Text dadurch verfälscht würde. So kann z. B. *sagen* fast überall dort stehen, wo auch *flüstern* steht, nicht aber umgekehrt. Es gilt aber auch, dass der zentrale Vertreter *sagen* nicht alles übermittelt, was mit *flüstern* ausgedrückt werden kann. Wir kommen auf dieses Problem zurück.

Mündliche und schriftliche Sprache: Nur die sehr speziellen Vertreter eines Wortfeldes sind auf die mündliche oder die schriftliche Sprache festgelegt. So finden wir z. B. *labern* oder *zutexten* kaum in der standardsprachlichen Schriftlichkeit, *verbalisieren* oder *dazwischenwerfen* kommen in Gesprächen so gut wie nicht vor.

Wörter, die nicht auf die mündliche oder die schriftliche Sprache festgelegt sind, können normalerweise besonders viele ihrer Wortfeldnachbarn vertreten.

Stilistische Neutralität: Wörter, die nur in der gesprochenen oder nur in der geschriebenen Sprache vorkommen, sind häufig auch stilistisch auffällig. Sie geben z. B. bestimmten Fachsprachen ihre Identität (*aussagen* vor Gericht) oder sie markieren soziale Gesprächsrollen (*zutexten* als Hinweis auf den informellen Charakter eines Gesprächs). Sie stehen nicht im Zentrum des Wortfeldes.

Möglichst präzise Bedeutung: Manche Wörter haben mehrere, sehr verschiedene Bedeutungen. So gehört auch *schätzen* zum Wortfeld *sagen (Ich schätze, wir sollten jetzt gehen)*; ebenso kann mit *schätzen* aber auch *würdigen (Ich schätze dich sehr)* oder *abwägen (Ich schätze sein Vermögen auf eine Million Euro)* gemeint sein. Solche mehrdeutigen Wörter sollten wenn möglich vermieden werden. Wählen Sie stattdessen Wörter, die nur für den gemeinten Gegenstand stehen.

Nebenbedeutungen: Weniger gut sind auch Wörter geeignet, die Nebenbedeutungen haben. Wer sagt, jemand habe *getratscht*, sagt nicht nur, dass der- oder diejenige geredet bzw. etwas gesagt hat. Er/Sie sagt zugleich, dass er/sie dies missbilligt. Wörter mit solchen Nebenbedeutungen sind deshalb problematisch, weil der Leser oder die Leserin noch erschließen muss, warum der Sprecher / die Sprecherin das Tratschen missbilligt. Die Auswertung solcher Wörter ist deshalb schwieriger als die Auswertung zentraler Vertreter, die diese Nebenbedeutungen nicht aufweisen.

Keine Metaphorik: Für viele Wortfelder gilt, dass in ihrem Zentrum Wörter stehen, die ohne oder mit nur minimaler Bildsprache auskommen, die also keine Metaphern sind: *ausspucken (Spuck's aus)* ist u. a. deshalb weniger zentral als *sagen (Sag's mir).*

Kernwort: Zentrale Vertreter von Wortfeldern sind häufig Wörter des deutschen Kernwortschatzes. Sie haben eine reguläre Orthografie und ihre Aussprache ist aus der geschriebenen Form ableitbar. Auf *sagen, reden, sprechen* trifft das zu, nicht aber auf das Fremdwort *talken (Anne Will talkt wieder).*

Je zentraler ein Wort in Bezug auf die genannten Kriterien ist, desto früher wird es erlernt und desto wahrscheinlicher ist es, dass es bei Sprachabbauprozessen lange erhalten bleibt. Wenn Sie also Ihren Wortschatz für den Leichte-Sprache-Text nach diesen Kriterien auswählen, ist die Verstehenswahrscheinlichkeit maximal.

Es kann allerdings vorkommen, dass ein Wort, das auf diese Weise ermittelt wird, eines oder mehrere Kriterien der Zentralität nicht erfüllt. So handelt es sich z. B. bei den Wörtern *Tischbein* oder *Strom* um Metaphern; sie schneiden also bei dem Kriterium »keine Metapher« schlecht ab. Dennoch: Die Anwendung der anderen Kriterien zeigt, dass es keine leichtere Alternative für sie gibt.

Gerade zentrumsnahe Wörter sind häufig formal unregelmäßig. Bei Substantiven findet man z. B. Umlaute *(Mutter/Mütter)*, bei Verben noch weitergehende Vokaländerungen *(sprechen/spricht/gesprochen)*. Die Allzweckverben *haben* und *sein*, auf die man gar nicht verzichten kann, weisen sogar besonders unregelmäßige Beugungsformen auf *(bin, ist, habe, hat …)*. Solche Formvarianzen können das Verstehen erschweren, sie sind aber unvermeidlich.

Es kann allerdings noch ein ganz anderes Problem hinzukommen, von dem oben schon die Rede war: Wenn Sie den zentralen Vertreter ausgewählt haben, stellt sich für Sie die wichtige Frage, ob die zusätzlichen Bedeutungen, die ein Wort im Ausgangstext hatte (vgl. *flüstern* im Gegensatz zu *sagen*), im Zieltext gebraucht werden. Sie können hier drei Fälle unterscheiden:

1. Fall: Die zusätzliche Bedeutung ergibt sich aus dem Kontext und muss nicht eigens sprachlich umgesetzt werden:

(1) Vera hat gefragt:
Karl hat entgegnet:

(1‘) Vera hat gefragt:
Karl hat gesagt:

2. Fall: Um die gesamte Bedeutung zu transportieren, muss eine zusätzliche Erklärung eingefügt werden. Wenn sie fehlt, ist die übersetzte Passage weniger informativ, aber sie ist nicht falsch:

(2) Rechtsanwalt Hagemann […] vertritt die Auffassung, dass es zur Erarbeitung juristischer Lösungen immer erforderlich ist, auch den Menschen hinter dem Rechtsproblem zu sehen. (Internetbeleg, Name geändert)

Wird »vertritt die Auffassung« einfach mit »sagt« wiedergegeben, dann verliert der Text ein wichtiges Bedeutungselement. Eine Übersetzung, die dieses Bedeutungselement mittransportiert und auch in allen anderen Belangen an die Leichte Sprache angepasst ist, könnte wie folgt aussehen:

(2‘) Der Anwalt Hagemann sagt:
Gesetze sind wichtig.
Aber Gesetze sind **nicht** alles.
Wichtig sind auch die Menschen.
Deshalb müssen wir die Probleme von den Menschen
genau ansehen.
Erst dann können wir die Gesetze gut anwenden.
Das ist die Meinung von dem Anwalt Hagemann.
Nicht alle Anwälte denken so.

3. Fall: Manchmal führt die Wahl des zentralen Vertreters ohne weitere Erklärung wie in Beispiel (3') zu Verfälschungen:

(3) Der Minister schätzt, dass insgesamt 70 000 bezahlbare Unterkünfte für Studierende fehlen. (Internetbeleg)

(3') Studenten haben **nicht** viel Geld.
Deshalb brauchen Studenten billige Wohnungen.
Aber der Minister sagt:
Es gibt **nicht** genug billige Wohnungen für Studenten.
Wir brauchen 70 000 billige Wohnungen mehr.

Um die Bedeutung von *schätzen* zu transportieren, muss der letzte Satz hier ergänzt werden:

(3") Wir brauchen wahrscheinlich/ungefähr 70 000 billige Wohnungen mehr.

Mit dieser Vorgehensweise ist eine allgemeine Strategie der Leichten Sprache angesprochen: Was in standardsprachlichen Formen in einem Ausdruck (hier: *schätzen*) verschmolzen ist, also: *etwas sagen* und *das, worüber man etwas sagt, nur in Annäherung wissen/sagen können,* wird in Leichter Sprache auf mehrere Ausdrücke verteilt *(sagt* und *wahrscheinlich/ungefähr).*

Empfehlungen: Wortauswahl

- Wählen Sie einen zentrumsnahen Vertreter eines Wortfeldes auf der Basis der dargestellten Kriterien (s. S. 74).
- Prüfen Sie, ob durch die Wahl des zentralen Vertreters wichtige Bedeutungselemente aus dem Ausgangstext verloren gegangen sind, die Sie für den Zieltext brauchen. Erweitern Sie in diesem Fall den Zieltext um die ausgesparten Bedeutungselemente.

6.1.1 Fremdwörter

Stehen sich ein Fremdwort und ein Kernwort gegenüber (z. B. *verbalisieren* vs. *sagen*), ist das Kernwort häufig zentraler. Es gibt aber auch Fremdwörter, die das Zentrum besetzen (etwa *Biologie* vs. *Lebenswissenschaft*, *Computer* vs. *Rechner*,

Telefon vs. *Fernsprecher, Download* vs. *Herunterladen*) und solche, die keine Entsprechung im Kernwortschatz haben *(Software, Link, App)*. In diesen Fällen sollten Sie die Fremdwörter verwenden, denn ihre Vermeidung macht Ihren Text nicht leichter. Im Gegenteil: Er könnte sogar schwerer werden, wenn Sie eher künstliche Wörter wie *Lebenswissenschaft* oder veraltete Wörter wie *Fernsprecher* verwenden.
Manche Wörter sollten Sie zusätzlich erläutern, weil sie nicht als bekannt vorausgesetzt werden können. *Computer, Biologie* und *Telefon* bedürfen wahrscheinlich keiner Erläuterung. Bei *Download* wird es schon schwieriger.
Im elektronischen, frei zugänglichen Wörterbuch für Leichte Sprache von Hurraki (s. Kap. 5.4.3) findet sich die folgende Erklärung:

(4) Download: ankommende Datenübertragung = Datenempfang = lokales Speichern entfernt vorhandener Daten (http://www.hurraki.de/wiki/Download, abgerufen am 24.08.2016)

Diese Erklärung ist natürlich noch nicht leicht genug. (4‘) zeigt, wie eine Erklärung des Fremdworts *Download* in Leichter Sprache aussehen könnte.

(4‘) Download heißt:
Sie holen einen Text vom Internet auf Ihren Computer.
Oder Sie holen ein Programm vom Internet auf Ihren Computer.
Das deutsche Wort für Download ist: Herunter·laden.
Die meisten Internet·seiten zeigen Ihnen:
Hier können Sie den Text oder das Programm herunter·laden.

Der Leser / die Leserin wird hier direkt angesprochen – ein wichtiges Prinzip der Leichten Sprache. Die Erklärung ist handlungsnah. Sie folgt dem Verbalstil. Es gibt keine komplexen Nominalstrukturen wie »Datenübertragung« (zu Worterklärungen s. Kap. 6.1.2).

Manchmal haben Fremdwörter auch ungewöhnliche Formen, beispielsweise Pluralformen wie *Kakteen* oder *Atlanten*, bei denen man nicht einfach auf den Singular schließen kann. Für die primären Adressat(inn)en können solche Formen eine Hürde darstellen. Wenn Sie eine solche Pluralform in Ihrem Text einsetzen wollen, sollten Sie sie erläutern.

(5) Vor der Ausbildung müssen Sie zwei Praktika machen.

(5‘) Sie wollen eine Ausbildung machen.
Dann müssen Sie vorher 2 Praktika machen.
Das Wort Praktika ist die Mehr·zahl von Praktikum.

Empfehlungen: Fremdwörter

Ein globales Fremdwortverbot ist nicht sinnvoll. Für den Umgang mit Fremdwörtern empfehlen wir Folgendes:

- Wenn ein Fremdwort der zentrale Vertreter des Wortfeldes ist, verwenden Sie es (z. B. *Telefon* statt *Fernsprecher*).
- Verzichten Sie auf die Verwendung von Fremdwörtern, die keine zentralen Vertreter von Wortfeldern sind.
- Wenn Sie für einen konkreten Text ein Fremdwort brauchen, das nicht der zentrale Vertreter ist, erläutern Sie es.
- Wenn Sie ein Fremdwort in einer Form verwenden, die den Leser(inne)n Schwierigkeiten bereiten könnten (z. B. *Praktika*), erklären Sie diese Form.

Hinweis: Bei der Verwendung von Fremdwörtern kann es sinnvoll sein, auch Hinweise auf die Aussprache zu geben. Weil das Internationale Phonetische Alphabet, mit dem normalerweise solche Angaben gemacht werden, für Leichte-Sprache-Leser(innen) aber nicht entzifferbar ist, bietet sich (in Onlinepublikationen) eine Audiospur an. Eine Verknüpfung mit Audiobeispielen aus dem Netz, etwa auf dem Wörterbuchportal Leo (http://www.leo.org), ist jedoch wegen urheberrechtlicher Probleme nur eingeschränkt möglich.

6.1.2 Fachwörter

Besonders häufig begegnet man bei der Übersetzung in Leichte Sprache Fachwörtern. Das liegt daran, dass ein großer Teil der Leichte-Sprache-Texte aktuell aus der Fachkommunikation stammt (z. B. Berufsberatung, Medizin, Bürokratie/Verwaltung).

Sehr oft lässt sich ihre Verwendung nicht vermeiden: So können sie z. B. bei der Beschreibung von Berufsfeldern gebraucht werden, um Arbeitsinstrumente zu benennen, in der medizinischen Aufklärung für die Benennung von Krankheiten oder im Zusammenhang mit bürokratischen Vorgängen für die Bezeichnung von Bescheiden. Auch in Lehr-/Lernkontexten, in denen es wesentlich darum geht, Fachsprachlichkeit zu erwerben, brauchen Sie Fachwörter. Ohne ihren Gebrauch würde hier nicht das erreicht, was bezweckt ist, nämlich die Vermittlung von fachlichem Begriffswissen.

Wichtig für die konkrete Arbeit an Fachwörtern ist die Unterscheidung zwischen **fachspezifischen** und **fachgeprägten** Wörtern:

- **Fachspezifisch** sind Fachwörter, die in der entsprechenden Fachdisziplin entwickelt und nur dort verwendet werden (etwa *Photosynthese* in der Biologie oder *Divertikulitis* in der Medizin). Viele der fachspezifischen Wörter beschreiben Konzepte, für die es im Alltag keine Entsprechung gibt (z. B. *Erbschein* im Erbrecht). Einige der fachspezifischen Wörter beschreiben dagegen auch Konzepte, die im Alltag vorkommen, dort aber mit anderen Wörtern benannt werden (z. B. in der Biologie das Fachwort *Fähe* anstelle des Alltagsworts *Füchsin*).
- **Fachgeprägte** Wörter sind aus der Alltagssprache oder aus einer anderen Fachdisziplin übernommen und in einer weiteren Fachdisziplin mit eigenen Bedeutungen belegt. So wird etwa der aus dem Alltag stammende Ausdruck *Fuß* in der Literaturwissenschaft für die Beschreibung von Versmaßen verwendet. Der aus der Biologie stammende Ausdruck *Morphologie* wird in der Sprachwissenschaft für die Disziplin verwendet, die sich mit dem Aufbau von Wörtern beschäftigt. Fachgeprägte Wörter kommen sehr viel häufiger vor, als man denken könnte; z. B. im Bereich Fußball *(Gasse, Haken, Abseits, Mauer)*, in der Physik *(Körper, Stoff, Widerstand)* und in der Mathematik *(Bruch, Menge, Säule)*.

Insgesamt ist die Verflechtung zwischen der Alltags- und der Fachsprache groß. Um die verschiedenen Fälle deutlich voneinander abgrenzen zu können, zeigt die folgende Tabelle die wichtigsten Zusammenhänge noch einmal im Überblick:

	Inhalt/Konzept kommt auch im Alltag vor	**Inhalt/Konzept kommt nur in dem Fachgebiet vor**
Form kommt auch im Alltag vor	– (kein Fachwort)	***Gasse*** im Fußball (fachgeprägt)
Form kommt nicht im Alltag vor	***Fähe*** in der Biologie für *Füchsin* (fachspezifisch)	***Divertikulitis*** in der Medizin (fachspezifisch)

Die verschiedenen Fälle stellen unterschiedliche Anforderungen an die Erläuterungspraxis:

Bei fachgeprägten Wörtern sollten Sie bei der Erklärung ausdrücklich auf das Fachgebiet verweisen.

(6) Die Fußball·spieler haben eine Gasse gemacht.
Im Fußball heißt Gasse:
Ein Spieler will den Ball zu einem anderen Spieler
aus seiner Mannschaft schießen.
Der Spieler sieht einen freien Raum.
Das heißt:
In dem Raum ist kein Spieler von der anderen Mannschaft.
Der Spieler schießt den Ball durch den freien Raum.
Der andere Spieler aus seiner Mannschaft bekommt den Ball.
Die Spieler von der anderen Mannschaft können den Ball
nicht stoppen.
[Der Text könnte dann um ein Bild zur Veranschaulichung ergänzt werden.]

Bei den fachspezifischen Wörtern, die weder formal noch konzeptionell eine Entsprechung im Alltag haben, beschreiben Sie das mit dem Fachwort aufgerufene Konzept nach der Einführung des Fachausdrucks; die Benennung des Fachgebiets kann hier entfallen:

(7) Sie haben Divertikulitis.
Das heißt:
Ihr Darm ist entzündet.

Denkbar ist auch die umgekehrte Reihenfolge vom Bekannten (dem Konzept) zum Unbekannten (Fachwort):

(7‘) Ihr Darm ist entzündet.
Ihr Arzt sagt dazu:
Sie haben Divertikulitis.

Diese Reihenfolge, also vom Bekannten zum Neuen, bietet sich vor allem bei den fachspezifischen Wörtern an, die eine konzeptionelle Entsprechung im Alltag haben:

(8) Eine Füchsin ist ein weiblicher Fuchs.
    Das Fachwort für Füchsin ist Fähe.

Hinweis: Wenn Sie die Worterklärungen in den Text integrieren, rücken Sie sie ein. Der Leser / die Leserin kann dann Anfang und Ende einer Erläuterung erkennen und sieht, wann der Text auf die Ausgangsebene zurückkehrt (s. Kap. 8.2.2)

Alternativ oder ergänzend zu textinternen Erklärungen kann es ratsam sein, längere Erklärungen auszulagern, wobei je nach Medium verschiedene Instrumente zur Verfügung stehen:

Print:

- **Glossar:** Die Erläuterungen können in einem Glossar abgelegt werden. Dabei ist wichtig, dass die Begriffe, die im Glossar erscheinen, im Text entsprechend kenntlich gemacht werden, z. B. durch Fettsetzung, Unterstreichung oder einen Pfeil. Das hierfür verwendete Instrumentarium muss am Anfang des Texts erläutert werden. Glossare haben aber auch Nachteile; wir gehen in Kap. 8.2.2 genauer auf dieses Mittel ein.
- **Infoboxen:** Zentrale Begriffe können in Infoboxen erläutert werden. Das ist insbesondere bei großformatigen Publikationen, bei denen zentrale Begriffe sich nicht über mehrere Seiten erstrecken, eine sinnvolle Option.
- **Spalten:** Der rechte Teil einer Seite kann für die Erläuterung der im Text verwendeten Fachwörter genutzt werden. In diesem Fall ist abzuwägen, wie der Seitenraum zwischen Erläuterungen und Grafiken aufgeteilt wird.

Onlinepublikationen:

- **Mouse-over-Boxen:** Erläuterungen zu Termini aus dem Text können mit Mouse-over-Boxen verlinkt werden. Bewegt man den Mauszeiger auf ein entsprechend verlinktes Wort, erscheint automatisch eine Infobox mit weiterführenden Informationen. Diese Boxen können zum Beispiel auch mit Grafiken angereichert werden und erschließen den Inhalt per Mausbewegung. Hier sollte jedoch im jeweiligen Fall die Barrierefreiheit für Screenreader getestet werden.
- **Links auf Elemente derselben Seite:** Nach der erstmaligen Erläuterung eines Terminus kann man im weiteren Textverlauf bei nochmaliger Verwendung des Terminus auf die vorherige Stelle mit der Erläuterung verlinken.

Ein Nachteil dieser Lösung ist es, dass der Leser / die Leserin aus der gerade gelesenen Stelle »herausgerissen« wird. Günstiger ist darum eine Lösung, die den Leser / die Leserin auch wieder dahin zurückführt, etwa Hypertext-Fußnoten.

- **Spalten:** Auch bei Onlinetexten kann die rechte Spalte für Erläuterungen genutzt werden. Aus dem Text heraus kann direkt auf den Terminus verlinkt werden.

Hinweis 1: Screenreader sind Software-Anwendungen, die es den Nutzer(inne)n gestatten, sich Text mit elektronischen Stimmen (Sprachsynthese) vorlesen zu lassen. Screenreader sind häufig in Browser integriert, es gibt sie jedoch auch als zusätzliche Apps. Wenn Sie eine barrierefreie Website mit Texten in Leichter Sprache einrichten, sollten Sie testen, ob diese Website mit Screenreader funktioniert. Dafür gibt es eine große Zahl an kostenfreien und kostenpflichtigen Testprogrammen.

Hinweis 2: Die Erfahrung hat gezeigt, dass die konzeptionell ansprechendsten Lösungen (z. B. Mouse-over-Boxen) mit den Content-Management-Systemen, also der Software zur Verwaltung von Internetseiten, die z. B. in Behörden häufig genutzt werden, teilweise nicht realisierbar sind. Sprechen Sie deshalb mit Ihrem Auftraggeber und klären Sie die technischen Möglichkeiten ab.

Unabhängig davon, wo die Erläuterungen eingefügt werden, muss geklärt werden, welche inhaltlichen Komponenten umfangreichere Erläuterungen enthalten sollten. Ihr Auftraggeber hat dazu möglicherweise eine dezidierte Meinung; klären Sie mit ihm diesbezügliche Erwartungen. In jedem Falle sollten Sie aber auch selbst eine Strategie entwickeln können. Die folgende Übersicht stellt die möglichen Komponenten zusammen. Je nach Zielsituation können unterschiedliche Komponenten aufgenommen werden; nur die Paraphrase des Fachworts ist in allen Fällen zwingend. Für alle anderen Komponenten gilt folgende Faustregel: Je weniger ein Übersetzer/eine Übersetzerin über die Zielsituation und über die Adressat(inn)en weiß, desto mehr Informationen sollte er/sie in die Erläuterung aufnehmen. Einträge in einem von der Zielsituation unabhängigen Lexikon wie etwa Hurraki sollten entsprechend maximal angereichert sein.

Inhaltliche Komponenten für Worterklärungen:

- Paraphrase des Fachwortes
- erklärendes Beispiel (bei besonders komplexen Begriffen)
- Minimalgrammatik (z. B. Singular- und Pluralform, bei Substantiven der Hinweis auf das Genus durch Unterstreichung des Artikels)
- Hinweis auf das Fachgebiet, zu dem der Fachausdruck gehört
- verwandte Fachbegriffe und/oder Gegenbegriffe

Dazu drei Beispiele:

Beispiel 1: Fähe

Paraphrase des Fachwortes:

Die **Fähe** ist ein weiblicher Fuchs.

Erklärendes Beispiel:

- entfällt -

Minimalgrammatik:

Die Ein·zahl heißt: **<u>die</u> Fähe**.
Die Mehr·zahl heißt: **die Fähen**.

Hinweis auf das Fachgebiet:

Das Wort **Fähe** ist ein Fach·wort aus der Biologie.
Auch Jäger benutzen das Fach·wort **Fähe**.

Gegenbegriff:

Das Fach·wort für den männlichen Fuchs ist **Rüde**.

Beispiel 2: Rehabilitation

Paraphrase des Fachwortes:

Ein Mensch ist krank geworden.
Oder ein Mensch hatte einen Unfall.
Der Mensch kann jetzt **nicht** mehr alles machen.
Aber der Mensch will wieder alles machen können.
Dafür bekommt der Mensch Hilfe.
Diese Hilfe heißt: Rehabilitation.

Erklärendes Beispiel:

Frau Müller hatte einen Unfall.
Jetzt kann Frau Müller **nicht** mehr so gut laufen.
Frau Müller will wieder so laufen wie früher.
Deshalb übt Frau Müller das Laufen.
Die Ärzte helfen Frau Müller dabei.

Minimalgrammatik:

Die Ein·zahl von Rehabilitation heißt: **die Rehabilitation**.
Die Mehr·zahl heißt: **die Rehabilitationen**.

Hinweis auf das Fachgebiet:

Das Wort Rehabilitation ist ein Fach·wort aus der Sozial·wissenschaft.
Auch in Gesetzen steht das Fach·wort Rehabilitation.

Verwandter Fachbegriff:

Manchmal finden Sie auch die Abkürzung für das Fach·wort Rehabilitation.
In dem Text steht dann: **Reha**.

Bei fachgeprägten Wörtern (s. o.) muss das Fachgebiet schon in der Paraphrase genannt werden.

Beispiel 3: Gasse

Paraphrase:

Eine Gasse ist eine schmale Straße.
Aber Gasse ist auch ein Fach·wort im Fußball.
Im Fußball heißt Gasse:
(s. o., S. 82)

Minimalgrammatik:

Die Ein·zahl heißt: **die Gasse**.
Die Mehr·zahl heißt: **die Gassen**.

Empfehlungen: Fachwörter

Ein generelles Fachwortverbot in Leichter Sprache ist nicht sinnvoll.

- Beraten Sie sich mit Ihrem Auftraggeber, welche Fachwörter in Ihrem Text vorkommen sollen.
- Prüfen Sie, ob es sich um ein fachgeprägtes oder ein fachspezifisches Fachwort handelt; bei den fachspezifischen unterscheiden Sie danach, ob das Konzept, das mit dem Fachwort ausgedrückt wird, im Alltag vorkommt oder nicht.
- Folgen Sie dann den oben dargestellten Mustern für die entsprechenden Fälle (S. 82).
- Besprechen Sie mit Ihrem Auftraggeber, ob eine Liste mit Worterklärungen angelegt werden soll. Für diesen Fall orientieren Sie sich an den oben dargestellten inhaltlichen Komponenten (S. 85). Stimmen Sie mit Ihrem Auftraggeber auch ab, in welcher Form die Worterklärungen erscheinen soll (s. S. 83 f.).

6.1.3 Eigennamen

Eigennamen werden in den Regelwerken nicht angesprochen, sie sind für die Leichte Sprache aber dennoch von Interesse. Was ist das Besondere an ihnen? Eigennamen tragen keine Bedeutung, sondern identifizieren den Namensträger. Deshalb können Sie Eigenamen auch nicht durch Alternativausdrücke ersetzen. Außerdem lassen sich Eigennamen schwer erklären. Sie müssen so, wie sie im Ausgangstext stehen, in den Zieltext übernommen werden.
Bei schwachen Leser(inne)n besteht nun die Gefahr, dass sie versuchen, Eigennamen wie gewöhnliche Wörter zu behandeln und ihnen Bedeutung zuzuweisen.

Zusätzlich kann das Lesen von Eigennamen dadurch erschwert sein, dass sie oft ungewöhnliche Strukturen aufweisen, die auch kompetenten Leser(inne)n manchmal Schwierigkeiten bereiten *(Dağdelen, Ercüment, von Droste-Hülshoff, Giacomini)*.

Sie können diese Schwierigkeiten möglichst gering halten, wenn Sie Eigennamen *als* Eigennamen ausweisen. Schreiben Sie zum Beispiel:

(9) Herr Dağdelen berät Sie gern.
Dağdelen ist ein türkischer Nachname.

Neben den möglichen Problemen können Eigennamen aber auch einen besonderen Nutzen für Leichte-Sprache-Texte haben: In juristischen oder administrativen Texten, in denen es um Handlungen von Individuen geht, werden diese meist mit der entsprechenden sozialen Rolle bezeichnet (*der Täter, die Beklagte, die Ehefrau, der Leistungsempfänger* etc.). Diese Bezeichnungen bleiben für Leser(innen) häufig abstrakt. In Textpassagen, in denen ein juristischer oder ein verwaltungsbezogener Zusammenhang exemplarisch erläutert wird, können die Rollenbezeichnungen deshalb durch Eigennamen ersetzt werden. Die Übersetzerin der Erbrechtsbroschüre des Niedersächsischen Justizministeriums hat von diesem Mittel Gebrauch gemacht. Anhand der beispielhaften Darstellung der familiären Verhältnisse eines Erblassers wird die gesetzliche Erbfolge erklärt:

(10) Ein Ehemann hinterlässt seine Frau und vier Kinder. Auch seine Eltern und sein Bruder leben noch. (ERB-A, S. 6)

(10‘) Otto ist mit Helga verheiratet.
Otto und Helga haben 4 Kinder.
Die Eltern von Otto leben noch.
Otto hat einen Bruder: Heinz.
Otto stirbt.
(ERB-L, S. 10, abgewandelt)

Diese Strategie hat große Vorteile für Texte in Leichter Sprache: Mit der Verwendung von Eigennamen machen Sie abstrakte Handlungsrollen für die Leser(innen) zugänglich. Außerdem hilft Ihnen die Verwendung von Eigennamen, den Textverlauf über längere Textpassagen stabil zu halten: Eigennamen erleichtern den Leser(inne)n eine eindeutige Zuordnung auch über mehrere Sätze hinweg.

Hinweis: Eigennamen werden, auch wenn sie lang und komplex sind, nicht mit Mediopunkt getrennt (z. B. *Würzburg, Hildesheim*).

Empfehlungen: Eigennamen

- Wenn schwierige oder besonders lange Eigennamen in Ihrem Text vorkommen, machen Sie dies für den Leser / die Leserin sichtbar.
- Bei Texten, in denen Rollenträgerbezeichnungen vorkommen, überlegen Sie, ob es sinnvoll sein kann, den Rollenträgern Namen zuzuweisen, um sie für den Leser / die Leserin identifizierbar zu machen. Wählen Sie für diese Fälle kurze, gut unterscheidbare Namen.

6.2 Geschlechtergerechte Sprache

Weibliche Personenbezeichnungen *(Präsidentin, Ärztin, Kraftfahrzeugmechatronikerin)* treten in vielen Texten auf. Geschlechtergerechte Sprache ist in standardsprachlichen Texten heute häufig eine Selbstverständlichkeit. Auch in Leichter Sprache sollten Sie nach Möglichkeit darauf achten. Eine geschlechtergerechte Sprache ist jedoch nicht das höchste Ziel von Leichte-Sprache-Texten – das ist vielmehr die Verständlichkeit der Texte. Die Bemühungen um geschlechtergerechte Sprache treten also dann zurück, wenn andere Leichte-Sprache-Regeln verletzt werden, die zu einer besseren Verständlichkeit der Texte führen. Weibliche Personenbezeichnungen kollidieren, je nach Verwendungsweise im Text, mit verschiedenen Leichte-Sprache-Regeln. Erscheinen weibliche neben männlichen Personenbezeichnungen, dann führen sie zu komplexen Konstruktionen:

(1) Wer Kraftfahrzeugmechatroniker oder Kraftfahrzeugmechatronikerin werden möchte, …

Solche Reihungen im Fließtext können die Verständlichkeit gefährden (s. Kap. 7.2). Formen, die der Schriftlichkeit zugehören und beim Vorlesen aufgelöst werden müssen, wie *Kraftfahrzeugmechatroniker(innen)* oder *KraftfahrzeugmechatronikerInnen*, sind für Leichte Sprache nicht geeignet, da sie ein Wissen über diese Konventionen voraussetzen, über das ungeübte Leser(innen) mit großer Wahrscheinlichkeit nicht verfügen.

Bei der Adressierung der Leser(innen) zu Beginn eines Texts kann jedoch auf eine Reihung zurückgegriffen werden:

(2) Liebe Leserin,
lieber Leser,
dieser Text ist für Sie vielleicht sehr leicht.
Dieser Text ist nämlich in Leichter Sprache geschrieben.
(PAH-L, S. 2)

Auch jenseits von Reihungen sind weibliche Personenbezeichnungen in Leichte-Sprache-Texten möglich. Das folgende Beispiel aus der Übersetzung der Erbrechtsbroschüre des Niedersächsischen Justizministeriums (ERB-A/L) verdeutlicht die Möglichkeiten (und Grenzen) der geschlechtergerechten Sprache in Leichte-Sprache-Texten:

(3) Vorwort von der Justiz·ministerin Antje Niewisch-Lennartz
Liebe Leser,
ich bin Justiz·ministerin in Niedersachsen.
Meine Mitarbeiter und ich haben ein Heft über das Erb·recht geschrieben.
(ERB-L, S. 3)

Justiz·ministerin erscheint in weiblicher Form. Es gibt keine Verwendungen der männlichen Form dieses Worts im Text, denn es gibt nur eine Justizministerin in Niedersachsen. Die Mitarbeiter (unter denen auch Mitarbeiterinnen waren) erscheinen jedoch allein in der männlichen Form, da ansonsten eine zu lange Reihung entstanden wäre *(meine Mitarbeiterinnen und Mitarbeiter und ich)*, die sich verständnismindernd ausgewirkt hätte.
Die Broschüre benennt die Problematik der geschlechtergerechten Sprache direkt am Anfang und legt die Gründe für die Wahl der Mittel dar:

(4) **Wichtig!**
In den Texten stehen immer nur die Wörter für Männer.
Zum Beispiel:
Im Text steht nur Notar.
Dann kann man den Text leichter lesen.
Aber auch Frauen sind gemeint.

Zum Beispiel:

Das Wort Notar steht im Text.
Der Notar kann ein Mann sein.
Aber ein Notar kann auch eine Frau sein.
Die Frau heißt dann: Notarin.

(PAH-L, S. 2)

Empfehlungen: Geschlechtergerechte Sprache

- Verwenden Sie nach Möglichkeit geschlechtergerechte Sprache.
- Verzichten Sie darauf, wenn dadurch Leichte-Sprache-Regeln verletzt werden.
- Verzichten Sie auf Reihungen männlicher und weiblicher Personenbezeichnungen in Sätzen *(Lehrerinnen und Lehrer).*
- Erwägen Sie, Ihre Texte mit einer Erklärung zu Ihrer Verwendung von geschlechtergerechter Sprache zu versehen *(Im Text stehen immer nur Wörter für Männer. Dann kann man den Text leichter lesen).*

6.3 Gleiche Wörter für gleiche Dinge

In Leichter Sprache ist es nicht nur nötig, auf die Wortauswahl zu achten. Wichtig ist auch, einmal gewählte Wörter für Personen oder Gegenstände über den Text hinweg konstant zu verwenden. In den Netzwerkregeln (BMAS 2013, S. 25) heißt es dazu: »Benutzen Sie immer die gleichen Wörter für die gleichen Dinge.« Eine Satzfolge wie unter (1) ist deshalb in Leichter Sprache nicht zulässig:

(1) Der Lkw-Fahrer bestreitet seine Schuld. Der 53-Jährige hat deshalb Widerspruch eingelegt.

Eine weitere Einschränkung in Bezug auf die Art, wie Sie in Leichter Sprache auf Personen oder Gegenstände in Texten verweisen, formuliert Inclusion Europe (2009, S. 15): »Seien Sie vorsichtig, wenn Sie Pronomen verwenden.« Demnach wäre auch ein Satz wie unter (1‘) nicht erlaubt:

(1‘) Der Lkw-Fahrer bestreitet seine Schuld. Er hat deshalb Widerspruch eingelegt.

Die Forschung hat gezeigt, dass es vor allem die Pronomen der dritten Person in sich haben, mit denen auf Personen und Gegenstände aus dem Text wie hier in Beispiel (1‘) auf den Lkw-Fahrer verwiesen wird; weniger Probleme bereiten Pronomen, die auf Gesprächsbeteiligte verweisen (z. B. *ich*, *Sie*, *du*, *ihr*). Warum sind die Pronomen der dritten Person schwer zu verstehen? Zwei Erklärungsversuche wollen wir aufgreifen:

1. Die Auswertung von Personalpronomen verlangt eine Rückorientierung auf den Vorgängersatz, manchmal auch eine Vororientierung auf den Folgesatz: *Er war wieder vollständig gesund. Karl fühlte sich, als könne er Bäume ausreißen.* Die Interpretation von Pronomen verlangt dem Leser / der Leserin also eine große Aufmerksamkeitsspanne ab.
2. Pronomen sind für sich genommen häufig nicht verlässlich. Im Beispiel (2) könnte sich das Pronomen *sie* zunächst noch auf mindestens vier Textgegenstände beziehen *(Paula, Fiona, die Reise, Paula und Fiona).*

(2) Paula hat Fiona eine Reise nach Paris geschenkt.
Sie …
… hat den Flug schon früh gebucht. (sie = Paula)
… hat sich das immer gewünscht. (sie = Fiona, ggf. auch Paula)
… wird sicherlich beschwerlich. (sie = die Reise)
… freuen sich beide sehr darauf. (sie = Fiona und Paula)

Erst wenn man den grammatischen und inhaltlichen Kontext kennt, kann man also wissen, wer oder was mit *sie* gemeint ist. Für Standardleser(innen) ist das Einbeziehen des Kontexts eine Selbstverständlichkeit. Die primären Adressat(inn)en sind jedoch auf die lokale und unmittelbare Interpretation von Wörtern angewiesen.

Verwenden Sie in Leichter Sprache also keine Pronomen, mit denen auf Personen oder Gegenstände des Texts verwiesen wird *(er, sie, es)*. Verwenden dürfen Sie alle Pronomen, mit denen auf Gesprächsbeteiligte verwiesen wird *(ich, wir, du, Sie)*. Sie sind lokal und unmittelbar auswertbar.

Der Verzicht auf andere Bezeichnungen für dieselbe Sache und auf Pronomen der dritten Person hat enorme Konsequenzen für Texte: Die gravierendste Konsequenz ist, dass der Textzusammenhalt, Kohärenz genannt, zerfällt. Denn die pronominale Wiederaufnahme ist eines der wichtigsten Instrumente, mit denen eine Themenfortführung, auch über mehrere Sätze hinweg, sichergestellt wird. Neue Bezeichnungen werden für neue Perspektivierungen und Themenanreicherungen in Bezug auf die gleiche Sache genutzt und sind somit ein wichtiges

Mittel der Textökonomie. So konnte zum Beispiel oben die Information, dass der Lkw-Fahrer 53 Jahre alt ist, platzsparend eingespielt werden. In Leichter Sprache brauchen Sie für die Übermittlung dieser Information einen eigenen Satz auf einer eigenen Zeile *(Der Lkw-Fahrer ist 53 Jahre alt).*

Beispiel (3) zeigt, wie Ausgangstexte die Strategien der Bezeichnungsvarianz und der pronominalen Wiederaufnahme zur Textentfaltung nutzen.

(3) Es ist ganz natürlich, dass Ihre Familie und Ihre Freunde eine Reihe von ähnlichen Gefühlen erleben werden wie Sie selbst, als Sie erstmals von Ihrer Diagnose erfahren haben. Geben Sie ihnen Zeit, Fragen zu stellen und ihre Gefühle auszudrücken. Genau wie Sie werden die Ihnen nahe stehenden Menschen mehr über PAH erfahren und verstehen wollen und darüber, wie PAH sich auf Ihr Leben auswirkt. Erklären Sie ihnen Ihre Erkrankung mit Ihren eigenen Worten, sprechen Sie über Ihren aktuellen Behandlungsplan und erläutern Sie ihnen die Veränderungen, die in Ihrem Alltagsleben vorkommen werden. Dadurch bieten Sie anderen einen Weg, mit ihren eigenen Gefühlen umgehen zu können und Sie besser unterstützen zu können. (PAH-A, S. 9, abgewandelt)

Die jeweils neuen Bezeichnungen *(Ihre Familie und Ihre Freunde → die Ihnen nahe stehenden Menschen → andere)* dienen hier einer schrittweisen Perspektiverweiterung von Angehörigen und Freunden generell auf andere.

Die Pronomen stellen sicher, dass die gemeinten Personen über den Text hinweg stabil aufgerufen werden, also das Thema des gesamten Abschnittes sind. Als Übersetzer(in) stehen Sie nun vor zwei Aufgaben:

Sie müssen zum einen eine Auswahl aus den angebotenen Bezeichnungen treffen (oder eine neue, besser passende wählen). Bedenken Sie dabei, dass Sie die gewählte Bezeichnung im ganzen Text beibehalten müssen. Welche der Bezeichnungen für die angesprochenen Personen wäre im vorliegenden Fall die passende? Hier bietet sich *Ihre Familie und Ihre Freunde* an; der Ausdruck *die Ihnen nahe stehenden Menschen* ist in sich grammatisch komplex und scheidet deshalb aus, *andere* ist zu unspezifisch. Somit ist *Ihre Familie und Ihre Freunde* die beste Wahl. Auf die Wiedergabe von Reihungen (hier: *Ihre Familie und Ihre Freunde*) gehen wir in Kap. 8.2 ein.

Überlegen Sie zum anderen, welche Strategien Sie wählen, um den Textzusammenhalt trotz des Verzichts auf Personalpronomen der dritten Person sichtbar zu machen. Im vorliegenden Fall kann der Themenerhalt teilweise durch Einrückungsstrukturen verdeutlicht werden. Weitere Strategien, wie das Manko der fehlenden Pronomen ausgeglichen werden kann, stellen wir in Kap. 8.2.2 vor.

(3') Sie haben Ihrer Familie und Ihren Freunden gesagt:
Ich habe PAH.
Jetzt geht es Ihrer Familie und Ihren Freunden vielleicht schlecht.
Erklären Sie Ihrer Familie und Ihren Freunden:
- Was ist PAH?
- Welche Beschwerden habe ich?
- Was kann ich noch machen?
- Was kann ich **nicht** mehr machen?
- Was macht mein Arzt?
Ihre Familie und Ihre Freunde wissen dann mehr über PAH.
Ihrer Familie und Ihren Freunden geht es dann **nicht** mehr so schlecht.
Und Ihre Familie und Ihre Freunde können Ihnen besser helfen.

Empfehlungen: Gleiche Wörter für gleiche Dinge

In Leichter Sprache müssen Sie Bezeichnungen für Personen und Gegenstände konstant halten.

- Wählen Sie vor der Übersetzung eine für den Zieltext geeignete Bezeichnung aus. Achten Sie bei der Auswahl auf leichte Verständlichkeit und Formstabilität. Zusätzliche Informationen über Personen oder Gegenstände, die in Ausgangstexten durch neue Bezeichnungen eingeführt werden (Beispiel: *der 53-Jährige*), schreiben Sie in einem eigenen Satz.
- Verwenden Sie keine Personalpronomen der dritten Person. Das führt allerdings zu einer Lockerung des Textzusammenhalts. Versuchen Sie, Zusammengehörendes möglichst auf andere Art (z. B. optisch) deutlich zu machen. Weitere Strategien zur Stärkung des Textzusammenhalts finden Sie in Kap. 8.2.2.

6.4 Komplexe Wörter – Binde-Strich oder Medio·punkt?

Wo das Englische analytisch, also mit Konstruktionen arbeitet *(date of birth)*, finden sich im Deutschen häufig synthetische Wortstrukturen, also komplexe Wörter, die aus mehreren miteinander verschmolzenen Einzelwörtern bestehen *(Geburtsdatum)*. Um solche Strukturen verstehen zu können, muss der Leser / die Leserin die Wortfugen auffinden (hier: *Geburt|s|datum*).

Die Regelwerke schlagen hier die Verwendung des Bindestrichs vor: *Geburts-Datum*.

Mit dieser Strategie wird das Auffinden der Wortfuge optisch vorweggenommen, was das Lesen erleichtern soll. Die deutsche Rechtschreibung sieht den Bindestrich allerdings nur in bestimmten Fällen vor; zum Beispiel dann, wenn Wortbestandteile aus verschiedenen Zeichensystemen miteinander verknüpft werden wie bei *BMX-Fahrrad*, *Hartz-IV-Regelsatz* oder *¾-Takt*.

Wenn Sie den Bindestrich auch dort verwenden, wo er im Deutschen nicht erlaubt ist – wie zum Beispiel bei **Geburts-Datum* – entfernen Sie sich vom Standarddeutschen und konfrontieren die Leser(innen) mit falschem Deutsch.

Gerade diese Abweichungen irritieren auch die Öffentlichkeit. Sie sollten es sich deshalb zur goldenen Regel machen, beim Verfassen von Texten in Leichter Sprache kein falsches Deutsch zu verwenden.

Wenn Sie die Bindestrichschreibung jenseits der von den Regeln der deutschen Rechtschreibung vorgesehenen Fälle verwenden, dann kann das bei Leser(inne)n sogar Verstehenshürden erzeugen. Dann wird das Gegenteil von dem erreicht, was beabsichtigt ist. Was genau ist damit gemeint?

Der abweichend von den Rechtschreibregeln gebrauchte Bindestrich führt zu Wortbildern, die in der standardsprachlichen Umgebung nicht vorkommen: **Schub-Lade*, **Bundes-Tag*.

Hinweis: Mit einem Stern (*) markieren wir jeweils Schreibweisen oder Übersetzungsvarianten, die nicht akzeptabel sind und darum nicht gewählt werden sollten.

Gerade wenn man davon ausgehen muss, dass die Leichte Sprache für viele Leser(innen) nur ein Übergangsphänomen ist, z. B. in Alphabetisierungskursen, sind solche Abweichungen problematisch. Aber auch sonst erschwert der Bindestrich die Orientierung: Auf dem Formular, das mithilfe der Erläuterung in Leichter Sprache ausgefüllt werden soll, steht nicht *Geburts-Datum*, sondern *Geburtsdatum*.

Die genannten Nachteile, falsches Deutsch und abweichende Wortbilder, wiegen deshalb besonders schwer, weil sie dem Projekt Leichte Sprache selbst schaden können: Zum einen werden Leser(innen) auf Leichte Sprache festgelegt. Der Übergang in den Standard wird ihnen erschwert und damit sind die Brücken- und die Lernfunktion gefährdet. Zum anderen trägt die Bindestrichschreibung in besonderem Maße zur mangelnden Akzeptanz von Leichter Sprache in der Öffentlichkeit bei.

Es gibt aber noch ganz andere Nachteile der Bindestrichschreibung: Der Bindestrich erzwingt die Großschreibung des zweiten Teilausdrucks (**Geburts-Datum*, nicht *Geburts-datum*). Wenn der zweite Teilausdruck kein normales Substantiv ist, können hier leicht Verstehenshürden entstehen. Denken Sie an Wörter wie **Sach-Verständiger.* Im schlimmsten Fall wecken Sie bei den Leser(inne)n durch die Isolierung einzelner Wortbestandteile mit dem Bindestrich ganz falsche Assoziationen wie zum Beispiel bei **Fahr-Zeuge* oder **Unter-Suchung.* Insgesamt führt eine mechanische Anwendung der Bindestrichschreibung zu einer Reihe von problematischen Schreibweisen, wie sie sich in Leichte-Sprache-Übersetzungen finden: **Schub-Lade, *Post-Leit-Zahl, *Krank-Heit, *Be-Atmung, *Bei-Stand, *Fried-Hof.*

Wir empfehlen die Bindestrichschreibung in Leichter Sprache also nur dort, wo sie auch in der Standardsprache erlaubt ist (z. B. *Hartz-IV-Regelsatz, BMX-Fahrrad*).

Für alle anderen Fälle, in denen die Wortfuge sichtbar gemacht werden soll, schlagen wir die Verwendung des Mediopunktes (Medio·punkt) vor.

Beim Mediopunkt handelt sich um ein sehr altes Interpunktionszeichen, das bis zur Erfindung und Durchsetzung des Wortzwischenraums genutzt wurde, um Wörter voneinander zu trennen. Auch Textverarbeitungsprogramme kennzeichnen den Wortzwischenraum durch den Mediopunkt, was man sieht, wenn man sich die Steuerzeichen anzeigen lässt. Darüber hinaus ist zu beobachten, dass manche Kinder ihn im Schriftspracherwerb intuitiv als Abstandsmarkierung zwischen Einzelwörtern einsetzen. Bisweilen wird er auch von Lehrkräften in dieser Funktion zu didaktischen Zwecken verwendet.

Mit dem Vorschlag, komplexe Wortformen mit dem Mediopunkt zu markieren, greifen wir also auf ein altes Zeichen zurück, das intuitiv leicht zugänglich ist, und aktivieren dieses Zeichen für die Leichte Sprache, um die Wortfuge in zusammengesetzten Wörtern anzuzeigen.

Mit dem Mediopunkt können Sie den Leser(inne)n bei komplexen Wortstrukturen eine Lesehilfe geben, ohne den Wortkörper oder die wortgrammatische Struktur des Ausgangsausdrucks zu zerstören. Schreiben Sie also wie unter (1).

(1) Fahr·lässigkeit
Sozial·gericht
Sach·verständiger

Eine Übersetzerin, die bereits mit dem Mediopunkt arbeitet, hat uns im Juli 2015 folgende Frage geschickt: »Ist es dann auch eine Option, den Mediopunkt nach Vorsilben einzusetzen? Zum Beispiel: mit·wirken, mit·bestimmen? […] Um·satz·steuer-Tabelle oder lieber Umsatz·steuer-Tabelle?«

Die Übersetzerin bezieht sich auf die Eingriffstiefe des Mediopunktes: Sollte er nur in Komposita, also in zusammengesetzten Ausdrücken, stehen? Oder sollen mit ihm auch kleinere Wortbausteine, also etwa die von der Übersetzerin angesprochenen Ableitungsmorpheme *mit* und *um* optisch abgetrennt werden?

Dass es beim Lesen von Wörtern mit Ableitungsmorphemen zu Gliederungsproblemen kommen kann, zeigt der folgende Leseversuch der Fünftklässlerin Sanja, die das Wort *Wachsamkeit* lesen sollte (I = Interviewerin; Quelle: Bangel/Müller 2016, S. 98; Name der Schülerin von uns eingesetzt):

1 Sanja: WACHS.amkeit. Wenn ich wachse?
2 I: (--) Ah, hmhm, (--) fällt dir noch was ein zu dem Wort?
3 Sanja: 'Hm'hm (verneinend).
4 I: Kann man das vielleicht auch anders lesen?
5 Sanja: Wachstum?
6 I: Hmhm, guck dir das Wort noch mal an, kann man das noch anders lesen?
7 Sanja: Wachs.am/ wack (--) wach/ Wach.sam (-) keit.
8 I: Genau, Wachsamkeit.
9 Sanja: Wenn ich immer wach bin.

Die Schreibung mit Mediopunkt *(Wach·sam·keit)* hätte Sanja hier bereits im Erstzugriff auf das für sie kritische Wort unterstützen können. Der Bindestrich würde in diesen Fällen orthografisch nicht korrekte, wortkörperzerstörende Formen erzeugen *(*Wach-Sam-Keit)*.

Mit dem Mediopunkt wählen Sie also ein Zeichen, das weitgehend wortbilderhaltend ist. Deshalb können Sie ihn auch gut in Ableitungen verwenden, was mit dem Bindestrich wesentlich weniger gut möglich ist. Der Mediopunkt findet sich mittlerweile in zahlreichen Leichte-Sprache-Publikationen.

Allerdings darf man auch den Mediopunkt nicht mechanisch setzen. Bei seiner Verwendung sind immer wieder Einzelentscheidungen zu treffen; die wichtigsten davon stellen wir hier dar:

Abhängigkeit von der Wortlänge

Tendenz: Je länger ein Wort, desto eher sollten Sie über den Einsatz des Mediopunktes nachdenken. Die kritische Grenze liegt bei mehr als zwei Bestandteilen. Bei mehrgliedrigen Komposita können Sie eine Kombination aus Bindestrich und Mediopunkt nutzen, um die innere Hierarchie sichtbar zu machen:

(2) Bundes-Gleichstellungs·gesetz (*Bundes-Gleichstellungs-Gesetz)
Narkose-Fach·arzt (*Narkose-Fach-Arzt)
Arbeits·schutz-Bestimmung (*Arbeits-Schutz-Bestimmung)
Umsatz·steuer-Tabelle (*Umsatz-Steuer-Tabelle)

In diesen Fällen können auch Bedeutungsunterscheidungen markiert werden: Eine Erwachsenenbildungseinrichtung kann eine Bildungseinrichtung für Erwachsene sein oder eine Einrichtung für Erwachsenenbildung. Mit der entsprechenden Setzung von Bindestrich und Mediopunkt können Sie die gemeinte Lesart vereindeutigen (3):

(3) Erwachsenen-Bildungs·einrichtung
Erwachsenen·bildungs-Einrichtung

Sie können den Mediopunkt auch bei längeren Ableitungen *(Wach·sam·keit)* nutzen. Beachten Sie aber: Ableitungen sind manchmal trotz erheblicher Länge nicht teilbar, z. B. deshalb, weil die Wortteile für sich genommen nicht interpretiert werden können, oder deshalb, weil die Grenzen der Wortteile nicht zugleich Silbengrenzen sind *(*Be·ein·trächt·ig·ung)*.

Abhängigkeit von der inneren Wortstruktur

Bei manchen komplexen Wörtern kommt es zu Fehlinterpretationen, weil ihre innere Struktur auf den ersten Blick mehrere Lesarten zulassen könnte: Denken Sie an Sanja, die im ersten Zugriff auf das Wort *Wachsamkeit* den Ausdruck *Wachs* identifiziert hatte. In diesen Fällen können Sie den Mediopunkt setzen. Vermeiden Sie dabei aber ungegliederte Restketten von Ableitungsmorphemen. Wenn Sie den Mediopunkt in solchen Wörtern setzen, durchgliedern Sie das gesamte Wort. Schreiben Sie also nicht **Wach·samkeit*, sondern *Wach·sam·keit*.

Manchmal sieht man sich dem Problem gegenüber, dass die Wortfuge selbst Auffälligkeiten aufweist. Diese Auffälligkeit kann zwei Formen annehmen:

1. Der erste Wortbaustein ist gegenüber dem Originalwort verkürzt wie Ende in *End·ergebnis*, *Erbe* in *Erb·recht* oder *Sache* in *Sach·verständiger*.
2. Der erste Bestandteil ist gegenüber dem Originalwort angereichert, zwischen die zusammengesetzten Ausdrücke treten Fugenelemente (z. B. *Geburts·tag*, *Taschen·dieb*).

In beiden Fällen führt die innere Gliederung dazu, dass die Einzelbestandteile nicht mit dem Originalwort übereinstimmen. Bei sehr schwachen Leser(inne)n kann diese Form zu Beeinträchtigungen des Verstehens führen. Wägen Sie hier also ab, ob Sie den Vorteil der Wortdurchgliederung oder den Nachteil der fehlenden Originalstruktur stärker gewichten wollen.

Abhängigkeit von der Bedeutung des Gesamtausdrucks

Manche Zusammensetzungen und Ableitungen sind stark lexikalisiert, man kann ihre Bedeutung also nicht (mehr) aus den Bedeutungen der Einzelbestandteile erschließen, sie sind als Ganze gespeichert. Wenn diese Wörter dazu noch kurz sind, sollten Sie auf eine Gliederung verzichten *(Handschuh, Fußball)*.
Lassen Sie diese Wörter auch dann zusammen, wenn sie in einem größeren Wortverbund stehen (*Leder·handschuh*, nicht *Leder·hand·schuh*; *Fußball·feld*, nicht *Fuß·ball·feld*).

Abhängigkeit von der Bedeutung der Teilausdrücke

Manchmal werden Teilausdrücke in Zusammensetzungen oder Ableitungen verwendet, die, wenn sie alleine stehen, nicht interpretiert werden können – wie etwa *suchung* in *Untersuchung*; manchmal werden durch die Isolierung Bedeutungen von Teilausdrücken aktiviert, die sie im Gesamtausdruck nicht haben – wie *unter* in *Untersuchung*.
Auch in diesen Fällen kann keine allgemeine Empfehlung gegeben werden: Es geht um eine Abwägung, ob der Vorteil der Wortgliederung (der die Wahrnehmung erleichtert) oder der Nachteil möglicher Fehlinterpretationen (der sich also ggf. negativ auf die Wortverarbeitung auswirkt) überwiegt.

Hinweis: Der Mediopunkt ist nicht auf der normalen Tastatur zu finden. Es handelt sich um das Zeichen 00B7 in Unicode und ASCII. Sie erzeugen den Mediopunkt in Word über den Menüpunkt Einfügen > Symbole. Beachten Sie auch noch Folgendes: Die Prüfprogramme der einschlägigen Textverarbeitungsprogramme erkennen den Mediopunkt nicht als korrektes Zeichen an. Die mit dem Mediopunkt geschriebenen Wörter werden also die Rechtschreibprüfung nicht bestehen. Sie bereiten auch Probleme bei der maschinellen Übersetzung. Hier sind in der Zukunft Anpassungen der Software nötig.

Empfehlungen: Komplexe Wörter

- Um die Leser(innen) beim Wortlesen zu entlasten, sollten Sie in Leichter Sprache komplexe Wörter gliedern.
- Verwenden Sie dafür am besten den Mediopunkt.
- Verwenden Sie den Bindestrich nur dort, wo er den orthografischen Regeln der Standardsprache entspricht.
- Für die Frage, an welchen Stellen genau der Mediopunkt gesetzt werden sollte, gibt es zwar keine Patentlösungen, aber geeignete Kriterien, die Sie Ihren konkreten Entscheidungen zugrunde legen können:
  - Wortlänge (S. 97 f.)
  - innere Wortstruktur (S. 98 f.)
  - Bedeutung des Gesamtausdrucks (S. 99)
  - Bedeutung der Teilausdrücke (S. 99)

7. Was müssen Sie auf Satzebene beachten?

Die wichtigste Regel für Sätze in Leichter Sprache ist, dass pro Satz nur eine Aussage zulässig ist. So fordern es die Netzwerkregeln (»Machen Sie in jedem Satz nur eine Aussage«, BMAS 2013, S. 44) und Inclusion Europe (»Schreiben Sie nur einen Gedanken in einen Satz«, Inclusion Europe 2009, S. 17).

Damit sind Nebensätze jeder Art verboten. Die Bedeutungen, die von ihnen ausgehen, z. B. Kausalität *(weil)*, Temporalität *(als/bevor)* oder Konzessivität *(obwohl)*, müssen auf andere Art ausgedrückt werden. Darüber hinaus sollten Sie sparsam mit Reihungen innerhalb von Sätzen umgehen (z. B. *Hannover, Braunschweig, Hildesheim und Göttingen sind Städte in Niedersachsen*).

Ein erster, wichtiger Schritt ist also die Auflösung von komplexen Sätzen in einfache Sätze (s. Kap. 7.1 und Kap. 7.2).

Doch auch in einfachen Sätzen können Verstehenshürden stecken: So finden wir in der Erbrechtsbroschüre des Niedersächsischen Justizministeriums z. B. folgenden Satz:

> Aufgrund des Benachrichtigungswesens in Nachlasssachen ist dann auch sichergestellt, dass das Testament nach dem Erbfall eröffnet wird und die Erben Nachricht erhalten. (ERB-A, S. 17)

Gerade in Fach- oder Verwaltungssprachen ist der Anteil von **Nominalkonstruktionen** *(aufgrund des Benachrichtigungswesens)* besonders hoch. Sie müssen in Leichter Sprache in Satzform wiedergegeben werden. Mögliche Übertragungsstrategien behandeln wir in Kap. 7.3. Dort gehen wir auch auf den Meister der nominalen Komplexität, den **Genitiv**, ein, der in Leichter Sprache ganz verboten ist, und zeigen Ihnen, wie Sie ihn ohne oder mit nur geringen Bedeutungsverlusten vermeiden können.

Bei dem Versuch, Nominalkonstruktionen in Sätze aufzulösen, stößt man häufig auf ein weiteres Problem – es fehlt darin meist der Handlungsträger: In *aufgrund des Benachrichtigungswesens* erfährt man nichts darüber, wer die Erben benachrichtigt. Bei der Umformung in einen Satz müsste man hier also auf das **Passiv** ausweichen *(die Erben werden benachrichtigt)*.

Jedoch ist das Passiv in Leichter Sprache nicht bzw. nur in sehr seltenen Ausnahmefällen erlaubt. Denn mit dem Passiv wird die Konzentration auf das (abstrakte) Geschehen, nicht auf die (konkrete) Handlung gerichtet, was Leser(innen) vor größere Herausforderungen stellt. Ein weiteres Unterkapitel widmet sich deshalb dem Passiv und der Frage, wie man es vermeiden kann (s. Kap. 7.4).

Die wichtigsten Strategien der Übersetzung des **Konjunktivs**, mit dem man sich ja nur indirekt auf die Welt beziehen kann und der deshalb in Leichter Sprache verboten ist, zeigen wir in Kap. 7.5.

Außerdem dürfen Sie in Leichter Sprache nicht alle Zeitformen nutzen: Erlaubt sind Präsens und Perfekt, nicht aber **Präteritum** oder **Futur**. Warum das so ist, was daraus für die Leichte Sprache folgt und welche Strategien zur Kompensation nicht erlaubter Tempusformen zur Verfügung stehen, besprechen wir in Kap. 7.6.

Auch mit **Verneinungen** müssen Sie in Leichter Sprache sorgfältig umgehen: Sie nehmen Bezug auf Dinge, die nicht existieren, und sind deshalb schwerer zu verarbeiten als nicht verneinte Sätze. Warum sich Verneinungen aber nicht überall vermeiden lassen und wie sie in Leichter Sprache, wenn sie gebraucht werden, möglichst verständnisförderlich eingesetzt werden können, zeigen wir in Kap. 7.7.

Wenn Sie auf Satzebene alle Verstehenshürden aus dem Weg geräumt haben, d. h. alle oben stehenden Ver- und Gebote berücksichtigt haben, entstehen im Optimalfall

> **einfache Sätze** (statt Satzgefüge oder Reihungen)
> im **Verbalstil** (statt im Nominalstil),
> die **direkt** (statt indirekt)
> und **handlungsorientiert** (statt geschehensorientiert)
> vom **Hier-und-Jetzt** aus (statt von fernen Zeitpunkten aus)
> auf die **gegebene Welt** (statt auf nicht Existentes) Bezug nehmen.

Sätze dieser Art geben zwar noch immer keine Verständlichkeitsgarantie. Wenn Sie diese Anforderungen einhalten, haben Sie aber allen bekannten Verstehenshürden (s. Kap. 4) vorgebeugt:

- Mit einfachen Sätzen im Verbalstil erfüllen Sie das Gebot der maximalen **grammatischen Einfachheit**.
- Mit der direkten, handlungsorientierten Bezugnahme auf die gegebene Welt erfüllen Sie das Gebot der maximalen **inhaltlichen Einfachheit**.

In einem letzten Schritt stellt sich dann noch die Frage, wie man die Wörter in Sätzen anordnen soll: In Kap. 7.8 zeigen wir deshalb, mit welcher **Wortreihenfolge** Sie das Verständnis von Sätzen in Leichter Sprache weiter optimieren können.

7.1 Komplexe und einfache Sätze

Einfache Sätze enthalten nur eine, möglichst vollständige Information. Sie weisen keine Nebensätze auf und enthalten keine oder nur wenige Reihungen.
Die überwiegende Mehrheit von Sätzen in Ausgangstexten entspricht dem Kriterium der Einfachheit nicht. Ein Beispiel:

(1) Nur wer die Grundzüge des Erbrechts kennt, kann entscheiden, ob er ein Testament errichten und welchen Inhalt es haben sollte.
(ERB-A, S. 3)

Dieser Satz besteht aus vier Informationen: 1. Kenntnis der Grundzüge des Erbrechts, 2. jemand kann etwas entscheiden, 3. Errichten eines Testaments und 4. Inhalt des Testaments.

In einer Übersetzung in Leichte Sprache müssen alle Informationen in einzelne Sätze gebracht werden. Zugleich aber müssen die Bedeutungsverhältnisse, die im Ausgangstext durch die Nebensatzstrukturen ausgedrückt sind (z. B. Bedingung/Folge, indirekte Fragen, Reihung), mit Mitteln transportiert werden, die in Leichter Sprache erlaubt sind. Eine mögliche Übersetzung sieht wie folgt aus:

(1‘) Lesen Sie die Informationen über das Erb·recht.
Dann können Sie entscheiden:
– Soll ich ein Testament machen?
– Und was soll in meinem Testament stehen?

Das Bedeutungsverhältnis zwischen dem Bedingungssatz und dem Folgesatz haben wir hier mit *dann* wiedergegeben. Die indirekten Fragesätze haben wir in direkte Fragesätze umgewandelt, ihr Verhältnis zum Hauptsatz durch einen Doppelpunkt und Einrückungen verdeutlicht, die Reihung von Information 3 und 4 mit *und* sowie mit Aufzählungszeichen.

Die erste Arbeit an einem Satzgefüge hat bereits wichtige Übersetzungsstrategien verdeutlicht:

- Isolieren Sie zunächst die Einzelinformationen, die in einem Satzgefüge stecken.
- Rekonstruieren Sie dann die Bedeutungsverhältnisse, die in den Satzgefügen des Ausgangstexts ausgedrückt sind (z. B. Bedingungen/Folgen, indirekte Fragen, Reihungen).

- Drücken Sie diese Verhältnisse mit Mitteln aus, die in Leichter Sprache erlaubt sind:
  - Wörter, die die Hauptsatzstruktur erhalten (z. B. Adverbien wie *dann* oder *deshalb* oder Konjunktionen wie *und* oder *aber*)
  - Satzarten (z. B. Fragesätze)
  - Interpunktionszeichen (z. B. das Fragezeichen oder der Doppelpunkt)
  - typografische Mittel (z. B. Absätze, Einrückungen, Aufzählungszeichen)

Wir besprechen im Folgenden vier Nebensatztypen, schlüsseln auf, was sie bedeuten, und machen Vorschläge, wie diese Bedeutungen in Leichter Sprache wiedergegeben werden können.

Adverbiale Nebensätze, z. B. temporale *(nachdem)* oder konzessive *(obwohl)*, die in bestimmten inhaltlichen Beziehungen zu ihren Hauptsätzen stehen, besprechen wir in Kap. 7.1.1.

Relativsätze reichern die Bedeutung von Bezugsausdrücken in Sätzen an (z. B. *Der Ehemann, der von seiner Frau getrennt lebt …*). Wie solche Informationsstrukturen in Leichter Sprache dargestellt werden können und was dabei zu beachten ist, besprechen wir in Kap. 7.1.2.

Ein dritter wichtiger Nebensatztyp ist der Ergänzungssatz, der Teile aus dem Hauptsatz, beispielsweise ein Verb oder ein Substantiv, inhaltlich füllt (z. B. *Er weiß, dass Helga nichts erbt*). Was Sie bei der Bearbeitung solcher Strukturen in Leichter Sprache beachten sollten, behandeln wir in Kap. 7.1.3.

Zuletzt zeigen wir Ihnen, was bei Infinitivsätzen (*Das Hörgerät ermöglicht es Ihnen, an normalen Gesprächen teilzunehmen*) zu beachten ist (s. Kap. 7.1.4).

Am Ende stellen wir Ihnen den Fünfschritt für die Übertragung von Satzgefügen in einfache Sätze vor (s. Kap. 7.1.5). Weiterführende Erläuterungen zur Bearbeitung von Sätzen in Leichter Sprache erhalten Sie im Grundlagenwerk (Kap. 10).

7.1.1 Adverbiale Nebensätze

Adverbiale Nebensätze werden mit Subjunktionen eingeleitet. Die folgende Tabelle gibt Ihnen einen Überblick über die wichtigsten Subjunktionen und ihre Bedeutung:

Bedeutung:	typische Subjunktionen:
konditional (Bedingung)	*wenn, falls*
kausal (Begründung)	*weil, da*
final (Zweck)	*damit*
konsekutiv (Folge)	*sodass*
konzessiv (Erwartungswidrigkeit)	*obwohl*
temporal (Zeitfolge)	*als, während, nachdem, bevor*
adversativ (Gegensatz)	*während, anstatt*

Konditionale Satzgefüge

In konditionalen Satzgefügen werden Haupt- und Nebensatz als Bedingung und Folge aufeinander bezogen. Das wichtigste standardsprachliche Mittel dafür ist *wenn*. Die Verwendung von *wenn* führt jedoch zu Problemen: Wenn Sie *wenn*-Sätze mit einem Punkt von ihrem Hauptsatz trennen, entsteht nicht einfach nur falsches Deutsch; hier können sogar ganz falsche Interpretationen die Folge sein:

(2) *Die Ehefrau ist vom Erbe ausgeschlossen.
*Wenn der Ehemann einen Scheidungsantrag gestellt hat.

Wer den zweiten Satz nicht auf den ersten Satz bezieht, erhält die Information, dass Ehefrauen nichts erben. Gesagt werden soll aber, dass sie unter bestimmten Bedingungen nichts erben. Vermeiden Sie in Leichter Sprache also unbedingt isolierte *wenn*-Sätze.

Im vorliegenden Fall bietet es sich an, die Information aus dem *wenn*-Satz in Form eines Fragesatzes oder in Form eines Aussagesatzes mit *vielleicht* an den Anfang zu stellen und den Folgesatz mit *dann* anzuschließen:

(2‘) Hat der Ehemann einen Scheidungsantrag gestellt?
Dann ist die Ehefrau vom Erbe ausgeschlossen.

(2“) Der Ehemann hat vielleicht einen Scheidungsantrag gestellt.
Dann ist die Ehefrau vom Erbe ausgeschlossen.

Kausale Satzgefüge

Begründungen, mit denen Sachverhalte in ein Ursache-Wirkungs-Verhältnis zueinander gebracht werden, gehören zu den wichtigsten Bedeutungsrelationen überhaupt. Sie werden mit standardsprachlichen Satzgefügen mit *weil* oder *da* ausgedrückt.

(3) Die Partnerin des Verstorbenen erbt nicht, weil sie nicht mit ihm verheiratet war und auch nicht mit ihm verwandt ist. (ERB-A, S. 12)

Da in Leichter Sprache keine Nebensätze verwendet werden dürfen, wandeln Sie den *weil*-Satz unter Zuhilfenahme des Adverbs *deshalb* in einen Hauptsatz um:

(3‘) **Wer erbt die Sachen von Otto?**
Otto und Doris waren **nicht** verheiratet.
Und Otto und Doris waren **nicht** verwandt.
Deshalb erbt Doris **nichts**.

Anmerkung: Wir haben hier die Strategie genutzt, Rollenträger (Partnerin, Verstorbener) durch Eigennamen zu ersetzen (s. Kap. 6.1.3)

Statt *deshalb* könnte an dieser Stelle beispielsweise auch *also*, *aus diesem Grund*, *daher*, *demnach*, *darum*, *deswegen*, *folglich* oder *mithin* eingesetzt werden. Sie sollten in Leichter Sprache aber darauf verzichten und stets *deshalb* verwenden, denn die Regel »Gleiche Wörter für gleiche Dinge« gilt in übertragener Form auch für Adverbien. Verwenden Sie daher immer die gleichen Adverbien zum Ausdruck bestimmter Satzbeziehungen.

Besondere Vorsicht ist bei mehrdeutigen Wörtern wie *darum* geboten: *Ich bitte darum, mich rechtzeitig zu informieren. Er wohnt in einem Haus mit einem Garten darum.* Wenn Sie sich nicht sicher sind, welches Adverb das beste ist, wählen Sie den zentralen Vertreter (s. Kap. 6.1).

Wenn Sie hier die Informationsreihenfolge umkehren wollen, können Sie *nämlich* verwenden:

(3“) **Wer erbt die Sachen von Otto?**
Doris erbt **nichts**.
Doris war nämlich **nicht** mit Otto verheiratet.
Und Doris war **nicht** mit Otto verwandt.

Von der Beibehaltung von *weil* in Leichter Sprache raten wir dagegen ab. Schreiben Sie also nicht:

(3''') **Wer erbt die Sachen von Otto?**
Doris erbt **nichts**.
*Weil Doris und Otto **nicht** verheiratet waren.
Und weil Doris und Otto **nicht** verwandt waren.

Wenn Sie einen *weil*-Satz mit dem Punkt vom Hauptsatz trennen, entsteht ein ungrammatischer Satz. Schon wegen der Gefahr der Stigmatisierung durch Leichte Sprache ist aber die Verwendung von korrektem Deutsch geboten (s. Kap. 1).

Finale Satzgefüge

In finalen Satzgefügen besteht eine Zweck-Mittel-Relation zwischen Haupt- und Nebensatz. Das Mittel wird im Hauptsatz, der Zweck im Nebensatz ausgedrückt:

(4)	Karl lernt die ganze Nacht,	damit er die Prüfung besteht.
	= Mittel	= Zweck

Übersetzen können Sie auch diese Relation mit *deshalb*. Beachten Sie dabei aber, dass der Zweck nachzeitig, das Mittel vorzeitig ist. Der Zwecksatz kann also nicht einfach als Aussagesatz der Gegenwart wiedergegeben werden; er enthält ja nicht einfach eine wahre Aussage. Sie können also nicht sagen:

(4') *Karl besteht die Prüfung.
Deshalb lernt Karl die ganze Nacht.

Außerdem steckt in dem Zwecksatz immer auch die Information über denjenigen, der den Zweck erreichen will. Wir nehmen an, dies sei im vorliegenden Fall Karl selbst. Eine mögliche Übersetzung sähe dann wie folgt aus:

(4'') Karl will die Prüfung bestehen.
Deshalb lernt Karl die ganze Nacht.

Nun kann es aber sein, dass der Wille, den Zweck zu erreichen, gar nicht von Karl, sondern von anderen ausgeht, z. B. von seinen Eltern:

(4''') Karl soll die Prüfung bestehen.
Die Eltern von Karl wollen das.
Deshalb lernt Karl die ganze Nacht.

Beachten Sie deshalb bei Finalsätzen immer den Kontext und arbeiten Sie heraus, von wem der Wille zur Zweckerreichung ausgeht. Dazu noch ein weiteres Beispiel (kritischer Satz unterstrichen):

(5) Sie dürfen ihn [d.h. den Text des Testaments] nicht von jemand anderem schreiben lassen und Sie dürfen ihn auch nicht mit der Schreibmaschine oder dem PC schreiben. Wenn Sie das nicht beachten, ist das Testament ungültig. Auch Ort und Datum sollten Sie handschriftlich angeben. <u>Damit keine Verwechslungen möglich sind, sollten Sie mit Vornamen und Familiennamen unterschreiben.</u>
(ERB-A, S.17)

Hier stellt sich die Frage, wer von der Verwechslungsgefahr betroffen ist, wer also den Zweck (keine Verwechslung) erreichen will. Weil Testamente von Amtsgerichten eröffnet werden, ist hier folgende Übersetzung der Finalkonstruktion sinnvoll:

(5') Das Amtsgericht muss Ihre Unterschrift erkennen.
Das Amtsgericht muss genau wissen:
  Das ist Ihre Unterschrift.
  Das ist **nicht** die Unterschrift von jemand anderem.
Schreiben Sie deshalb Ihren ganzen Namen.
Das heißt:
  Schreiben Sie Ihren Vornamen.
  Und schreiben Sie Ihren Nachnamen.

Konsekutive Satzgefüge

Mit konsekutiven Nebensätzen wird eine Folge oder eine Wirkung des Sachverhalts aus dem übergeordneten Satz angegeben. Als wichtigste Subjunktion ist hier *sodass* zu nennen. *Sodass* kann auch aufgeteilt erscheinen *(so …, dass)*:

(6) Ihr behandelnder Arzt wird versuchen, Ihre Symptome <u>so</u> zu verbessern, <u>dass</u> Sie eine möglichst niedrige Stufe erreichen und diese so lange wie möglich halten. (PAH-A, S.5)

(7) Diese Broschüre wurde so aufgebaut, dass Sie diese entweder komplett durchlesen oder immer mal wieder einzelne Abschnitte lesen können. (PAH-A, S. 3)

In Leichter Sprache gibt es hier keine Standardlösung. Wichtig ist es, die Art der Relation zu verdeutlichen. In Beispiel (6) ist die Folge aus dem übergeordneten Satz, dass der Krankheitsverlauf verlangsamt wird. Da dies für die Textaussage im Vordergrund steht, beginnt die Übersetzung mit diesem Aspekt:

(6') Sie wollen eine niedrige Stufe von der PAH haben.
Und Sie wollen die niedrige Stufe von der PAH lange behalten.
Dabei bekommen Sie Hilfe:
Ihr Arzt kann die Symptome verbessern.

In Beispiel (7) wird dagegen die Motivation für die Struktur der Broschüre angegeben – Folge ihres Aufbaus sind unterschiedliche Lesemöglichkeiten. In der Übersetzung wird dies an die Oberfläche geholt:

(7') Die Broschüre hat verschiedene Teile.
Sie können die Broschüre ganz durchlesen.
Oder Sie können die Teile von der Broschüre einzeln lesen.

Konzessive Satzgefüge

Mit Konzessivgefügen wird ausgedrückt, dass etwas gilt, was nicht erwartet werden konnte.

(8) Die Ehefrau wird Miterbin, obwohl sie vom Erblasser getrennt gelebt hat. (ERB-A, S. 13)

Für eine Übersetzung in Leichte Sprache steht das Adverb *trotzdem* bereit. Beachten Sie dabei auch die Reihenfolge: Die Information aus dem *obwohl*-Satz muss vor der Information aus dem Hauptsatz stehen. Eine mögliche Übersetzung könnte hier also wie folgt aussehen:

(8') Helga und Otto sind verheiratet.
Otto stirbt.
Helga und Otto haben getrennt / **nicht** zusammen gelebt.
Trotzdem erbt Helga etwas von den Sachen von Otto.

Anmerkung: Wir haben uns auch hier dafür entschieden, die abstrakten Rollenbezeichnungen durch Eigennamen (*Helga* und *Otto*) zu ersetzen (s. Kap. 6.1.3).

In manchen Fällen kann es sinnvoll sein, die Erwartung, die im Konzessivgefüge steckt, in der Übersetzung ausdrücklich zu nennen:

(9) Obwohl heute Sonntag ist, haben viele Geschäfte geöffnet.

(9‘) Heute ist Sonntag.
Am Sonntag sind die Geschäfte normalerweise **nicht** offen.
Aber heute sind trotzdem viele Geschäfte offen.

Temporale Satzgefüge

Temporalsätze bringen den Haupt- und den Nebensatz in eine zeitliche Folge. Diese kann vorzeitig wie in Satz (10), nachzeitig wie in Satz (11) oder gleichzeitig wie in Satz (12) sein.

Vorzeitigkeit:
(10) Das Amtsgericht wird, <u>nachdem</u> es von einem Todesfall erfahren hat, ein dort aufbewahrtes oder abgeliefertes Testament eröffnen. (ERB-A, S. 26)

Das Geschehen des Nebensatzes (Todesfall), tritt vor dem Geschehen des Hauptsatzes ein (Testamentseröffnung).

Nachzeitigkeit:
(11) Bitte wenden Sie sich an uns, <u>bevor</u> Sie Anträge abschicken. (PAH-A, S. 15)

Das Geschehen des Nebensatzes (Antrag abschicken) tritt (optimalerweise) erst dann ein, wenn das Geschehen des Hauptsatzes (Beratung) abgeschlossen ist.

Gleichzeitigkeit:
(12) <u>Während</u> Sie diese Broschüre durchlesen, notieren Sie sich die Dinge, die Ihnen durch den Kopf gehen. (PAH-A, S. 11)

Das Geschehen des Nebensatzes (die Broschüre durchlesen) geschieht simultan zum Geschehen des Hauptsatzes (sich Dinge notieren).

Wenn es die Textsorte zulässt, folgen Sie bei Ihrer Übersetzung der natürlichen Chronologie der Ereignisse; schreiben Sie – bei Vor- und Nachzeitigkeit – also zuerst das frühere, dann das spätere Ereignis auf. Verknüpfen Sie das zeitliche Folgeverhältnis mit *dann*, ggf. auch mit *zuerst ... dann*:

(10‘) Das Amtsgericht erfährt von einem Todesfall.
Dann eröffnet das Amtsgericht das Testament.

(11‘) Sie wollen einen Antrag stellen?
Bitte sprechen Sie zuerst mit uns.
Schicken Sie erst dann Ihren Antrag ab.

Manche Textsorten erlauben es nicht umstandslos, das Prinzip der natürlichen Chronologie der Ereignisse einzuhalten. Dazu gehören zum Beispiel Nachrichtentexte, in denen zuerst das Ergebnis eines Ereignisses und dann erst dessen Zustandekommen dargestellt ist.

(13) Im Prozess um den tödlichen Massenunfall im Sandsturm bei Rostock im April 2011 ist ein 53-jähriger Lkw-Fahrer wegen fahrlässiger Tötung zu einer Geldstrafe von 3600 Euro verurteilt worden. [...] (SAND-A)

Es folgt der Bericht über den Unfall. Folgen Sie in solchen Fällen, abweichend von der natürlichen Chronologie, der Textsorte (s. Kap. 8.2.1).

(13‘) **Unfall im Sand·sturm: Geld·strafe für Lkw-Fahrer**
Vor 4 Jahren gab es bei Rostock einen schweren Unfall.
Jetzt hat das Gericht einen Lkw-Fahrer angeklagt.
Und das Gericht hat den Lkw-Fahrer verurteilt.
Jetzt muss der Lkw-Fahrer eine Geld·strafe bezahlen.

Der Unfall
Der Unfall war im April 2011.
[...]
(SAND-L, abgewandelt)

Anmerkung: Die Hilfsverben *haben* und *sein* und in einigen Fällen auch *geben (es gab)* dürfen in Leichter Sprache im Präteritum stehen (s. Kap. 7.6).

Der seltenste Fall ist die Gleichzeitigkeitsrelation. Meistens verbergen sich in solchen Konstruktionen ohnehin ganz andere Bedeutungsverhältnisse: Die meisten *während*-Sätze sind nicht temporal, sondern adversativ, drücken also Entgegengesetztes bzw. Gegensätzliches aus. Wir behandeln sie deshalb zusammen mit den adversativen Satzgefügen.

Adversative Satzgefüge

Mit Satz (14) ist ein echt temporales Gleichzeitigkeitsverhältnis ausgedrückt, mit Satz (15) eine Gegensatzrelation.

(14) Bewegen Sie Ihren Kopf nicht, während das Hörgerät angepasst wird.

(15) Der Hörverstärker kann ohne fremde Hilfe benutzt werden, während das Hörgerät angepasst wird.

Die Übersetzung der Gleichzeitigkeitsrelation gelingt oft besser, wenn Sie die zeitlichen Verhältnisse ausdrücklich benennen (hier gefettet):

(14‘) Ein Fach·mann passt Ihnen das Hör·gerät an.
Halten Sie Ihren Kopf **in dieser Zeit** ganz still.
Dann kann der Fach·mann besser arbeiten.

Bei der Wiedergabe adversativer Verhältnisse ist häufig *aber* oder eine Negation (oder beides) sinnvoll:

(15‘) Sie brauchen ein Hör·gerät oder einen Hör·verstärker?
Das Hör·gerät können Sie **nicht** ohne fremde Hilfe benutzen.
Ein Fach·mann muss das Hör·gerät anpassen.
Den Hör·verstärker können Sie ohne fremde Hilfe benutzen.
Dafür brauchen Sie **keinen** Fach·mann.

Manchmal treten adversative Verhältnisse auch innerhalb von einfachen Sätzen auf. Zerlegen Sie diese Sätze in einzelne Informationen und arbeiten Sie das adversative Verhältnis mit *aber* oder, wie hier, mit einer Verneinung heraus:

(16) Bei Lust auf Süßes essen Sie statt Schokolade lieber einen Apfel.

(16‘) Sie haben Lust auf etwas Süßes?
Essen Sie **keine** Schokolade.
Essen Sie lieber einen Apfel.

Empfehlungen: Adverbiale Nebensätze

Zur Wiedergabe der Bedeutungen, die in der Standardsprache mit Subjunktionen wiedergegeben sind, empfehlen wir folgende Ersetzungsmuster:

Bedeutung:	Standardsprache:	Leichte Sprache:
konditional (Bedingung)	*wenn, falls*	Fragesatz oder Aussagesatz mit *vielleicht*
kausal (Begründung)	*weil, da*	*deshalb* oder *nämlich*
final (Zweck)	*damit*	*deshalb* (unter Beachtung der Zweckerreichung und von wem der Wille zur Zweckerreichung ausgeht)
konsekutiv (Folge)	*sodass*	individuelle Lösung
konzessiv (Erwartungswidrigkeit)	*obwohl*	*trotzdem*
temporal (Zeitfolge)	*als, während, nachdem, bevor*	wenn möglich: natürliche Chronologie, *dann*-Verknüpfungen
adversativ (Gegensatz)	*während, anstatt*	*aber* und/oder Verneinung

7.1.2 Relativsätze

Mit Relativsätzen werden Bezugsausdrücke genauer charakterisiert. Dabei gibt es verschiedene Relativsatztypen, die auch in Leichter Sprache unterschiedlich behandelt werden müssen.

Im folgenden Ausgangsbeispiel (17) enthält der Relativsatz eine Art Erläuterung zum Bezugsausdruck *den neuen Toyota*. Der Hauptsatz hätte aber auch ohne den Relativsatz keine andere Bedeutung:

(17) Den neuen Toyota, der mehr als 20 000 Euro kostet, können sich die wenigsten leisten.

Das ist anders beim folgenden Relativsatz (18). Wenn er weggelassen würde, ergäbe sich ein anderer Sinn:

(18) Ein Auto, das mehr als 20 000 Euro kostet, können sich die wenigsten leisten.

Dieser Relativsatz gibt nicht einfach eine Zusatzinformation, sondern schränkt die Menge der Autos, die sich die wenigsten leisten können, auf solche ein, die über 20 000 Euro kosten. Diese Sorte Relativsatz wird deshalb **restriktiv** (einschränkend) genannt. Mit dem Relativsatz in Beispiel (17) wird keine Einschränkung vorgenommen; er heißt **nicht-restriktiv**.

Hinweis: Ob es sich in einem konkreten Fall um einen restriktiven oder einen nicht-restriktiven Relativsatz handelt, erkennen Sie mit einem einfachen Trick:
Lässt sich der Relativsatz mit *übrigens* erweitern oder ganz streichen, ohne dass die Bedeutung des Hauptsatzes verfälscht wird, handelt es sich um einen nicht-restriktiven Relativsatz. Führt das Einfügen von *übrigens* oder die Streichung zu einer Bedeutungsverfälschung, handelt es sich um einen restriktiven Relativsatz.

Hier noch zwei Beispiele:

nicht-restriktiver Relativsatz:

(19) Grundsätzlich erben die Verwandten und der Ehegatte (der [übrigens] ja nicht blutsverwandt ist). Von den Verwandten erben nur jeweils die mit dem nächsten Verwandtschaftsgrad. (ERB-A, S. 5)

restriktiver Relativsatz:

(20) Hat jemand, der (*übrigens) kein Testament gemacht hat, keinen Ehegatten hinterlassen und können auch Verwandte nicht ermittelt werden, tritt an letzter Stelle der Staat als Erbe ein. (ERB-A, S. 5)

Auch Informationen aus Relativsätzen müssen Sie in Leichter Sprache in Einzelsätze bringen. Dabei gelten bei den restriktiven und den nicht-restriktiven verschiedene Bedingungen.

Beim nicht-restriktiven Relativsatz sind Sie in Bezug auf die Reihenfolge, in der Sie die Einzelinformationen einbringen, frei. Sie können also wie unter (17‘) oder wie unter (17“) formulieren:

(17‘) Viele Menschen können den neuen Toyota **nicht** kaufen.
Der neue Toyota kostet nämlich mehr als 20 000 Euro.
20 000 Euro ist für viele Menschen zu viel Geld.

(17“) Der neue Toyota kostet mehr als 20 000 Euro.
Deshalb können viele Menschen den neuen Toyota **nicht** kaufen.
Der neue Toyota ist für die Menschen zu teuer.

Bei restriktiven Relativsätzen sind Sie bei der Reihenfolge festgelegt. Bringen Sie hier die Information aus dem Relativsatz an den Anfang:

(18‘) Manche Autos kosten mehr als 20 000 Euro.
Viele Menschen können diese Autos **nicht** kaufen.
Diese Autos sind für die Menschen zu teuer.

Neben den restriktiven und den nicht-restriktiven Relativsätzen stehen in Ausgangstexten häufig auch sogenannte Satzrelativsätze wie unter (21):

(21) Der neue Toyota kostet 20 000 Euro, was den meisten Menschen zu teuer ist.

Der Relativsatz bezieht sich dann nicht auf einen einzelnen Ausdruck aus dem Hauptsatz, sondern auf den Hauptsatz als Ganzes. Bei einer Übersetzung in Leichte Sprache können Sie hier mit dem Pronomen *das* arbeiten:

(21‘) Der neue Toyota kostet 20 000 Euro.
Das ist für die meisten Menschen zu teuer.

Empfehlungen: Relativsätze

Um die Informationen aus Relativsätzen in einzelnen Sätzen auszudrücken, ermitteln Sie vorher, um welche Art von Relativsatz es sich handelt. Wenn Sie sich nicht sicher sind, verwenden Sie die Probe mit *übrigens* oder die Wegstreichprobe.

- Bei restriktiven Relativsätzen schreiben Sie die Information aus dem Relativsatz an den Anfang Ihrer Übersetzung.
- Bei nicht-restriktiven Relativsätzen können Sie entscheiden, wo die Information aus dem Relativsatz steht.
- Satzrelativsätze greifen Sie am besten mit dem Pronomen *das* auf. Die Information aus dem Relativsatz steht dabei nach der Information aus dem Hauptsatz.

7.1.3 Ergänzungssätze

Wenn das Prädikat nicht mit einem normalen Objekt, sondern mit einem Satz ergänzt wird, spricht man von Ergänzungssätzen. Im folgenden Satz wird das Prädikat *wissen* mit dem Satz *dass sich viele Menschen …* ergänzt.

(22) Der Vorstand weiß, dass sich viele Menschen den neuen Toyota nicht leisten können.

Wie adverbiale Nebensätze (s. Kap. 7.1.1) und Relativsatzgefüge (s. Kap. 7.1.2) müssen Sie auch Ergänzungssatzgefüge in Einzelsätze auflösen.

Dabei können Sie ganz generell so vorgehen, dass Sie die Information aus dem Hauptsatz mit einem Doppelpunkt an den Anfang stellen und die Information aus dem Ergänzungssatz anschließen:

(22‘) Die Chefs von der Firma Toyota wissen:
Viele Menschen können den neuen Toyota **nicht** kaufen.
Der neue Toyota ist für die Menschen zu teuer.

Unterscheiden Sie dabei drei verschiedene Ergänzungssatztypen:

- Ergänzungssätze mit *dass* (Beispiel 22)
- Ergänzungssätze mit *ob* (Beispiel 23)
- Ergänzungssätze mit einem *w*-Wort (Beispiele 24 und 25).

Sätze mit *dass* übersetzen Sie wie in Beispiel (22‘) mit einfachen Hauptsätzen. Ergänzungssätze mit *ob* lassen sich in einfache Fragesätze ohne Fragewort bringen:

(23) Denken Sie darüber nach, ob Sie diese Liste den wichtigen Menschen in Ihrem Leben zur Verfügung stellen.

Schreiben Sie also wie folgt:

(23‘) Überlegen Sie:
Soll jemand aus meiner Familie die Liste bekommen?
Zum Beispiel meine Mutter oder mein Vater?
Oder meine Schwester oder mein Bruder?

Ergänzungssätze mit *w*-Wort wandeln Sie in Fragesätze mit Fragewort um:

(24) Nun müssen Sie bedenken, was in Ihrem Testament geregelt werden soll.

(25) Denken Sie aber bitte daran, wer welche einzelnen Gegenstände bekommen soll.

(24') Überlegen Sie:
Was soll in Ihrem Testament stehen?

(25') Denken Sie auch daran:
Sie haben viele verschiedene Sachen.
Wer soll die verschiedenen Sachen erben?
Zum Beispiel:
Ihre Mutter soll ein besonderes Buch erben?
Oder Ihre Schwester soll einen besonderen Ring erben?
Schreiben Sie das in Ihrem Testament auf.

Manchmal hängen Ergänzungssätze nicht vom Prädikat ab, sondern von einem Substantiv aus dem Hauptsatz, im folgenden Beispiel *Überprüfung*:

(26) Leberfunktionstests (LFT) – Blutuntersuchungen zur Überprüfung, wie gut Ihre Leber arbeitet. (Internetbeleg)

Substantive, die Ergänzungssätze nach sich ziehen, sind sehr oft von Verben abgeleitet (hier: *Überprüfung – überprüfen*). Wandeln Sie in diesem Fall zuerst das Substantiv in ein Verb um und wenden Sie dann die Übersetzungsstrategien von oben an:

(26') Ihr Arzt macht einen Leber·funktions·test mit Ihnen.
Das heißt:
Ihr Arzt überprüft:
Wie gut arbeitet Ihre Leber?
Dafür braucht Ihr Arzt Blut von Ihnen.

Anmerkung: Manche Ergänzungssätze in Ausgangstexten sind komplex, ohne dass alle Informationen zum Verständnis wichtig wären. Hier ein Beispiel:

(27) Sie haben vielleicht gehört, wie Ihr Arzt den Begriff »Funktionelle Klasse« oder »Funktionsklasse« erwähnt hat. (PAH-A, S. 5)

Verzichten Sie in diesen Fällen auf eine komplette Übertragung. Schreiben Sie einfach:

(27') Ihr Arzt hat vielleicht das Wort Funktions·klasse gesagt.

Empfehlungen: Ergänzungssätze

- Stellen Sie bei Ergänzungssatzgefügen den Hauptsatz mit einem Doppelpunkt voran und schließen Sie den Ergänzungssatz an.
- Achten Sie dabei auf die Form des Ergänzungssatzes:
  - *dass*-Sätze bringen Sie in einfache Hauptsätze.
  - *ob*-Sätze bringen Sie in einfache Fragesätze.
  - *w*-Sätze bringen Sie in einen *w*-Fragesatz.

7.1.4 Infinitivsätze

Verwandt mit Ergänzungssätzen sind Infinitivsätze; sie können häufig ganz analog behandelt werden. Schreiben Sie die Information aus dem Hauptsatz mit Doppelpunkt an den Anfang und fügen Sie die Information(en) aus dem Infinitivsatz an.

(28) Eventuell wird es Ihnen helfen, Kontakt zu einer lokalen oder nationalen PAH-Selbsthilfegruppe aufzunehmen und dort mit anderen Betroffenen zu sprechen.

(28') Das hilft Ihnen vielleicht:
Besuchen Sie eine Selbst·hilfe·gruppe.
In der Selbst·hilfe·gruppe können Sie
mit anderen PAH-Patienten sprechen.

Etwas anders verhalten sich die Infinitivsätze, die mit *um*, *statt* oder *ohne* eingeleitet sind. Sie sind mit adverbialen Nebensätzen (s. Kap. 7.1.1) verwandt. Infinitivsätze mit *um* wie unter (29) sind mit Finalsätzen *(damit ...)* verwandt, Infinitivsätze mit *statt* wie unter (30) ähneln Adversativsätzen *(während, anstatt ...)*,

Infinitivsätze mit *ohne* wie unter (31) ähneln Konzessivsätzen *(obwohl ...)*. Entsprechend können Sie die dort vorgeschlagenen Strategien anwenden:

(29) Karl legt sich ins Bett, um zu schlafen.

(29‘) Karl will schlafen.
Deshalb legt sich Karl ins Bett.

(30) Karl arbeitet, statt zu schlafen.

(30‘) Karl muss schlafen.
Aber Karl schläft **nicht**.
Karl arbeitet.

(31) Karl liegt im Bett, ohne zu schlafen.

(31‘) Karl liegt im Bett.
Trotzdem schläft Karl **nicht**.

7.1.5 Fünfschritt für die Übersetzung von Satzgefügen

Welche Satzgefüge Ihnen auch immer begegnen: Der folgende Fünfschritt kann Sie dabei unterstützen, auch komplexe und vielleicht zu Beginn des Übersetzungsprozesses schwierig und undurchdringlich scheinende Konstruktionen aufzulösen und sie nach und nach der Leichten Sprache anzunähern. Wir illustrieren den Fünfschritt an folgendem Beispiel:

(32) Für den Fall, dass ein Scheidungsantrag gestellt war, wird die Ehefrau von der Erbschaft ausgeschlossen.
(ERB-A, S. 13, abgewandelt)

1. Schritt: Klären Sie inhaltliche Fragen.
Im vorliegenden Fall: Von wem muss der Scheidungsantrag ausgegangen sein? Dem Ausgangstext aus der Erbrechtsbroschüre ist zu entnehmen, dass der Scheidungsantrag vom Erblasser ausgegangen sein muss.

2. Schritt: Entflechten Sie das Satzgefüge.
Zwischenergebnis:

Der Ehemann hat einen Scheidungsantrag gestellt.
Die Ehefrau wird von der Erbschaft ausgeschlossen.

3. Schritt: Arbeiten Sie die Bedeutungsbeziehungen zwischen den entflochtenen Sätzen heraus.
Im vorliegenden Fall liegt ein konditionales Satzgefüge vor, das durch eine Formulierung mit *vielleicht – dann* oder Frage und Antwort aufgelöst werden kann (s. Kap. 7.1.1).

Zwischenergebnis:

Vielleicht hat der Ehemann einen Scheidungsantrag gestellt.
Dann ist die Ehefrau von der Erbschaft ausgeschlossen.

Anmerkung: In vielen Fällen können die Schritte 2 und 3 in einem Durchgang bearbeitet werden.

4. Schritt: Ersetzen Sie weitere nicht erlaubte Konstruktionen.
Im vorliegenden Fall ist das Passiv zu ersetzen (s. Kap. 7.4).

Zwischenergebnis:

Vielleicht hat der Ehemann einen Scheidungsantrag gestellt.
Dann erbt die Ehefrau **nichts**.

5. Schritt: Prüfen Sie die Wortwahl.
Im vorliegenden Fall wird das Fachwort *Scheidungsantrag* erklärt (s. Kap. 6.1).

Zwischenergebnis:

Vielleicht hat der Ehemann einen Scheidungsantrag gestellt.
Das heißt:
Vielleicht wollte sich der Ehemann von seiner Frau scheiden lassen.
Und der Ehemann hat dem Gericht schon gesagt:
Ich will mich von meiner Frau scheiden lassen.
Dann erbt die Ehefrau **nichts**.

Prüfen Sie abschließend, bei welchen Wörtern Sie eine innere Gliederung benötigen (s. Kap. 6.4). Im vorliegenden Fall ist sie bei drei Wörtern erforderlich: *Scheidungs·antrag, Ehe·mann, Ehe·frau.*

Ergebnis:

> Vielleicht wollte sich der Ehe·mann von seiner Frau scheiden lassen.
> Und der Ehe·mann hat schon einen Scheidungs·antrag gestellt.
> Das heißt:
>> Der Ehe·mann hat dem Gericht schon gesagt:
>>> Ich will mich von meiner Frau scheiden lassen.
>
> Dann erbt die Ehe·frau **nichts**.

Sie können an dieser Stelle die Rollenbezeichnungen *(Ehe·mann, Ehe·frau)* durch fiktive Namen ersetzen, um das Verständnis noch weiter zu erleichtern (s. Kap. 6.1.3).

Anmerkung: Um den Textzusammenhalt zu sichern, mussten im vorliegenden Fall *Frau* und *Ehefrau* benutzt werden, was gegen die Regel »Gleiche Wörter für gleiche Dinge« verstößt. Die Textfunktion hat hier aber höhere Priorität.

7.2 Reihungen

Reihungen sind Verknüpfungen von gleichrangigen Sätzen oder Satzteilen. Am einfachsten sind Reihungen mit *und*. Die gereihten Glieder stehen in einer additiven Beziehung, sie gelten zugleich *(streng und gerecht)*. Mit *oder* werden Alternativen zueinander entworfen *(streng oder gerecht)*, mit *aber* kann Erwartungswidrigkeit zum Ausdruck gebracht werden *(streng, aber gerecht)*.

Wir behandeln in diesem Ratgeber nur Reihungen mit *und* und zeigen, was bei ihrer Übersetzung zu beachten ist. Einbezogen werden auch Reihungen ohne Bindewort. Zusätzliche Informationen zu *oder* und *aber* erhalten Sie im Grundlagenwerk (s. Kap. 10.2.2).

Gerade lange Reihungen müssen Sie in Leichter Sprache auflösen. Die reihende Bedeutung sollte aber erhalten bleiben. Eine Übersetzung von (1) in Leichte Sprache könnte wie unter (1‘) aussehen:

(1) Haben Sie schon einmal bedacht, was mit Ihrem Vermögen geschieht, wenn Sie nicht mehr sind? Wer das Einfamilienhaus bekommt, den Hausrat, das Auto, das Sparbuch?

(1‘) Wer bekommt meine Sachen nach meinem Tod?
- Wer bekommt mein Haus?
- Wer bekommt die Sachen in meinem Haus?
- Wer bekommt mein Auto?
- Wer bekommt mein Sparbuch?

Die Übersetzung enthält eine zusammenfassende Überschrift und darunter aufgelistet das, was im Ausgangstext aufgezählt ist. Die Überschrift bildet eine Art geistiges Band für die gereihten Sätze. Das ist für Reihungen ganz typisch: Denn gereihte Einheiten stehen nicht einfach nebeneinander, sondern sind Teile eines gemeinsamen Themas. Der Sprachwissenschaftler Ewald Lang hat dieses Thema »Gemeinsame Einordnungsinstanz« genannt, abgekürzt GEI (Lang 1977).

Die Kenntnis der GEI ist wichtig, um gereihte Einheiten richtig zu interpretieren. Schreiben Sie bei der Übersetzung von Reihungen in Leichte Sprache die GEI deshalb über die gereihten Einheiten und ordnen Sie die gereihten Einheiten unter der GEI an. Mit Einrückungen verdeutlichen Sie den inhaltlichen Zusammenhang; auch Aufzählungszeichen sind zur Hervorhebung sinnvoll.

Wir haben auch hier wieder Namen für die Rollenträger eingesetzt.

(2) Ein Ehemann stirbt. Aus der Ehe sind ein Sohn und eine Tochter hervorgegangen. (ERB-A, S. 9)

(2‘) Otto ist mit Helga verheiratet.
Otto und Helga haben 2 Kinder: (= GEI)
- Otto und Helga haben 1 Sohn.
- Und Otto und Helga haben 1 Tochter.

Otto stirbt.

Anmerkung: Auf die Schreibung von Zahlwörtern gehen wir im Grundlagenwerk (Kap. 7.2.2) genauer ein. Hier ist die Schreibung *1* als Ziffer, wie sie in Leichter Sprache bevorzugt wird, grenzwertig, weil sie die grammatische Markierung (Akkusativ) unterschlägt. Sinnvoll ist die Schreibung *2* in *2 Kinder.*

Nicht in allen Fällen ist es zwingend, die GEI herauszuarbeiten und an den Anfang der Aufzählung zu stellen. Etwa enthält Beispiel (2‘) die Reihung *Otto und Helga*. Sie bilden zusammen das Subjekt und lassen sich nicht aus dem Satz herauslösen. Durch den Einleitungssatz ist die GEI »verheiratet sein« aber bereits aktiviert.

Reihungen in Ausgangstexten enthalten oft Auslassungen. Ohne Auslassung müsste das Beispiel unter (2) lauten: *Aus der Ehe ist ein Sohn hervorgegangen und aus der Ehe ist eine Tochter hervorgegangen.*

Zur Vorbereitung Ihrer Übersetzung kann es sinnvoll sein, das, was im Ausgangstext ausgelassen ist, zu ergänzen, die Reihungen also in ihre Vollform zu bringen. Sie können dann besser sehen, wie die Reihung gebaut ist:

Form mit Auslassung:

(3) Jeder Betroffene sollte also jetzt schon prüfen, welches Erbrecht für ihn günstiger ist, und sich rechtlich beraten lassen. (ERB-A, S. 25)

Vollform:

(3') Jeder Betroffene sollte das prüfen:
Welches Erbrecht ist günstiger für ihn?
Und jeder Betroffene sollte sich rechtlich beraten lassen.

Die Vollform zeigt deutlicher als die Ausgangskonstruktion, dass hier nicht der *w*-Satz *(welches Erbrecht …)* mit einem weiteren Satz gereiht ist, sondern dass mit *und* der Hauptsatz fortgeführt wird. Eine Übersetzung dieses Satzes könnte so aussehen:

(3") Prüfen Sie:
    Welches Erb·recht ist gut für Sie?
Gehen Sie zu einem Notar.
Der Notar sagt Ihnen:
    Dieses Erb·recht ist gut für Sie.

Eine wichtige Frage ist, ob die gereihten Ausdrücke in Leichter Sprache selbst Auslassungen aufweisen sollten oder nicht. Die aktuell vorliegenden Leichte-Sprache-Texte gehen hier sehr unterschiedliche Wege. Zum Beispiel hat sich die Übersetzerin der Erbrechtsbroschüre an vielen Stellen für Reihungen mit Auslassungen entschieden. Hier ein Beispiel:

(4) In dem Heft erklären wir zum Beispiel die Wörter: Testament.
Und gesetzliche Erb·folge.
Und Pflicht·teil.
Und viele andere Wörter.
(ERB-L, S. 3)

Wenn Sie eine solche Entscheidung treffen, empfehlen wir die grafische Aufbereitung mit Einrückungen und evtl. zusätzlich Aufzählungszeichen. Die GEI sollte alleine über den gereihten Einheiten stehen:

(4‘) In dem Heft erklären wir zum Beispiel die Wörter: *(= GEI)*
- Testament.
- Und gesetzliche Erb·folge.
- Und Pflicht·teil.
- Und viele andere Wörter.

(ERB-L, S. 3, abgewandelt)

Eine Alternative wäre es, die Aufzählungen in die Vollform zu bringen:

(4“) In dem Heft erklären wir viele Wörter: *(= GEI)*
Wir erklären das Wort Testament.
Wir erklären das Wort gesetzliche Erb·folge.
Wir erklären das Wort Pflicht·teil.
Und wir erklären viele andere Wörter.

Der Vorteil der Vollform ist, dass jeder einzelne Reihungssatz für sich genommen zu verstehen ist. Der Vorteil der Auslassung ist die Ökonomie.

Welchem Kriterium Sie den Vorzug geben möchten, ist eine Entscheidung, die Sie bei der Planung des Gesamttexts treffen müssen.

Empfehlungen: Reihungen

- Zur Vorbereitung der Übersetzung von gereihten Strukturen kann es sinnvoll sein, Auslassungen aus dem Ausgangstext zu ergänzen und die Reihungen in ihre Vollform zu bringen; manchmal wird dadurch die Struktur der Reihung erst klar.
- Ermitteln Sie für die konkrete Übersetzung die Gemeinsame Einordnungsinstanz (GEI) und prüfen Sie, in welcher Form Sie die GEI in Ihrer Übersetzung berücksichtigen wollen. Wenn Sie die GEI besonders deutlich machen wollen, empfiehlt sich folgende Struktur:
  - Stellen Sie die GEI als Überschrift mit Doppelpunkt voran.
  - Die gereihten Einheiten stehen mit Einrückung unter dieser Überschrift.
  - Die Reihungsstruktur können Sie mit Aufzählungszeichen noch weiter verdeutlichen.
- Überlegen Sie auch, ob die gereihten Einheiten in Ihrem Leichte-Sprache-Text in abgekürzter Form oder in der Vollform erscheinen sollen. Eine allgemeine Empfehlung kann hier nicht ausgesprochen werden.

7.3 Nominalkonstruktionen

Vor allem in Fachtexten begegnen Sie komplexen Nominalkonstruktionen. Der folgende Satz enthält gleich drei solcher Konstruktionen, die ineinander eingebettet sind:

(1) Die Behandlung Ihrer PAH gemäß den Anweisungen Ihres Arztes kann dabei helfen, ein Fortschreiten zu verzögern.
(PAH-A, S. 17)

- die *Behandlung* der PAH
- (gemäß) den *Anweisungen* Ihres Arztes
- ein *Fortschreiten*

Nominalisierungen sind sehr häufig von Verben abgeleitet. Dies gilt in Satz (1) in allen drei Fällen:

- jemand *behandelt* die PAH
- der Arzt *weist* jemanden an
- etwas *schreitet* fort

Diese Eigenschaft sollten Sie sich zunutze machen: Wandeln Sie Nominalkonstruktionen zunächst in Sätze um. Diese müssen noch nicht in Leichter Sprache verfasst sein. Wichtig ist zunächst, dass Sie den Nominalstil in einen Verbalstil bringen und dabei die Kernbedeutung des Satzes herausarbeiten:

(1‘) Wenn die PAH so behandelt wird, wie der Arzt es anweist, kann dies helfen, dass die Krankheit langsamer fortschreitet.

Bei der Umwandlung vom Nominal- in den Verbalstil werden Sie häufig auf das Problem stoßen, dass Ihnen ein Subjekt fehlt (hier z. B. bei *ein Fortschreiten* – wer/was schreitet fort?). Der Grund dafür ist, dass Nominalkonstruktionen Passivsätzen ähneln.
Prüfen Sie den Kontext auf mögliche Träger der Subjektrolle (bei *Fortschreiten* erweist sich *die PAH* als Subjekt) oder wählen Sie ersatzweise das wahrscheinlichste Subjekt. Eine andere Möglichkeit ist es, vorläufig das Passiv zu verwenden (in unserem Beispiel [1‘]: *Wenn die PAH so behandelt wird*). In Kap. 7.4 werden wir das Passiv genauer besprechen. Dort gehen wir weiter auf die Suche nach Handlungsträgern ein.

Die Umwandlung vom Nominalstil in den Verbalstil zeigt hier eine weitere unerwünschte Folge: Aus der kompakten Nominalkonstruktion ist ein Nebensatzgefüge geworden, das in Leichter Sprache aber nicht erlaubt ist. Dieses Ergebnis ist nicht ungewöhnlich, denn viele Nominalisierungen funktionieren so ähnlich wie Nebensätze. Um das Nebensatzgefüge, das ja nur einen Zwischenschritt darstellt, aufzulösen, wenden Sie nach der ersten Umwandlung den Fünfschritt für die Übersetzung von Satzgefügen (s. Kap. 7.1.5) an. Wir gehen von dem bereits umgewandelten Satz (1‘) aus und fassen hier die Schritte 2 und 3 zusammen:

1. Schritt: Klären Sie inhaltliche Fragen.
Der Schritt entfällt im vorliegenden Fall.

2. Schritt: Entflechten Sie das Satzgefüge. / 3. Schritt: Arbeiten Sie die Bedeutungsbeziehungen zwischen den entflochtenen Sätzen heraus.
Zwischenergebnis:

> Die PAH wird behandelt.
> Ihr Arzt weist Sie dabei an.
> Das Ergebnis ist:
> Die PAH schreitet langsamer fort.

4. Schritt: Ersetzen Sie weitere nicht erlaubte Konstruktionen.
Im vorliegenden Fall ist das Passiv zu ersetzen (s. Kap. 7.4).

> Ihr Arzt behandelt die PAH.
> Ihr Arzt weist Sie dabei an.
> Das Ergebnis ist:
> Die PAH schreitet langsamer fort.

5. Schritt: Prüfen Sie die Wortwahl.
Im vorliegenden Fall bieten sich die folgenden Ersetzungen an:

- *langsamer fortschreiten* ➛ *langsam schlimmer werden*
- *anweisen* ➛ *sagen*

Das Wort *anweisen* beinhaltet eine Verhaltensaufforderung, die mit *sagen* nicht ausgedrückt werden kann (zu diesen Fällen s. Kap. 6.1). Die folgende Übersetzung illustriert deshalb auch mögliche Inhalte der Anweisungen, die der Arzt gibt (z. B. *Was dürfen Sie machen / nicht machen?*). Der Verpflichtungsgrad, den *anweisen* ausdrückt, wird hier durch die Zusatzerläuterung *Hören Sie genau auf Ihren Arzt* eingebracht.

Ergebnis:

Ihr Arzt behandelt die PAH.
Ihr Arzt sagt Ihnen:
Was dürfen Sie machen?
Was dürfen Sie nicht machen?
Welche Medikamente müssen Sie nehmen?
Worauf müssen Sie noch achten?
Hören Sie genau auf Ihren Arzt.
Das hilft Ihnen:
Die PAH wird dann nur langsam schlimmer.

Bei der Ergebnisprüfung stellen Sie vielleicht fest, dass Ihre Übersetzung überinformativ geworden ist; streichen Sie dann überflüssige Informationen. Hier: *Das hilft Ihnen.*

Der Meister der nominalen Komplexität ist der Genitiv, der in Leichter Sprache ganz verboten ist. Das Beispiel (1) zu den Nominalkonstruktionen enthielt gleich zwei Genitive *(Behandlung der PAH, Anweisungen Ihres Arztes)* und Sätze wie das folgende Beispiel (2) finden Sie in fast jedem Ausgangstext. Sie müssen in Leichter Sprache aber ohne den Genitiv auskommen:

(2) Mit der Hilfe Ihres Arztes können Sie den für Sie geeigneten Aktivitätsgrad ermitteln. (PAH-A, S. 13)

Viele Genitivkonstruktionen sind Bestandteile von Nominalisierungen, denen ein Verb zugrunde liegt (hier: *Hilfe – helfen*). Behandeln Sie diese Genitivkonstruktionen wie andere Nominalisierungen. Wandeln Sie die Nominalkonstruktion also zuerst in eine Verbalkonstruktion um:

(2‘) Ihr Arzt hilft Ihnen, den für Sie geeigneten Aktivitätsgrad zu ermitteln.

Wenden Sie dann den Fünfschritt an; auch hier haben wir die Schritte 2 und 3 zusammengefasst:

1. Schritt: Klären Sie inhaltliche Fragen.

- Was genau ist mit *Aktivität* gemeint? Der Broschüre ist zu entnehmen, dass es sich um körperliche Aktivitäten handelt; der Aktivitätsgrad bezieht sich darauf, wie intensiv die körperlichen Bewegungen ausfallen dürfen.

- Wer genau ermittelt den geeigneten Aktivitätsgrad? Wir interpretieren den Ausgangssatz so, dass der Patient / die Patientin ein Interesse an der Ermittlung des geeigneten Aktivitätsgrades hat und diesen zusammen mit dem Arzt / der Ärztin herausfindet.

2. Schritt: Entflechten Sie das Satzgefüge. / 3. Schritt: Arbeiten Sie die Bedeutungsbeziehungen zwischen den entflochtenen Sätzen heraus.
Zwischenergebnis:

Sie wollen die für Sie geeigneten körperlichen Aktivitäten ermitteln:
Wie viel körperliche Aktivitäten dürfen Sie ausüben?
Ihr Arzt hilft Ihnen dabei.

4. Schritt: Ersetzen Sie weitere nicht erlaubte Konstruktionen.
Der Schritt entfällt im vorliegenden Fall.

5. Schritt: Prüfen Sie die Wortwahl.
Es bieten sich folgende Ersetzungen an:
- *ermitteln* → *wissen wollen / herausfinden*
- *ausüben* → *machen*
- *körperliche Aktivitäten* → *Bewegungen*

Ergebnis:

Sie wollen wissen/herausfinden:
Welche Bewegungen dürfen Sie machen?
Wie viel von diesen Bewegungen dürfen Sie machen?
Welche Bewegungen dürfen Sie **nicht** machen?
Ihr Arzt hilft Ihnen dabei.

Alternative, in der die gemeinsame Ermittlung des Aktivitätsgrades stärker zum Ausdruck kommt:

Zusammen mit Ihrem Arzt können Sie herausfinden:
Welche Bewegungen können Sie machen?
Wie viel von diesen Bewegungen können Sie machen?
Welche Bewegungen können Sie **nicht** machen?

Manchmal lassen sich Genitivkonstruktionen nicht einfach in Verbkonstruktionen auflösen. Beachten Sie dafür die unterstrichenen Passagen in Beispiel (3):

(3) Wer ein Testament macht, bestimmt darin einseitig über den späteren Übergang seines Vermögens. In den meisten Fällen wird dies das richtige Mittel der Vorsorge sein. (ERB-A, S. 16)

Nur in der ersten Genitivkonstruktion steckt eine Verbkonstruktion *(späterer Übergang seines Vermögens – jemandes Vermögen geht später auf einen anderen über)*, in der zweiten nicht: Das Wort *Mittel* leitet sich nicht von einem Verb ab. Wie lässt sich *das richtige Mittel der Vorsorge* also übersetzen? Zu Hilfe kommt uns hier, dass das Substantiv, das im Genitiv steht, von einem Verb stammt *(Vorsorge – vorsorgen)*:

(3‘) Machen Sie ein Testament.
Mit dem Testament bestimmen Sie selbst vor Ihrem Tod:
Wer soll meine Sachen erben?
Sie können mit einem Testament also vor·sorgen.
Deshalb sollen alle Menschen ein Testament machen.

Manchmal ist in einer Genitivkonstruktion aber auch gar kein Element enthalten, das sich ohne Weiteres in eine Verbkonstruktion umwandeln ließe:

(4)
- die Zeichen der Krankheit
- der Preis des neuen Autos
- das Röntgenbild der linken Hand

Hier empfehlen die Netzwerkregeln die *von*-Phrase:

(4‘)
- die Zeichen von der Krankheit
- der Preis von dem neuen Auto
- das Röntgen·bild von der linken Hand

Alternativ dazu können Sie es aber auch hier mit einer Verbkonstruktion versuchen, wenn der Kontext dafür geeignet ist:

(4“)
- Die Krankheit zeigt sich so:
- Das neue Auto kostet …
- Der Arzt röntgt die linke Hand.

Die Übersetzung des Genitivs mit einer *von*-Phrase funktioniert in vielen Fällen, nicht aber in allen, z. B. funktioniert sie nicht bei festen Wendungen wie *der Kanzler der Einheit* oder bei Maßangaben wie *eine Flasche guten Weines*). Im Grundlagenwerk (Kap. 8.1.1.2) haben wir die wichtigsten dieser Fälle aufgelistet und jeweils abgestimmte Übersetzungsstrategien vorgeschlagen.

Empfehlungen: Nominalkonstruktionen

In den meisten Nominalkonstruktionen stecken Verben. Gehen Sie dann wie folgt vor:

- Wandeln Sie die Nominalkonstruktion in einem ersten Schritt in eine Verbkonstruktion um.

Dieser Umwandlungsprozess kann dazu führen, dass Nebensätze entstehen.

- Wenden Sie in diesen Fällen den Fünfschritt für Satzgefüge (s. Kap. 7.1.5) an, um die Nebensätze, die Sie in einem Zwischenschritt konstruiert haben, in einzelne Hauptsätze umzuwandeln.

An vielen Nominalkonstruktionen ist der Genitiv beteiligt.

- Wenn sich die Konstruktion in eine Verbkonstruktion umwandeln lässt, gehen Sie wie bei allen anderen Nominalkonstruktionen vor.
- Lässt sich kein Verb ausfindig machen, bietet sich zur Vermeidung des Genitivs oft die *von*-Phrase an.

7.4 Das Passiv – verborgene Handlungsträger auffinden

Das Passiv ermöglicht es, Ereignisse nicht vom Handlungsträger aus *(Max füttert den Hund)*, sondern von der Handlung bzw. vom Geschehen aus darzustellen *(Der Hund wird gefüttert)*.

Kognitiv ist die Geschehensperspektive schwerer zu verarbeiten als die Handlungsperspektive, weshalb das Passiv in Leichter Sprache nicht bzw. nur in seltenen Ausnahmefällen erlaubt ist (zu einem Ausnahmefall s. Kap. 7.5, S. 138 f.); weiterführende Informationen zum Passiv und seiner Vermeidung in Leichter Sprache erhalten Sie im Grundlagenwerk (Kap. 8.1.2.1).

Die Überführung von Passiv- in Aktivsätze ist häufig schwieriger, als man denkt. Denn dafür muss man wissen, wer der Handlungsträger ist.

Im folgenden, unterstrichenen Satz ist es einfach, als Handlungsträger Ärzte zu identifizieren; die Information ist im Passivsatz selbst enthalten:

(1) Klinische Studie – eine Möglichkeit zum Testen der Wirksamkeit und Verträglichkeit eines medizinischen Produkts am Menschen, bevor es die Marktzulassung erhält und von Ärzten verschrieben werden kann. (PAH-A, S. 26)

(1‘) Sie können bei einer klinischen Studie mitmachen.
Klinische Studie heißt:
Es gibt ein neues Medikament.
Aber die Ärzte wissen noch **nicht**:
Wirkt das Medikament auch gut?
Dann müssen die Ärzte das Medikament
an verschiedenen Menschen ausprobieren.
Das Medikament wirkt?
Dann dürfen die Ärzte das Medikament verschreiben.

Sie werden aber feststellen, dass der Handlungsträger in Ausgangssätzen sehr häufig ausgespart ist wie im folgenden Beispiel:

(2) Die Fülle der denkbaren Situationen kann hier nicht wiedergegeben werden. (ERB-A, S. 15)

Dennoch ist auch dieser Fall noch vergleichsweise einfach: Handlungsträger von *wiedergeben* sind die Autor(inn)en der Broschüre. Sie können also wie folgt schreiben:

(2‘) Es gibt viele verschiedene Situationen.
Wir können in dieser Broschüre **nicht** alle Situationen besprechen.

Bei manchen Passivsätzen kann Ihnen bei der Ermittlung des Handlungsträgers auch Ihr Weltwissen weiterhelfen:

(3) Wenn Ihre Krankheit richtig behandelt wird, schreitet sie langsamer fort.

Behandlungen werden normalerweise von Ärzt(inn)en durchgeführt, weshalb in der Übersetzung dieses Satzes *Ihr Arzt* als wahrscheinlichster Handlungsträger eingesetzt werden kann.

(3') Ihr Arzt behandelt Ihre Krankheit richtig?
Dann wird Ihre Krankheit nur langsam schlimmer.

Besonders schwierig wird die Identifizierung des Handlungsträgers in Beispielen wie unter (4):

(4) Niemand stirbt ohne Erben. Hat jemand, der kein Testament gemacht hat, keinen Ehegatten hinterlassen und können auch Verwandte nicht ermittelt werden, tritt an letzter Stelle der Staat als Erbe ein. (ERB-A, S. 5)

Hier müssen Sie tiefer in die Materie einsteigen, um herauszufinden, wer im Todesfall Verwandte ermittelt. In solchen Fällen kann eine Rückfrage beim Auftraggeber nötig werden. Im vorliegenden Fall ist die Lösung *das Amtsgericht.* Den ebenfalls abstrakten Handlungsträger *(jemand)* und den Rollenträger *(Ehegatte)* haben wir, wie Sie es schon kennen, jeweils durch einen Eigennamen ersetzt.

(4') Otto stirbt.
Aber Otto hat **kein** Testament gemacht?
Und Otto war **nicht** verheiratet?
Und das Amts·gericht findet **keine** Verwandten von Otto?
Dann erbt der Staat die Sachen von Otto.

Besonders verwickelt sind Passivstrukturen, die in Nominalisierungen verborgen sind:

(5) Ob eine Versorgung für die Hinterbliebenen in Betracht kommt und ob ein Sterbegeld gezahlt wird, hängt vom Einzelfall ab. Lassen Sie sich von den zuständigen Stellen beraten. (ERB-A, S. 29)

Sie können hier den Weg gehen, den wir in Kap. 7.3 vorgeschlagen haben. Wandeln Sie die Nominalisierungen zuerst in Sätze um – wenn nötig, verwenden Sie bei dieser Umwandlung noch das Passiv.

(5') Ob die Hinterbliebenen versorgt werden und ob ein Sterbegeld gezahlt wird, hängt vom Einzelfall ab. [...]

Suchen Sie dann den Handlungsträger und wandeln Sie die Passivsätze in Aktivsätze um.

(5“) Ob der Staat die Hinterbliebenen versorgt und ob der Staat den Hinterbliebenen ein Sterbegeld zahlt, hängt vom Einzelfall ab. [...]

Gehen Sie anschließend den Fünfschritt:

1. Schritt: Klären Sie inhaltliche Fragen.
Der Schritt entfällt im vorliegenden Fall.

2. Schritt: Entflechten Sie das Satzgefüge.
Zwischenergebnis:

> Im Einzelfall ist es so:
> Der Staat versorgt die Hinterbliebenen.
> Und der Staat bezahlt den Hinterbliebenen ein Sterbegeld.
> [...]

3. Schritt: Arbeiten Sie die Bedeutungsbeziehungen zwischen den entflochtenen Sätzen heraus.
Herausarbeiten der GEI (s. Kap. 7.2):

> Im Einzelfall bekommen die Verwandten von verstorbenen Personen
> Geld vom Staat.
> Die Verwandten bekommen dann zum Beispiel
> eine Hinterbliebenen·rente.
> Oder die Verwandten bekommen Sterbe·geld.
> Sie wollen wissen:
> > Bekomme ich Hinterbliebenen·rente?
> > Oder bekomme ich Sterbe·geld?
>
> Fragen Sie einen Anwalt.
> Oder fragen Sie einen Notar.

4. Schritt: Ersetzen Sie weitere nicht erlaubte Konstruktionen.
Das bisherige Ergebnis enthält keine unerlaubten Konstruktionen mehr.

5. Schritt: Prüfen Sie die Wortwahl.
- Im vorliegenden Fall werden *Hinterbliebenenrente* und *Sterbegeld* erklärt.
- Die Wendung *im Einzelfall* muss in Leichte Sprache gebracht werden.

Anmerkung: Hier stehen wir vor einem Dilemma: *Im Einzelfall* ist juristisch genau bestimmt und müsste, sofern es in der Leichte-Sprache-Übersetzung verwendet würde, erläutert werden. Eine derartig tiefgreifende Erläuterungsstruktur würde wiederum das Textvolumen enorm erhöhen. Wenn der Ausdruck *im Einzelfall* in seiner Verwendung in juristischen Texten für diesen Text zentral ist, dann müssten die Übersetzer(innen) diesen Weg gehen. Andernfalls könnte eine leichter verständliche, aber nicht ganz entsprechende Lösung gewählt werden, im gegebenen Fall *manchmal*. Diese Art von Dilemma ist typisch für die Leichte-Sprache-Übersetzung, insbesondere bei fachlichen Texten. Eine Abstimmung mit dem Auftraggeber ist hier wichtig, um eine angemessene Strategie für den einzelnen Text zu finden.

> Manchmal bekommen die Verwandten von verstorbenen Personen
> Geld vom Staat.
> Die Verwandten bekommen dann zum Beispiel
> eine Hinterbliebenen·rente.
> Hinterbliebenen·rente heißt:
>   Der Staat bezahlt den Verwandten jeden Monat Geld.
> Oder die Verwandten bekommen Sterbe·geld.
> Sterbe·geld heißt:
>   Der Staat bezahlt den Verwandten 1 Mal Geld.
> Sie wollen wissen:
>   Bekomme ich Hinterbliebenen·rente?
>   Oder bekomme ich Sterbe·geld?
> Fragen Sie einen Anwalt.
> Oder fragen Sie einen Notar.

Unbestimmte Handlungsträger in Infinitivsätzen

Nicht nur im Passiv, sondern auch in anderen Konstruktionen finden sich manchmal verborgene Handlungsträger. Ein wichtiges Beispiel dafür sind Infinitivsätze: Die beiden Sätze *Karl verspricht Otto, die Blumen zu gießen* und *Karl bittet Otto, die Blumen zu gießen* enthalten denselben Infinitivsatz. Im ersten Fall ist der darin verborgene Handlungsträger Karl, im zweiten ist es Otto. Machen Sie in Ihrem Leichte-Sprache-Text immer deutlich, wer welche Handlungen ausführt. Hier ein Beispiel:

(6) Zunächst ist es wichtig, Ihre Medikamente gemäß den Anweisungen Ihres Arztes einzunehmen und die richtigen Informationen zur Erkrankung zu finden. (PAH-A, S. 2)

(6‘) Das ist jetzt wichtig:
Informieren Sie sich gut über die PAH.
Und nehmen Sie Ihre Medikamente.
Hören Sie dabei genau auf Ihren Arzt.

Unbestimmte Handlungsträger in Adjektiven auf *-bar*

Auch in Adjektiven auf *-bar* stecken unausgesprochene Handlungsträger. Achten Sie auch hier darauf, den Handlungsträger in Ihrem Leichte-Sprache-Text zu benennen:

(7) Auch wenn PAH nicht heilbar ist, sind Behandlungen verfügbar, die Ihnen dabei helfen, Ihren Krankheitsverlauf und Ihre Lebensqualität zu beeinflussen und zu verbessern. (PAH-A, S. 2)

(7‘) Die Ärzte können PAH noch **nicht** heilen.
Aber die Ärzte können Ihnen trotzdem helfen:
Die Krankheit wird dann nur langsam schlimmer.
Und Sie fühlen sich besser.

Unbestimmte Handlungsträger: *man, jemand, wer ...*

Häufig finden Sie in Ausgangstexten auch Pronomen wie *man* oder *jemand* oder *wer*-Sätze. Hier bleibt der Handlungsträger gleichfalls unbestimmt:

(8) Der Unterschied ist der, dass man beim Erbvertrag gegenüber dem Vertragspartner eine Bindung eingeht, von der man sich im Normalfall nicht wieder lösen kann. (ERB-A, S. 16)

(9) Aber nur wer sich frühzeitig Gedanken macht und die geeigneten Vorkehrungen trifft, kann sicher sein, dass sein Nachlass auch tatsächlich an die Menschen oder Einrichtungen gelangt, denen er zugedacht ist. (ERB-A, S. 3)

(10) Vor allem aber kann es sein, dass jemand, den Sie als Ihre Erbin oder als Ihren Erben einsetzen wollen, vor Ihnen stirbt. Sagen Sie deshalb in Ihrem Testament, wer in diesem Fall stattdessen Erbin oder Erbe (Ersatzerbe) sein soll. (ERB-A, S. 20)

Es handelt sich häufig um Allgemeinaussagen. Der Handlungsträger ist demnach jedermann. Solche Allgemeinaussagen sind unkonkret und deshalb für die

Adressat(inn)en von Leichter Sprache schwer zu verarbeiten. Wählen Sie in diesen Fällen deshalb die direkte Adressierung (8‘ und 9‘) oder ersetzen Sie den abstrakten Handlungsträger durch ein konkretes Beispiel wie in (10‘):

(8‘) Sie wollen einen Erb·vertrag machen?
Dann achten Sie darauf:
Ein Erb·vertrag ist für immer.
Sie können einen Erb·vertrag nur sehr schwer ändern.

(9‘) Überlegen Sie sich schon jetzt:
Wer soll meine Sachen nach meinem Tod bekommen?
Schreiben Sie ein Testament.

Anmerkung: Es handelt sich bei (9‘) um eine sehr freie Übersetzung. Der Ausdruck *Vorkehrungen* aus dem Ausgangstext wurde mit *ein Testament schreiben* konkretisiert.

(10‘) Sie haben in Ihrem Testament zum Beispiel geschrieben:
Mein Sohn soll meine Sachen erben.
Aber vielleicht stirbt Ihr Sohn vor Ihnen.
Dann brauchen Sie einen anderen Erben.
Dieser Erbe ist Ihr Ersatz·erbe.
Schreiben Sie Ihren Ersatz·erben in Ihr Testament.

Empfehlungen: Passiv

Das Passiv ist in Leichter Sprache nur in sehr vereinzelten Ausnahmefällen erlaubt. Die wichtigste Aufgabe bei der Umwandlung von Passivsätzen in Aktivsätze ist das Auffinden des Handlungsträgers. Dabei können verschiedene Suchverfahren zum Erfolg führen:

- der Handlungsträger wird im Passivsatz selbst genannt: *Die Krankheit wird von den Ärzten behandelt* → *die Ärzte*
- der Handlungsträger lässt sich dem Kontext entnehmen: *Die Fülle der denkbaren Situationen kann hier nicht wiedergegeben werden* → *wir*, also die Autor(inn)en
- der Handlungsträger lässt sich aus dem Weltwissen ableiten: *Die Krankheit wird behandelt* → *Ärzte bzw. Ärztinnen*

- der Handlungsträger bleibt verborgen und lässt sich nur durch Fachwissen ermitteln: *kann kein Verwandter ermittelt werden* → *das Amts·gericht*
- der Handlungsträger bleibt verborgen und ergibt sich aus den konkreten Verhältnissen beim Auftraggeber: *Antrag kann gestellt werden* → *bei Herrn XY*

In den beiden letzten Fällen kann eine Rückfrage beim Auftraggeber nötig werden.

Über das Passiv hinaus gibt es weitere Konstruktionen ohne Handlungsträger, z. B. Infinitivsätze und Adjektive auf *-bar*.

- Machen Sie auch hier bei Ihrer Übersetzung deutlich, wer der Handlungsträger ist.

Schwierig werden können für die primären Adressat(inn)en von Leichter Sprache auch Texte, in denen der Handlungsträger abstrakt oder verallgemeinert ist (z. B. *man, jemand, niemand*).

- Wählen Sie in diesen Fällen entweder eine direkte Adressierung *(man* → *Sie)* oder setzen Sie beispielhaft einen konkreten Handlungsträger ein *(jemand, den Sie als Ihre Erbin oder als Ihren Erben einsetzen wollen* → *Sie haben in Ihrem Testament zum Beispiel geschrieben: Mein Sohn soll meine Sachen erben).*

7.5 Ohne den Konjunktiv auskommen

Die Leichte Sprache ist eine Sprache der Nähe. Dazu gehört auch, dass alle Sätze direkt auf konkrete Sachverhalte bezogen werden können.

Der Konjunktiv erfüllt die Nähebedingungen nicht: Denn mit ihm bezieht man sich entweder nur indirekt auf die Welt, z. B. mit der indirekten Rede, oder man bezieht sich gar nicht auf die Welt, sondern auf nur Gedachtes oder Mögliches, z. B. mit dem Potenzialis *(Wenn Paul hier wäre, könnten wir anfangen).*

Deshalb ist der Konjunktiv in Leichter Sprache nicht erlaubt. Wie aber umgeht man ihn?

Indirekte Rede

Indirekte Redezüge wandeln Sie in direkte Redezüge um. Der Konjunktiv verschwindet dann automatisch. Allerdings können neue Probleme entstehen. Denn der Konjunktiv hat den Vorteil, dass man auch über mehrere Sätze hinweg erkennen kann, dass hier noch indirekt zitiert wird.

(1) Der Richter sah es am Dienstag als erwiesen an, dass der Lastwagenfahrer den Tod eines Autofahrers mitverursacht hat. Er sei auf der A 19 zu schnell in die Sandwolke hineingefahren und mit einem vor ihm fahrenden Lastwagen zusammengestoßen. Dadurch sei der vordere Lkw in das Fahrzeug eines Ehepaares geschoben worden. Der Ehemann starb, die Frau wurde schwer verletzt. (SAND-A)

Bei der direkten Rede springen in der Standardsprache die Anführungszeichen ein, die den Anfang und das Ende der direkten Rede optisch markieren. Von diesem Mittel können Sie grundsätzlich auch in Leichter Sprache Gebrauch machen.

(1') Der Richter hat gesagt:
»Der Lkw-Fahrer ist schuld an dem Unfall.
Der Lkw-Fahrer ist zu schnell in die Sand·wolke gefahren.
Deshalb ist der Lkw-Fahrer mit einem anderen Lkw zusammengestoßen.
Der andere Lkw ist deshalb in ein Auto gefahren.«
Der Mann in dem Auto ist gestorben.
Die Frau in dem Auto wurde schwer verletzt.

Wie Sie an diesem Beispiel sehen können, haben die Anführungszeichen aber auch Nachteile. Denn sie behaupten, dass ein Sprecher (hier: *der Richter*) sich wörtlich so geäußert hat. Weil Sie aber (wörtliche) Zitate ebenfalls in Leichte Sprache umwandeln müssen, entsprechen die Redeteile nicht dem, was tatsächlich gesagt wurde. Man legt den Akteuren dann also etwas in den Mund, was sie nicht in exakt dieser Form geäußert haben. Verwenden Sie Anführungszeichen also nur dann, wenn es sich tatsächlich um eine wörtliche Wiedergabe handelt.

Rücken Sie direkte Redezüge aber auf jeden Fall wie im oben stehenden Beispiel ein, auch wenn Wörtlichkeit nicht gegeben ist. Ihre Leser(innen) können so Anfang und Ende des Redezugs erkennen, obwohl er nicht in Anführungszeichen steht:

(1'') Der Richter hat gesagt:
Der Lkw-Fahrer ist schuld an dem Unfall.
Der Lkw-Fahrer ist zu schnell in die Sand·wolke gefahren.
...
Der Mann in dem Auto ist gestorben.
Die Frau in dem Auto wurde schwer verletzt.

Anmerkung: Der letzte Satz im Beispiel enthält ein Passiv, das in Leichter Sprache eigentlich nicht erlaubt ist (s. Kap. 7.4): *Die Frau in dem Auto wurde schwer verletzt.* Hier ist einer der seltenen Ausnahmefälle gegeben, in denen die Passivform benötigt wird. Würde man den Satz in einen Aktivsatz umwandeln, so müsste man sagen *Die Frau in dem Auto hat sich schwer verletzt.* Damit würde man aber eine unerwünschte Lesart generieren, denn die Frau hat sich nicht selbst Verletzungen beigebracht. Auch ein anderer Handlungsträger ist hier nicht zu ermitteln, denn die Frau wurde nicht durch eine andere Person verletzt, sondern in einem komplexen Unfallgeschehen mit mehreren Beteiligten.

Potenzialis und Irrealis

Eine zweite wichtige Funktion des Konjunktivs ist es, nicht von anderen Gesagtes, sondern vom Sprecher nur Gedachtes wiederzugeben:

(2) Wenn Karl sein Abitur bestanden hätte, hätte er eine Lehrstelle bekommen.

Wird ein solcher Satz geäußert, wissen wir, dass Karl sein Abitur nicht bestanden hat, obwohl das nicht wörtlich hier steht, sondern nur indirekt – mit dem Konjunktiv – ausgedrückt wird. Wir sprechen vom Irrealis, weil das Szenario eben nicht der Realität entspricht.
Anders wäre es bei dem folgenden Satz:

(3) Wenn Karl sein Abitur bestehen würde, bekäme er eine Lehrstelle.

In diesem Satz ist nicht sicher, ob Karl das Abitur besteht oder nicht. Zumindest könnte es noch sein, dass er besteht. Wir sprechen vom Potenzialis, eben weil das Eintreten des Ereignisses noch möglich ist. In beiden Fällen, dem Irrealis und dem Potenzialis, sind verschiedene Übersetzungsstrategien erforderlich: Der Irrealis enthält eine verborgene Verneinung. Hier: *Karl hat das Abitur nicht bestanden.* Diese Eigenschaft sollten Sie sich beim Übersetzen zunutze machen. Bringen Sie den Bedingungssatz in eine negierte Aussage und schließen Sie den Folgesatz in Form einer Begründung an:

(2‘) Karl hat sein Abitur **nicht** bestanden.
Deshalb hat Karl keine Lehrstelle bekommen.

Beim Potenzialis verwenden Sie das Modaladverb *vielleicht*; Sie behandeln diese Sätze also ganz ähnlich wie konditionale Satzgefüge im Indikativ (s. Kap. 7.1.1):

(3') Vielleicht besteht Karl sein Abitur.
Dann bekommt Karl bestimmt eine Lehrstelle.

Empfehlungen: Konjunktiv

Der Konjunktiv ist in Leichter Sprache nicht erlaubt. Denn man bezieht sich mit ihm nicht auf die Wirklichkeit, sondern auf Gesagtes (indirekte Rede) oder nur Gedachtes (Irrealis, Potenzialis).

- Übersetzen Sie die indirekte Rede in die direkte Rede.
- Um den Anfang und das Ende der direkten Rede zu kennzeichnen, rücken Sie den Redezug ein.
- Bei wörtlicher Wiedergabe verwenden Sie zusätzlich Anführungszeichen.
- Sprechen Sie sich in Zweifelsfällen mit Ihrem Auftraggeber ab, was als wörtliches Zitat gilt und deshalb in Anführungszeichen stehen darf und was nicht.
- Den Irrealis übersetzen Sie am besten so, dass Sie die unausgesprochene Wahrheit ans Licht bringen *(Wenn Karl sein Abitur bestanden hätte → Karl hat sein Abitur nicht bestanden).*
- Schließen Sie den Satz, der die Folge bezeichnet, mit *deshalb* an.
- Den Potenzialis können Sie behandeln wie Konditionalgefüge im Indikativ (s. Kap. 7.1.1): Benutzen Sie das Modaladverb *vielleicht (Wenn Karl sein Abitur bestehen würde → Vielleicht besteht Karl sein Abitur)* und schließen Sie den Satz, der die Folge bezeichnet, mit *dann* an.

7.6 Wie Sie sich in Leichter Sprache auf die Vergangenheit und die Zukunft beziehen

Als Sprache der Nähe bevorzugt die Leichte Sprache Zeitformen, mit denen Sachverhalte vom aktuellen Zeitpunkt und Ort aus betrachtet werden (s. Grundlagenwerk, Kap. 8.1.2.3, Kap. 11.3.1.1. und Kap. 11.3.2.1). Für gegenwärtige Ereignisse ist die geeignete Form das Präsens *(ich gehe)*, für vergangene Ereignisse das Perfekt *(ich bin gegangen)*.

Nicht erlaubt in Leichter Sprache sind das Präteritum *(ich ging)* und das Plusquamperfekt *(ich war gegangen)*. Denn mit diesen Formen wird nicht vom aktuellen Zeitpunkt und Ort auf die Ereignisse geschaut, sondern von einem anderen, fernen Verweisraum aus, der keinen Anschluss an das Hier und Jetzt hat. Deshalb kann man eine Einladung zum Essen mit *Vielen Dank, ich habe schon gegessen* (Perfekt) ausschlagen, nicht aber mit *Vielen Dank, ich aß schon* (Präteritum).

Hinweis: Die Modalverben *(wollen, können, sollen, müssen, dürfen, mögen)* und die Hilfsverben *haben* und *sein* und in einigen Fällen auch *geben (es gab)* dürfen auch in Leichter Sprache im Präteritum stehen.

Futurformen sind formal aufwendig und in Leichter Sprache nur in engen Grenzen erlaubt. Zur Darstellung von Sachverhalten in der Zukunft verwendet die Leichte Sprache deshalb das Präsens mit einer ergänzenden Zeitangabe (z. B. *morgen, nächstes Jahr*). Das ist auch in der Standardsprache häufig der Fall. Wir werden aber sehen, dass gerade dort, wo die Standardsprache das Futur für Künftiges wählt, die Vermeidung der Futurform in Leichter Sprache nicht ganz leicht umzusetzen ist.

7.6.1 Vergangenes

Schon das Beispiel der Essenseinladung zeigt, dass Perfekt und Präteritum nicht beliebig gegeneinander ausgetauscht werden können. Es kann also keine allgemeine Übersetzungsstrategie sein, alles, was im Präteritum steht, einfach ins Perfekt zu bringen. Bei der Entscheidung darüber, wie auch zeitlich komplexe Verhältnisse in Leichter Sprache ausgedrückt werden können, muss zudem immer auch die Textsorte berücksichtigt werden. Wir zeigen Ihnen hier deshalb einen Ausschnitt aus einem Geschichtsbuch und einen Nachrichtentext und besprechen anhand dieser Beispiele unterschiedliche Strategien der Zeitdarstellung. Wir beginnen mit dem Textausschnitt aus dem Geschichtsbuch (denk|mal, 2009, S. 21):

(1) **Das Strafgericht der Fürsten**
Nach den Entscheidungsschlachten von Mitte Mai bis Mitte Juni 1525 begannen die Fürsten mit ihren Strafgerichten. […] Die Männer wurden zum Wiederaufbau der zerstörten Burgen, Schlösser und Klöster verpflichtet. Allen Städten, die sich den Bauern angeschlossen hatten, wurden hohe Straf- und Bußgelder auferlegt.

Ein erster, wichtiger Schritt ist es in allen Fällen, sich einen Überblick über die genauen zeitlichen Zusammenhänge und Abläufe im Ausgangstext zu verschaffen:

In Text (1) werden unter Zuhilfenahme des Präteritums und des Plusquamperfekts mindestens die folgenden drei Zeitdimensionen angesprochen:

- die Entscheidungsschlachten *(von Mitte Mai bis Mitte Juni 1525)*
- die Zeit <u>nach</u> den Entscheidungsschlachten *(... begannen die Fürsten mit ihren Strafgerichten)*
- die Zeit <u>vor</u> den Entscheidungsschlachten *(... die sich den Bauern angeschlossen hatten)*

Um diese komplexen Vor- und Nachzeitigkeitsverhältnisse ausdrücken zu können, nutzen Sie hier die Eigenschaft des Präteritums aus, einen eigenen, fernen Verweisraum zu öffnen, hier das Jahr 1525, von dem aus die anderen Ereignisse dargestellt sind. Vergegenwärtigen Sie in Ihrem Leichte-Sprache-Text das Jahr 1525, indem Sie es ins Hier-und-Jetzt holen und die Verben ins Präsens setzen; für die Darstellung der Vor- und Nachzeitigkeiten verwenden Sie dann das Präsens und das Perfekt:

(1‘) Wir sind im Jahr 1525.
Die Bauern·kriege sind vorbei.
Die Fürsten haben die Bauern·kriege gewonnen.
Jetzt bestrafen die Fürsten die Bauern.
Die Bauern müssen alle Häuser reparieren.
In den Bauern·kriegen haben auch ein paar Städte
für die Bauern gekämpft.
Die Fürsten bestrafen diese Städte jetzt.
Die Städte müssen viel Geld bezahlen.

Die Strategie der Vergegenwärtigung, also eine Art Versetzungsanweisung in die Gegenwart, eignet sich nicht für alle Textsorten gleichermaßen. Im Fall von historischen Sachtexten ist sie aber sehr ergiebig.

Eine andere Darstellungslogik weisen Nachrichtentexte auf, die immer mit einem Hauptereignis beginnen und erst nachträglich dessen Zustandekommen darstellen (s. auch Kap. 8.2.1):

(2) PARKHAUS: Für ein Parkhaus, das letztlich nie gebaut wurde, haben zwei städtische Gesellschaften in Osnabrück rund 278 000 Euro Planungskosten ausgegeben. Grund war ein voreiliger Aufsichtsratsbeschluss und eine ebenso voreilige Auftragsvergabe. (http://www.abendblatt.de, abgerufen am 24. 08. 2016)

In diesem Text sind die Informationen über die zeitlichen Abläufe nicht nur in den Verbformen (Perfekt und Präteritum) enthalten, sondern auch in Nominalisierungen (z. B. voreilige Auftragsvergabe). Als Ereignisablauf ergibt sich:

1. Aufsichtsratsbeschluss
2. Auftragsvergabe
3. Planungskosten in Höhe von 278 000 Euro werden fällig und bezahlt
4. Parkhaus wird nicht gebaut

Beginnen Sie, der Textsorte folgend, auch den Leichte-Sprache-Text mit der Hauptmeldung. Achten Sie dabei aber darauf, dass Sie zugleich den Zeitsprung deutlich machen, der dadurch zwangsläufig entsteht:

(2') Die Stadt Osnabrück hat ungefähr 278 000 Euro
für ein Parkhaus ausgegeben.
Aber die Stadt Osnabrück hat das Parkhaus **nicht** gebaut.

Was ist passiert? / Wie ist das passiert?
Die Chefs von 2 Gesellschaften von Osnabrück haben beschlossen:
Wir bauen ein Parkhaus.
Und die Chefs haben dafür eine Bau·firma gefunden.
Die Bau·firma hat das Parkhaus geplant.
Dafür hat die Bau·firma 278 000 Euro bekommen.
Aber dann hat die Stadt Osnabrück gesagt:
Wir bauen das Parkhaus doch **nicht**.

Anmerkung: Der Ausdruck *Gesellschaften* ist für Leichte-Sprache-Leser(innen) wahrscheinlich zu abstrakt; er müsste im vorliegenden Beispiel erklärt werden (zu Worterklärungen s. Kap. 6.1.2). Außerdem müsste für Leichte-Sprache-Leser(innen) eventuell noch der Hinweis folgen, dass es sich bei den 278 000 Euro um Steuergelder handelt. Da dies für das Thema *Vergangenes* aber nicht relevant ist, wurde dieser Aspekt hier ausgespart.

7.6.2 Zukünftiges

Bei Futurformen (gebildet mit *werden* + Infinitiv) müssen Sie darauf achten, ob damit tatsächlich Zukünftiges ausgedrückt wird wie in den Beispielen (3) und (4) oder eine Vermutung wie in den Beispielen (5) und (6):

(3) Die Stadt Hamburg wird auch weiter Flüchtlinge aufnehmen.

(4) Altkanzler Schmidt ist tot. Wir werden ihn vermissen.

(5) Haben Sie eine Lebensversicherung abgeschlossen? Dann werden Sie sich jetzt vielleicht fragen, was später daraus wird. (ERB-A, S. 25)

(6) Manchmal werden Sie sich niedergeschlagen, frustriert oder ängstlich fühlen oder unmotiviert sein. (PAH-A, S. 7)

Sehr häufig erkennen Sie die Vermutung daran, dass sie im Text selbst durch ein Modaladverb verdeutlicht wird, in Beispiel (5) *vielleicht*. Manchmal fehlt aber eine solche Markierung auch wie in Beispiel (6).

Die Zukunftsbedeutung wird teilweise mit Zeitangaben ausgedrückt wie *weiter* in Beispiel (3); oft aber fehlt auch hier eine entsprechende Markierung wie in Beispiel (4).

Bei der Übertragung dieser Bedeutungen in den Leichte-Sprache-Text werden Sie feststellen, dass die Vermutung sich leicht mit dem Präsens und einem dazugehörigen Modaladverb ausdrücken lässt. Wenn bereits ein entsprechendes Modaladverb im Ausgangstext auftritt, verwenden Sie dieses. Wenn im Ausgangstext kein Modaladverb steht, ergänzen Sie es entsprechend; die wichtigsten Modaladverbien, mit denen zudem unterschiedliche Wahrscheinlichkeitsgrade ausgedrückt werden können, sind *bestimmt, wahrscheinlich, vielleicht.*

(5‘) Haben Sie eine Lebens·versicherung?
Dann fragen Sie sich jetzt vielleicht:
    Was passiert nach meinem Tod
    mit meiner Lebens·versicherung?

(6‘) Wahrscheinlich/Bestimmt/Vielleicht fühlen Sie sich manchmal schlecht:
- Sie sind traurig.
- Sie sind frustriert.
- Sie haben Angst.
- Oder Sie haben auf **nichts** Lust.

Echter Zukunftsgebrauch lässt sich häufig weit weniger gut mit dem Präsens übersetzen; selbst wenn entsprechende Zeitangaben (wie in Beispiel [3/3‘] *weiter*) vorhanden sind, wird die Zukunftsbedeutung nur schwach deutlich. Das gilt auch für Beispiel (4‘), in dem versucht wurde, durch das Hinzufügen der Zeitangabe *jetzt schon* aufzuzeigen, das sich das Geschehen auch in die Zukunft erstrecken wird:

(3‘) Die Stadt Hamburg nimmt auch weiter Flüchtlinge.

(4‘) Helmut Schmidt war von 1974 bis 1982
der Bundes·kanzler von Deutschland.
Jetzt ist Helmut Schmidt tot.
Wir vermissen Helmut Schmidt jetzt schon.

Hier sollte daher erwogen werden, die Futurform zuzulassen.

Manchmal werden Sie auch Fälle finden, in denen nicht ganz klar ist, ob der Zukunftsbezug oder eine Vermutung gemeint ist:

(7) Wenn der Inhalt eines Testaments genügend klar ist, werden Banken und Versicherungen in der Regel allein aufgrund der beglaubigten Ablichtung eines eröffneten Testaments Auszahlungen an die Erben vornehmen. (ERB-A, S. 26)

Einerseits verweist der Satz in die Zukunft, andererseits liegt auch die Lesart der Vermutung in der Luft. Entscheiden Sie hier, ob Sie die Vermutungslesart ggf. mit der Hinzufügung von *wahrscheinlich* oder *bestimmt* herausstellen wollen – wie in (7‘):

(7‘) Der Inhalt von Ihrem Testament ist klar?
Dann müssen Ihre Erben den Banken und den Versicherungen
nur Ihr Testament zeigen.
Dann bekommen Ihre Erben wahrscheinlich Ihr Geld
von den Banken und von den Versicherungen.

Empfehlungen: Tempusformen

In Leichter Sprache sind nur das Präsens und das Perfekt erlaubt. Um mit diesen beiden Formen alle temporalen Bezüge abdecken zu können, sind teilweise tiefere Texteingriffe nötig:

- Verschaffen Sie sich vor allem bei komplexen zeitlichen Verhältnissen vor einer Übersetzung einen Überblick über die genauen zeitlichen Abfolgen.
- Um Präteritum- und Plusquamperfektformen zu vermeiden, können Sie – wenn es die Textsorte erlaubt – eine rahmensetzende Vergegenwärtigung vornehmen *(Wir sind im Jahr 1525)*, die die Ereignisse in die Gegenwart holt, und dann mit dem Präsens und dem Perfekt arbeiten.
- Wenn die Textsorte eine abweichende zeitliche Abfolge erzwingt (z. B. Nachrichtentexte), achten Sie darauf, Zeitsprünge deutlich zu markieren.

Bei den Futurformen haben wir zwischen der Zukunfts- und der Vermutungsbedeutung unterschieden.

- Die Vermutungsbedeutung können Sie durch eine Kombination aus Präsens und einem Modaladverb wie *wahrscheinlich*, *vermutlich* oder *bestimmt* wiedergeben.
- Bei der Zukunftsbedeutung ist häufig das einfache Präsens (ggf. mit einer Zeitangabe, z. B. einem Zeitadverb wie *später*) möglich. Manchmal kann es hier aber besser sein, die Futurform beizubehalten.

7.7 Leichte Sprache – eine Sprache ohne Verneinungen?

In allen Regelwerken zur Leichten Sprache erhalten Sie den Hinweis, Verneinungen möglichst zu vermeiden. Diese Regel ist im Grundsatz sinnvoll, denn verneinte Aussagen sind schwerer zu verarbeiten als nicht verneinte (s. Grundlagenwerk, Kap. 11.3.3.2). Dennoch kommt keine Sprache ohne Verneinungen aus. Der folgende Satz enthält gleich drei davon:

(1) Hätte zwischen der Erblasserin und ihrem Mann <u>keine</u> Ehe bestanden, sondern eine <u>nicht</u>eheliche Lebensgemeinschaft, so hätte der Mann <u>nichts</u> geerbt und die Mutter wäre Alleinerbin geworden. (ERB-A, S. 7)

Wie will man ohne Negation ausdrücken, dass *keine Ehe* besteht? Oder wie soll positiv ausgedrückt werden, dass jemand *nichts* erbt? Sie werden also auch in Leichter Sprache nicht auf die Negation verzichten können. Um die Probleme, die bei der Verarbeitung negierter Sätze entstehen können, abzumildern, können Sie aber dennoch einiges tun.

7.7.1 Die Wahl der richtigen Mittel

Nicht alle sprachlichen Mittel, mit denen verneint wird, sind für Leichte Sprache gleich gut geeignet.

Grob unterscheiden wir selbstständige Verneinungsmittel, also solche, die frei im Satz stehen *(nein, nicht, nirgends …)*, und unselbstständige Verneinungsmittel, also solche, die in anderen Wörtern eingelagert sind *(k-ein, unfertig, nichtehelich)*. Selbstständige Verneinungsmittel sind leichter aufzufinden und werden weniger leicht übersehen als unselbstständige Verneinungsmittel.

Außerdem unterscheiden wir Verneinungsmittel mit und ohne Zusatzbedeutung: Keine Zusatzbedeutung haben *kein* oder *nicht*; sie drücken ausschließlich Verneinung aus. Anders ist es mit Wörtern wie *nirgends* oder *niemals*, die zusätzlich zur Verneinung noch eine zeitliche oder eine räumliche Bedeutung transportieren. Verneinungsmittel ohne Zusatzbedeutung sind leichter zu verarbeiten als Verneinungsmittel mit Zusatzbedeutung.

Als Faustregel gilt: Wenn Sie eine Verneinung in Leichter Sprache brauchen, sind *nicht* und *nichts* am besten geeignet: Sie sind selbstständig und tragen keine Zusatzbedeutung. Wenn eine Verneinung mit *nicht* nicht möglich ist, verwenden Sie *kein*.

Hinweis: Setzen Sie den Negationsausdruck in allen Fällen fett. Sie vermindern so die Gefahr, dass er überlesen wird.

7.7.2 Die richtige Bedeutung finden

Wenn Sie auf eine Verneinung stoßen, prüfen Sie in einem ersten Schritt, ob Sie eine gute Alternative ohne Negation finden. In Beispiel (2) ist die Verneinung auf den ersten Blick verzichtbar; (2') scheint gegenüber (2) keine Bedeutungsverschiebung aufzuweisen:

(2) Sie müssen Ihre Ziele nicht aufgeben. (PAH-A, S. 10)

(2') Verfolgen Sie Ihre Ziele weiter.

Wenn der Verzicht auf die Verneinung aber so leicht ist wie hier, drängt sich die Frage auf, warum die Autor(inn)en des Ausgangstexts hier die verneinte Form gewählt haben. Wir kommen an dieser Stelle zu einer wichtigen Funktion der Negation, die auch für die Leichte Sprache von Bedeutung ist: Verneinungen werden häufig gebraucht, um Erwartungen von Leser(inne)n aufzugreifen und sie zu dementieren. Im vorliegenden Fall beugt der Schreiber also der Ansicht eines fiktiven Lesers vor, der denken könnte, er müsse seine Ziele aufgeben.

Manchmal ist diese Bedeutungskomponente der negierten Äußerung noch wichtiger als die Negation selbst. Sie können in diesen Fällen also Ihre Übersetzung so anlegen, dass Sie die Erwartung und das darauffolgende Dementi herausarbeiten (wobei Sie hier die Negation häufig wieder benötigen):

(2'') Vielleicht haben Sie gedacht:
    Sie müssen Ihre Ziele aufgeben.
Aber das müssen Sie **nicht**:
    Sie können Ihre Ziele weiter verfolgen.

Empfehlungen: Verneinungen

Verneinte Aussagen sind schwerer zu verarbeiten als nicht verneinte Aussagen, weshalb Sie in Leichter Sprache sparsam mit Negationen sein sollten.

- Wenn Sie verneinen müssen, wählen Sie den frei stehenden Ausdruck *nicht* oder *nichts;* wenn das nicht möglich ist, verwenden Sie *kein.*
- Verzichten Sie möglichst auf Negationsausdrücke, die noch weitere Bedeutungen transportieren (z. B. *nirgends*), oder solche, die in Wörtern eingelagert sind *(unglücklich, verunglücken).*
- Bei der konkreten Textarbeit kann es sinnvoll sein, die Erwartung, die in Verneinungen steckt, in die Übersetzung aufzunehmen.
- Wo auch immer Sie einen Negationsausdruck gebrauchen, setzen Sie ihn fett. Er wird dann weniger schnell überlesen.

7.8 Die Anordnung von Wörtern in Sätzen

Im Deutschen gibt es zwar keine feste Wortabfolge, ganz frei sind wir aber nicht. Einen Überblick verschafft man sich am besten auf der Basis des sogenannten Feldermodells:

Vorfeld	linke Klammer	Mittelfeld	rechte Klammer
Meier	liest	heute wieder die Zeitung	
Heute	hat	Meier wieder die Zeitung	gelesen

Im **Vorfeld** steht genau ein Element (das auch aus mehreren Wörtern bestehen kann: z. B. *Der kleine Herr Meier ...*). In den meisten Fällen steht dort das Subjekt. Die Abfolge *Subjekt – Prädikat – Objekt* (SPO), z. B. *Der Hund (S) beißt (P) den Briefträger (O)*, ist im Deutschen das wichtigste Wortstellungsmuster überhaupt. Sie sollten es auch in Leichter Sprache verwenden. Beginnen Sie also jeden Satz mit dem Subjekt, wenn nicht wichtige Gründe dagegen sprechen, die wir weiter unten aufgreifen.

Linke Klammer und **rechte Klammer** bilden zusammen das Prädikat, wobei die linke Klammer immer besetzt ist, die rechte nur dann, wenn das Prädikat zweiteilig ist *(hat ... gelesen).*

Aus dieser Klammerstruktur ergeben sich besondere Anforderungen an die Leichte Sprache: Das **Mittelfeld**, das von den beiden Klammern umschlossen wird, kann praktisch beliebig lang sein:

Vorfeld	linke Klammer	Mittelfeld	rechte Klammer
Meier	hat	*heute an diesem wunderbaren Sonnentag wieder einmal mit großem Interesse die Zeitung von gestern*	gelesen

Beim Erfassen dieses Satzes besteht die Schwierigkeit darin, dass das Hauptverb (hier: *gelesen*), das für die Verarbeitung von Sätzen gebraucht wird, erst spät hinzukommt – für Leser(innen) mit einer geringen Aufmerksamkeitsspanne zu spät.
Mit zwei Strategien können Sie hier Abhilfe schaffen: Wählen Sie, wenn möglich, einteilige Prädikate. Das Hauptverb steht dann in der linken Klammer und ist früh zugänglich. Vermeiden Sie außerdem lange Mittelfelder. Oft ist es gut, beide Strategien anzuwenden (s. Grundlagenwerk, Kap. 10.3).

Der folgende Satz aus der Erbrechtsbroschüre weist eine für Rechtstexte typische Struktur auf:

(1) In diesen und allen anderen komplexen Fällen kann und will die Broschüre eine umfassende anwaltliche oder notarielle Beratung selbstverständlich nicht ersetzen. (ERB-A, S. 3)

Vorfeld	linke Klammer	Mittelfeld	rechte Klammer
In diesen und allen anderen komplexen Fällen	kann und will	die Broschüre eine umfassende anwaltliche oder notarielle Beratung selbstverständlich nicht	ersetzen

Das Subjekt *(die Broschüre)* steht nicht im Vorfeld, sondern erst im Mittelfeld. Das Vorfeld ist stattdessen mit einer langen Adverbialkonstruktion belegt *(In diesen und allen anderen komplexen Fällen)*, die Sie in Leichter Sprache ebenfalls vermeiden sollten.

Das Prädikat ist zweiteilig und in sich gereiht *(kann und will … ersetzen)*. Das Mittelfeld hat mit 10 Wörtern eine erhebliche Länge *(die Broschüre eine umfassende anwaltliche oder notarielle Beratung selbstverständlich nicht)*.

Arbeiten Sie in solchen Fällen zunächst das Kerngerüst des Satzes heraus:

(1‘) In diesen Fällen kann die Broschüre eine Beratung nicht ersetzen.

Wandeln Sie den Satz dann so um, dass er die SPO-Folge aufweist, also mit dem Subjekt *(die Broschüre)* beginnt:

(1‘‘) Die Broschüre kann die Beratung in diesen Fällen nicht ersetzen.

Ausgehend hiervon formulieren Sie den Inhalt des Satzes sowie die ausgefallenen Informationen in kurzen, prägnanten Sätzen:

(1‘‘‘) Die Broschüre ist nur eine Hilfe.
Die Broschüre zeigt Ihnen einige wichtige Fälle.
Vielleicht brauchen Sie aber auch eine Beratung.
Dann gehen Sie zu einem Anwalt.
Oder gehen Sie zu einem Notar.

Wie Sie sehen, haben wir hier durchgängig einteilige Prädikate und kurze Mittelfelder erzeugt. Die SPO-Reihenfolge mit dem Subjekt *(die Broschüre)* an erster Stelle haben wir aber nur in zwei Fällen, in den ersten beiden Sätzen, eingehalten. Der dritte Satz beginnt mit einem Adverbial *(vielleicht)* und leitet so einen Themenwechsel ein (Wegorientierung von der Broschüre, Hinorientierung zur Beratung). Im vierten und fünften Satz ist die SPO-Folge schon deshalb nicht eingehalten, weil es sich um Aufforderungssätze handelt, bei denen das Verb *(gehen)* vor dem Subjekt *(Sie)* steht.

Themenwechsel und der **Wechsel der Satzart** sind gute Gründe, die SPO-Folge aufzugeben. Prüfen Sie also in Ihren Leichte-Sprache-Texten, ob Sie bei Ihren Sätzen die SPO-Folge eingehalten haben und ob Abweichungen davon funktional gut begründet sind.

Empfehlungen: Wortfolgen

- Beginnen Sie in Leichter Sprache den Satz in der Regel mit dem Subjekt; damit verwenden Sie das im Deutschen häufigste Wortstellungsmuster *Subjekt – Prädikat – Objekt (SPO).*
- Abweichungen von der SPO-Abfolge, z. B. Voranstellung von Adverbien *(vielleicht gehe ich ins Kino)* oder die Abfolge PSO *(gehen Sie ins Kino),* sollten immer mit einer besonderen Funktion verbunden sein (z. B. Themenwechsel, Satzartenwechsel).

Wegen der Klammerstruktur stehen die Prädikatsteile im Satz nicht zusammen, sondern sind auf linke und rechte Klammer verteilt.

- Wählen Sie wenn möglich einteilige Prädikate.
- Wenn Sie zweiteilige Prädikate brauchen, wählen Sie kurze Mittelfelder.

8. Was ist auf Textebene zu beachten?

8.1 Herausforderung Text

Texte sind nicht einfach Ansammlungen von Sätzen, sie sind zusammenhängende Gebilde mit einer inneren Struktur. Argumente sind miteinander verschränkt, Folgerungen greifen ineinander, Informationen bauen aufeinander auf.

Der Nachrichtentext, aus dem wir in den vorangegangenen Kapiteln bereits einige Passagen genutzt haben, um Übersetzungsstrategien auf Wort- und Satzebene zu besprechen, zeigt, wie die Informationen auf der Textebene ineinandergreifen.

(1) Rostock (dpa/mv) – Im Prozess um den tödlichen Massenunfall im Sandsturm bei Rostock im April 2011 ist ein 53-jähriger Lkw-Fahrer wegen fahrlässiger Tötung zu einer Geldstrafe von 3 600 Euro verurteilt worden. Der Richter sah es am Dienstag als erwiesen an, dass der Lastwagenfahrer den Tod eines Autofahrers mitverursacht hat. Er sei auf der A 19 zu schnell in die Sandwolke hineingefahren und mit einem vor ihm fahrenden Lastwagen zusammengestoßen. Dadurch sei der vordere Lkw in das Fahrzeug eines Ehepaares geschoben worden. Der Ehemann starb, die Frau wurde schwer verletzt. Die Staatsanwaltschaft hatte dem Lasterfahrer vorgeworfen, das Sichtfahrgebot verletzt zu haben. Das Urteil ist noch nicht rechtskräftig. (SAND-A)

In nur sieben eng miteinander vernetzten Sätzen wird hier eine komplexe Narration entfaltet: Berichtet wird von einem Urteil, seinem Zustandekommen und seiner Begründung sowie über den Ablauf des Unfalls, auf den sich das Urteil bezieht. Ebenfalls benannt wird die Tatsache, dass die Angelegenheit, über die berichtet wird, möglicherweise noch nicht abgeschlossen ist, da das Urteil noch nicht rechtskräftig ist. Die Komplexität dieses Texts wird durch folgende Eigenschaften noch weiter gesteigert:

1. Das Geschehen findet an unterschiedlichen **Schauplätzen** statt: am Unfallort, im Gericht.
2. Das Geschehen wird aus unterschiedlichen **Perspektiven** dargestellt: aus der Perspektive des Nachrichtenschreibers, der die Fakten vorstellt, aus der Perspektive des Richters, der die Schuldfrage zu klären hat.

3. Es wird über verschiedene, teilweise mehrere Jahre, teilweise nur wenige Wochen auseinander liegende **Zeitpunkte** und **Zeiträume** berichtet: den Unfall in seinem Verlauf, die Wettersituation während des Unfalls, das Verhalten des Unfallverursachers direkt vor dem Unfall, den Prozess als Verlauf, unterschiedliche Zeitpunkte während des Prozesses (Anklageerhebung, Urteilsverkündung, Urteilsbegründung).

Dabei fällt auf, dass über die Ereignisse nicht in ihrer tatsächlichen zeitlichen Abfolge berichtet wird; nach einer kurzen Einordnung des Geschehens wird noch im ersten Satz die eigentliche Nachricht benannt: Informationen über das Urteil.

Das ist typisch für die Textsorte »Nachrichtentext«: Als Erstes wird die aktuelle Meldung gebracht, im nächsten Schritt werden die Hintergründe, zeitlich Vorausgehendes, unterschiedliche Meinungen oder Belege angeführt sowie zukünftige Entwicklungen oder nächste Schritte angekündigt. Häufig springt der Schreiber zwischen den unterschiedlichen Zeitebenen hin und her (s. auch Kap. 7.6.1).

Für die Darstellung komplexer Text- und Weltverhältnisse stehen in der Standardsprache komplexe sprachliche Mittel zur Verfügung. Leichte Sprache greift demgegenüber bei Lexik und Grammatik nur auf die zentralen Elemente zurück. Alles, was nicht zum Basisinventar der Sprache gehört, wird abgewählt. Durch strikte Layoutvorgaben sind die Texte auch optisch gleichförmig (s. Kap. 9.2). Damit werden die Vielfalt der Sprache und die Möglichkeiten der Darstellung komplexer Welt- und Textverhältnisse deutlich beschnitten.

Texte in Leichter Sprache unterscheiden sich von Standardtexten also zunächst durch **Reduktionen** (Strategien der Beschränkung). Zugleich aber sind, gegenläufig dazu, **Additionen** zu beobachten, dort nämlich, wo Konzepte aus dem Text erläutert werden müssen. Wir sprechen von der Strategie der Erweiterung. Strategien der Beschränkung (Reduktion) sind solche Maßnahmen, die das sprachliche Inventar, das in der Standardsprache zur Verfügung steht, auf zentrale Bestandteile wie die folgenden begrenzen:

- Beschränkung auf zentrale, früh gelernte und spät wieder verlernte Wörter, die sich auf Alltagsgegenstände beziehen (s. Kap. 6.1),
- Verzicht auf bzw. sorgsamer Umgang mit Abstrakta, Fremd- und Fachwörtern, Komposita etc. (s. Kap. 6.1.1, Kap. 6.1.2 und Kap. 6.4),
- Verzicht auf Pronomen und auf Varianz bei der Bezeichnung von Personen oder Gegenständen (s. Kap. 6.3)
- Eingriff in die grammatischen Strukturen: nur Hauptsätze (s. Kap. 7.1), keine Genitivkonstruktionen (s. Kap. 7.3), kein Konjunktiv (s. Kap. 7.5), kein Präteritum (s. Kap. 7.6) etc.

Als Strategien der Erweiterung (Addition) bezeichnen wir die Anreicherung von Texten mit Erklärungen und Beispielen zu Wörtern, Hintergründen, nicht voraussetzbaren Wissensbeständen etc. (s. Kap. 6.1.2). Es wird mit gutem Grund davon ausgegangen, dass die Leichte-Sprache-Leserschaft Texte nicht verstehen kann, die zu viele unbekannte Konzepte enthalten und ihre Argumentation auf solchen Konzepten aufbauen.

Wie wirken sich Beschränkungen und Erweiterungen auf die Textebene aus?

Nun können aber sowohl die Strategien der Reduktion als auch die Strategien der Addition, die dazu dienen, das Verstehen auf Konzept-, auf Wort- und auf Satzebene zu sichern, auf der Textebene genau zum Gegenteil führen: Was dem Verstehen auf Wort- und Satzebene zuträglich ist, kann das Verstehen auf Textebene gerade erschweren. Schauen wir uns die Regeln auf Wort- und Satzebene unter diesem Blickwinkel an:

In **Satzgefügen** werden Aussagen grammatisch eng miteinander verknüpft. Eine Vielzahl von Subjunktionen steht zur Verfügung, die die Beziehungen der Teilsätze zueinander bezeichnen (s. Kap. 7.1):

(2) Ralf gab sich große Mühe, *obwohl/obgleich/wenngleich/obschon/wiewohl* ihn die Aufgabe nicht interessierte.

Die Reduktion der grammatischen Mittel führt zu einer reinen Einzelsatzstruktur in Leichte-Sprache-Texten. Die Leser(innen) können dann zwar die Einzelsätze erfassen, müssen aber auch noch die Art der Verknüpfung erkennen. Dabei ist die Zahl der möglichen Verknüpfungsmittel in Leichter Sprache reduziert auf diejenigen unter ihnen, die nicht auf eine Verwendung in Satzgefügen festgelegt sind. Subjunktionen wie *obwohl* sind damit ausgeschlossen, können aber z. B. durch Adverbien wie *trotzdem* ersetzt werden:

(2‘) Die Aufgabe war **nicht** interessant für Ralf.
Trotzdem hat sich Ralf sehr angestrengt.

Komplexe nominale Strukturen (wie zu Beginn des ersten Satzes in unserem Ausgangsbeispiel: *Im Prozess um den tödlichen Massenunfall im Sandsturm bei Rostock im April 2011*) bezeichnen ihren Gegenstand genau und sind dabei sehr kompakt. Die Leser(innen) haben durch die räumliche Nähe den Zusammenhang der Aussagen präsent und können Verknüpfungen der Aussagen untereinander sowie zu den nachfolgenden Aussagen herstellen.

In Leichter Sprache steht dieses Mittel nicht zur Verfügung: Nominalstil soll in Verbalstil aufgelöst werden (s. Kap. 7.3); Sätze sollen nur ein Minimum an Aussagen enthalten. Aus einem einzigen Satz im Ausgangstext werden in Leichter Sprache mehrere Sätze, manchmal sogar mehrere Absätze. Die Beschränkung der Mittel führt hier zu einem Volumenzuwachs des Texts: Reduktion führt zu Addition.

Die Beschränkung bei den **Zeitformen** (kein Präteritum, Plusquamperfekt und Futur) (s. Kap. 7.6) führt dazu, dass komplexe zeitliche Verhältnisse in Texten nur noch schwer ausdrückbar sind. Zeitsprünge, wie sie in unserem Beispieltext in einem Abschnitt gleich mehrfach vorkamen – sogar mehrfach im selben Satz –, können nicht mit Verbformen ausgedrückt werden. Sie müssen, wenn sie im Text erscheinen sollen, über lexikalische Mittel an die sprachliche Oberfläche geholt werden. Auch hierdurch wächst das Textvolumen.

Der Wegfall von **Pronomen** und der Verzicht auf Varianz bei der Bezeichnung von Personen und Gegenständen (s. Kap. 6.3) führt zu Lockerungen des inneren Textzusammenhalts. In unserem Ausgangstext wird der Lkw-Fahrer, um dessen Prozess es geht, mit verschiedenen Bezeichnungen belegt: *53-jähriger Lkw-Fahrer, Lastwagenfahrer, Lasterfahrer*; an anderen Stellen verwendet der Text Pronomen *(er, ihm)*. Eine Einebnung dieser Varianz in Leichter Sprache führt dazu, dass der Zusammenhang zwischen den einzelnen Sätzen nicht mehr so deutlich wird wie im Ausgangstext. Wenn komplexe Personenbezeichnungen wie *der 53-jährige Lkw-Fahrer* in Einzelinformationen aufgelöst werden *(Das Gericht hat einen Lkw-Fahrer verurteilt. Der Lkw-Fahrer ist 53 Jahre alt)*, wächst zusätzlich das Textvolumen.

Wörter, die nicht als zentral einzustufen sind (s. Kap. 6.1), müssen vermieden oder erklärt werden (s. Kap. 6.1.2). Werden sie erklärt, so wächst wiederum der Textumfang. Im folgenden Beispiel wird das Wort *Sandsturm* erklärt:

(3) An der Unfall·stelle war ein Sand·sturm.
  Ein Sand·sturm ist eine große Wolke.
  Die Wolke ist aus Staub und Sand.
  Sand·stürme entstehen durch starken Wind.
Sand·stürme sind in Deutschland sehr selten.
Der angeklagte Lkw-Fahrer ist sehr schnell in den Sand·sturm gefahren.
Der angeklagte Lkw-Fahrer ist in einen zweiten Lkw gefahren.
(SAND-L)

Worterklärungen sind klassische Additionsverfahren, sie erweitern den Text um zusätzliche Informationen und kompensieren fehlendes Wissen. Auf die textuelle Entfaltung wirken sie sich dagegen ungünstig aus, denn sie zerreißen gleichsam den Gang der Argumentation. Gerade wer nur über eine geringe Aufmerksamkeitsspanne verfügt oder wer besonders langsam liest und damit seine Gedächtniskapazität schnell ausreizt, ist möglicherweise nicht in der Lage, an die zuvor im Text enthaltenen Informationen anzuschließen.

Bilder werden in Leichte-Sprache-Texten häufig eingesetzt, um unbekannte Konzepte zu erläutern (s. Kap. 9.3). Es kann sehr hilfreich sein, zusätzlich zu einer Erklärung ein Bild von einem Gegenstand abzubilden, der nicht als bekannt vorausgesetzt werden kann. Bilder werden, gerade von schwachen Leser(inne)n, bei der Wahrnehmung einer Textseite noch vor der Schrift erfasst. Die Leser(innen) entwickeln dann Vermutungen über den Textinhalt. Dieses Verfahren unterstützt also das Wort- bzw. Konzeptverstehen, erhöht aber wiederum das Volumen der Darstellung.

Die **Layoutvorschriften** für Leichte Sprache (nur ein Satz pro Zeile, große Abstände zwischen den Zeilen, große Schrift, s. Kap. 9.2) stellen ein weiteres Additionsverfahren dar, das Texte selbst dann länger macht, wenn die Informationen aus dem Ausgangstext reduziert worden sind. Dieses Verfahren trägt dazu bei, dass einzelne Sätze gut erkennbar sind, der Zusammenhang zwischen den einzelnen Aussagen aber nicht so deutlich werden kann wie in Fließtexten: Aufeinander aufbauende Informationen und Argumente sind räumlich voneinander getrennt.

Fasst man nun alles zusammen, betreffen die unerwünschten Konsequenzen, die die Reduktions- und Additionsverfahren mit sich bringen, zwei sehr wichtige Eigenschaften von Texten:

1. Durch die Beschränkung auf basale sprachliche Mittel ist es oft nicht oder nur schwer möglich, verschiedene **Textsorten** in Leichter Sprache voneinander zu unterscheiden.
2. Durch zusätzliche Erklärungen oder Bebilderungen, das Fehlen von Satzgefügen, den Verzicht auf Pronomen oder durch die Layoutvorschriften wird der innere Textzusammenhalt, also die **Kohärenz** von Texten in Leichter Sprache, gelockert oder sogar vollständig aufgelöst.

8.2 Strategien zur Gestaltung der Textebene

Wie wir nun gesehen haben, bringen die Addition und die Reduktion in Leichter Sprache unerwünschte Konsequenzen mit sich (Textsorten können kaum mehr unterschieden werden, der Textzusammenhalt wird gelöst). Es stehen Ihnen allerdings einige Mittel zur Verfügung, um diese Nachteile/Mängel auszugleichen bzw. abzumildern (s. Grundlagenwerk, Kap. 12.4).

8.2.1 Die Verdeutlichung der Textsorte

Wenn ein Text als Vertreter einer bestimmten Textsorte erkannt wird, aktivieren sich im Kopf der Leser(innen) bestimmte Konzepte, und die Inhalte, die der Text bietet, können leichter eingeordnet werden. Ist in einer amtlichen Broschüre von »Gerichten« die Rede, gehen sie eher nicht davon aus, dass es um Speisen geht. Die Mehrdeutigkeit des Worts *Gericht* tritt damit noch vor Beginn der Lektüre zurück und die Leserschaft hat eine klare Erwartung, was das Wort in diesem Text bedeuten wird. Außerdem aktivieren sich zugleich die zugehörigen Begriffe wie *Richter, Staatsanwalt, Anklage*. Tauchen solche Begriffe dann im Text auf, können sie schneller verarbeitet werden. Die Einschätzung, zu welcher Textsorte ein Text gehört, gibt uns daher auch Aufschluss darüber, was ein Text »von uns will«, sodass wir mit bestimmten Erwartungen an die Lektüre herangehen. Das wiederum verbessert das Textverstehen.

Allerdings ist es dafür erforderlich, dass die Leser(innen) bereits Erfahrungen mit bestimmten Textsorten sammeln konnten. Für eine Adressatenschaft mit Leseeinschränkungen ist der verständnissichernde Effekt hier möglicherweise weniger groß. Für die Zukunft sollte es ihnen allerdings ermöglicht werden, selbst aktiv ein Textsortenwissen aufzubauen. Die starke Homogenisierung der Texte erleichtert nun aber gerade nicht das Meistern der Textebene und den Aufbau von Textsortenwissen. Wie können Sie vorgehen?

Eine Textzusammenfassung schreiben

Ganz allgemein ist es möglich, durch eine Textzusammenfassung, die Sie Ihrem Leichte-Sprache-Text voranstellen, auf die Textsorte und die Textfunktionen hinzuweisen. Sie ermöglichen den Leser(inne)n dann eine Voraborientierung darauf, was sie erwarten können.

Die Übersetzerinnen des oben bereits zitierten Nachrichtentexts haben diesen Weg gewählt und ihrer Leichte-Sprache-Übersetzung eine Zusammenfassung vorangestellt, in der die Leser(innen) über den Textgegenstand und die Art seiner Präsentation informiert werden:

(1) Bei Rostock gab es vor 4 Jahren einen schweren Unfall.
Jetzt hat das Gericht einen Lkw-Fahrer verurteilt.
Der Lkw-Fahrer ist nämlich zu schnell gefahren.
(SAND-L)

Ein Vorwort schreiben

Mit einem Vorwort können Sie die Funktion Ihres Leichte-Sprache-Texts deutlich machen: Was ist der Gegenstand des jeweiligen Texts? Welchen Status hat er – informiert er, berät er oder weist er an? Was sind seine Hauptaussagen?

So hat die Übersetzerin der PAH-Broschüre die folgende Passage aufgenommen, um den Status des Texts als Informationsbroschüre kenntlich zu machen:

(2) Dieses Heft beantwortet einige von Ihren Fragen.
So können Sie Ihre Krankheit besser verstehen.
(PAH-L, S. 5)

Nun kann sich allerdings die Textfunktion von Ausgangstext und Zieltext auch unterscheiden. Rechtstexte verlieren in Leichter Sprache beispielsweise meist ihre Rechtsgültigkeit, d. h., man kann auf der Grundlage der Leichte-Sprache-Übersetzung nichts einklagen (s. Kap. 2.5). Der Leichte-Sprache-Text hat die Funktion, die Leser(innen) über einen Rechtsgegenstand zu informieren.
Auch das können Sie in einem eigenen Vorwort deutlich machen:

(3) Der Text in Leichter Sprache soll Sie nur informieren.
Der Text ist nur ein Zusatz·angebot.
Der rechts·gültige Text ist das Gesetz.
(ERB-L, S. 2)

Hinweis: Manche Leser(innen) benötigen zwar Texte in Leichter Sprache, fühlen sich jedoch gleichzeitig dadurch stigmatisiert. Auch manchen Gesprächspartner(inne)n ist es unangenehm, einen Leichte-Sprache-Text einzusetzen, beispielsweise auf eine Broschüre in Leichter Sprache hinzuweisen; denn dieser Hinweis unterstellt, dass man den Adressat(inn)en nicht zutraut, den allgemein- oder fachsprachlichen Ausgangstext lesen zu können. Dieses Problem können Sie in Ihrem Leichte-Sprache-Text in einem Vorwort explizit machen und erklären, was der Leichte-Sprache-Text bezweckt. Der Text ist dann möglicherweise für die Adressat(inn)en akzeptabler. Ein solches Beispiel haben wir in Kap. 3.3 gezeigt.

An Textsortenkonventionen anlehnen

Wenn möglich, lehnen Sie sich für die sprachliche und visuelle Gestaltung Ihres Leichte-Sprache-Texts an die Textsortenkonventionen an, sofern diese nicht eklatant gegen Leichte-Sprache-Regeln verstoßen. Diese Strategie ist eine Gratwanderung: Die Anlehnung an Textsortenkonventionen hilft dabei, die Leser(innen) nicht zu weit von der allgemeinsprachlichen Schriftlichkeit wegzuführen, die Texte insgesamt akzeptabler zu gestalten und die Lern- und Brückenfunktion der Leichten Sprache zu stützen. Gleichzeitig laufen Sie Gefahr, dass Ihr Text dadurch nicht mehr optimal verständlich ist, da die Leichte-Sprache-Regeln für sprachliche und visuelle Gestaltung ja auf maximale Verständlichkeit ausgerichtet sind.

Die Zugehörigkeit eines Texts zu einer bestimmten Textsorte spielt einerseits bei seiner konkreten Gestaltung eine Rolle: Wie wir in Kap. 7.1.1 bereits angedeutet haben, gilt es allgemein als leichter verständlich, wenn Ereignisse in ihrer tatsächlichen, chronologischen Reihenfolge geschildert werden, als wenn ein Text in den Zeitebenen hin- und herspringt. Allerdings gehören Zeitsprünge gerade zu den typischen Eigenschaften einer Reihe von Textsorten, z. B. von Nachrichtentexten. Auch das Beispiel, das sich eingangs in diesem Kapitel findet, arbeitet mit Zeitsprüngen. Würde man die Ereignisfolge in ihrer natürlichen Chronologie darstellen, müsste der Nachrichtentext in Leichter Sprache die Ereignisse in dieser Reihenfolge schildern: 1. der Sandsturm, 2. die unangemessene Fahrweise des Lkw-Fahrers, 3. der Unfall, 4. die Anklage der Staatsanwaltschaft, 5. das Urteil und 6. die noch fehlende Rechtskraft des Urteils.

Der Sandsturm und der Unfall liegen jedoch schon Jahre zurück. Warum erscheinen sie im Oktober 2015 in den Nachrichten? Der Anlass ist das Urteil, das zu diesem Zeitpunkt verkündet wurde. Zwar muss der Unfall zur Einordnung zunächst kurz benannt werden, dann ist jedoch auf das Urteil einzugehen – auch in Leichter Sprache. Die Regel, Ereignisse in ihrer chronologischen Reihenfolge darzustellen, kann darum hier nicht aufrechterhalten werden. Sie widerspricht dem Prinzip »Aktuelles zuerst«, das für Nachrichtentexte gilt. Der Zieltext muss also ebenfalls Zeitsprünge enthalten, die Sie dann eigens kenntlich machen müssen (s. Kap. 7.6.1).

Zudem können Sie auch durch die visuelle Gestaltung dazu beitragen, Textsorten zu verdeutlichen. Wenn alle Leichte-Sprache-Texte gleich aussehen, werden die Leser(innen) möglicherweise unnötig stark aus einer »normalen« Textwelt ausgegrenzt. Der Übergang in die allgemeinsprachliche Schriftlichkeit wird dann besonders schwer. In Schweden und Norwegen wird hier ein anderer Weg beschritten (s. Kap. 2.2). Leser(innen) werden dann weniger stigmatisiert, das Lesen von Leichte-Sprache-Texten passt sich stärker an die Lesenormalität an. Prüfen Sie, ob dies nicht auch für Ihre Texte wenigstens teilweise möglich ist.

Empfehlungen: Verdeutlichung von Textfunktion und Textsorte

Weil in Leichter Sprache kaum standardsprachliche Mittel zur Verdeutlichung der Textfunktion und der Textsortenzugehörigkeit zur Verfügung stehen, benötigen Sie teilweise eigene Mittel:

- Die Zugehörigkeit Ihres Texts zu seiner Textsorte können Sie mit einer Textzusammenfassung oder mit einem Vorwort deutlich machen.
- In einem Vorwort können Sie die Funktion Ihres Texts explizit benennen (z. B. *Dieser Text soll sie informieren ...*).
- Manchmal kann es sinnvoll sein, auch zu sagen, welche Funktionen ein Text **nicht** hat, wenn er sich hierin vom Ausgangstext unterscheidet (z. B. Rechtsgültigkeit).
- Zur Stärkung der Textsortenzugehörigkeit setzen Sie mit Augenmaß textsortenspezifische Eigenschaften im Leichte-Sprache-Text um (z. B. Informationsreihenfolge bei Nachrichtentexten). Diese dürfen die Verständlichkeit der Texte nicht beeinträchtigen.
- Gestalten Sie Texte auch visuell textsortengerecht und lehnen Sie sie nach Möglichkeit an das Layout des Ausgangstexts an, sofern dieses nicht den Regeln für gute Wahrnehmbarkeit widerspricht (s. Kap. 9).

8.2.2 Sicherung des Textzusammenhalts

Um den Textzusammenhalt, also die Zusammengehörigkeit von Informationen, sichtbar zu machen, haben sich in Leichter Sprache verschiedene Praktiken etabliert:

Zwischenüberschriften und Randglossen

Fügen Sie Zwischenüberschriften und Randglossen in Ihren Leichte-Sprache-Text ein. Sie gliedern den Text und lassen die Hauptinformationen und den Gang der Argumentation hervortreten. Die wichtigsten Punkte sind auf einen Blick bzw. mit geringem Aufwand zu erkennen. Wenn Leser(innen) durch eine dazwischengeschobene Erklärung oder nach dem Nachschlagen eines Begriffs im Glossar den Faden verloren haben, können sie das Thema eines Abschnitts schnell wiederfinden.

Einrückungen und Aufzählungszeichen

Schauen Sie noch einmal auf den Nachrichtentext auf S. 156, Beispiel (3), zurück: Die drei Zeilen mit der Erklärung, was ein Sandsturm ist, sind gegenüber dem sonstigen Text eingerückt. Zwar unterbricht die Erklärung immer noch den

Textfluss, aber der Umfang der Unterbrechung ist sichtbar. Die Aussagen, die direkt aufeinander aufbauen *(An der Unfall·stelle war ein Sand·sturm. Sand·stürme sind in Deutschland sehr selten)*, haben dieselbe Einrückungstiefe. Geübte Leichte-Sprache-Leser(innen) erhalten so eine wirksame Lesehilfe. Möglicherweise können Leser(innen), die die Erklärung nicht benötigen, diese sogar überspringen.

Eine weitere Funktion der Einrückung ist die Kennzeichnung der direkten Rede (s. Kap. 7.5), die – in selteneren Fällen – zusätzlich mit Anführungszeichen steht, wenn es sich dabei tatsächlich um den Wortlaut der Äußerung handelt.

Ein gutes visuelles Orientierungssystem bieten auch Aufzählungszeichen. Sie gruppieren mehrere Aussagen unter eine übergeordnete Aussage und markieren die Zusammengehörigkeit von Informationen. Aufzählungszeichen sollten Sie vor allem bei längeren Reihungen (s. Kap. 7.2) einsetzen.

Mit einer Kombination aus Einrückungen und Aufzählungszeichen können Sie mehrfache Einbettungen gut wahrnehmbar machen, wie der folgende Ausschnitt zeigt:

(4) Manche Symptome gibt es am Anfang oft.
Zum Beispiel:
- Sie bekommen schwer Luft:
  Beim Treppen·steigen.
  Oder beim Laufen.
- Sie fühlen sich oft müde.
- Oder Ihnen wird oft schwindlig.

(PAH-L, S. 10, leicht abgewandelt)

Bilder und visuelle Leitsysteme zur Orientierung auf Textebene einsetzen

Bilder können, wenn sie zur Erläuterung von Einzelwörtern eingesetzt werden, auf Textebene störend wirken. Richtig eingesetzt können sie aber dabei helfen, das Erfassen zentraler Textgegenstände zu stützen. Das ist zum Beispiel der Fall, wenn bestimmte Textthemen mit Bildern belegt werden und diese Bilder immer dann wiederholt werden, wenn das entsprechende Thema wieder aufgegriffen wird.

In gleicher Weise funktionieren visuelle Leitsysteme, die auf der Ebene eines Absatzes oder einer sonstigen Sinneinheit etwa mit Farben oder anderen Hervorhebungen arbeiten (s. Kap. 9.1.2).

Unterstreichungen, Fettungen, Einrahmungen

Manchmal kann es nützlich sein, wenn bestimmte Leitbegriffe in einem Text durch eine besondere Markierung optisch ins Auge springen. Die Leser(innen) können dann zentrale von weniger zentralen Textinhalten unterscheiden. Besonders entscheidende Passagen können Sie durch Einrahmungen kennzeichnen (s. auch S. 178).

Gehen Sie aber insgesamt behutsam mit diesen Mitteln um. Bei zu vielen Sonderkennzeichnungen kann sich der orientierende Zweck in sein Gegenteil verkehren.

Ausgelagerte Worterklärungen

Zur Entlastung des Textkörpers können Sie Erklärungen unbekannter Wörter auslagern. Sie können in einer Spalte neben dem Text (vor allem bei Onlinetexten) oder am Ende eines Texts (vor allem bei Printtexten) angeordnet werden. Der Kerntext selbst wird dadurch kompakter, weil er nicht durch eingeschobene Erläuterungen durchbrochen wird. So können Sie den Textzusammenhang leichter herausarbeiten.

Diese Strategie ist jedoch mit einem empfindlichen Nachteil behaftet: Sie nützt ausschließlich denjenigen Leser(inne)n, die nur sporadisch auf das Glossar zugreifen müssen. Werden die Erklärungen durchgehend benötigt, müssen die Leser(innen) die Lektüre zu häufig unterbrechen und im nächsten Schritt wieder in den Kerntext zurückfinden und den Faden wieder aufnehmen. Wenn das der Fall ist, sollte man die Erklärung besser im Text belassen.

Ausgelagerte Erklärungen zur Entlastung des Texts sind also nur dann sinnvoll, wenn man davon ausgeht, dass ein Großteil der Adressat(inn)en die Erklärungen nur in Einzelfällen benötigt.

Direkte Ansprache der Leser(innen) und konkrete Handlungsorientierungen

Sie können den Textzusammenhalt weiter stützen, wenn Sie die Leser(innen) direkt ansprechen, unpersönliche Formulierungen vermeiden und eine konkrete Handlungsorientierung geben. Die einzelnen Informationen hängen dann nicht in der Luft wie in Beispiel (5), sondern können auf das eigene Handeln bezogen werden wie in Beispiel (5‘) (http://www.soziales.niedersachsen.de):

(5) Hörbehinderte Menschen haben allgemein das Recht, zur Verständigung in der Amtssprache Gebärdensprache zu verwenden; Aufwendungen für Dolmetscher sind von der Behörde oder dem für die Sozialleistung zuständigen Leistungsträger zu tragen (§ 19 Abs. 1 SGB X).

(5‘) Sie dürfen beim Amt immer Gebärden·sprache benutzen.
Das Amt muss Ihnen einen Dolmetscher bezahlen.
Der Dolmetscher kann Gebärden·sprache.
Der Dolmetscher kann auch sprechen und hören.
Der Dolmetscher übersetzt für Sie.
Der Dolmetscher ist ein Gebärden·sprach-Dolmetscher.

Hinweis: Achten Sie darauf, dass Sie Ihre Adressat(inn)en in altersangemessener Form ansprechen. Duzen Sie Ihre Leserschaft nur dann, wenn Sie das auch in der allgemeinsprachlichen Fassung tun würden.

Wenn Sie Aufforderungen oder Handlungsanweisungen aussprechen, so tun Sie es direkt. Vermeiden Sie also Formulierungen vom Typ: »Es wäre hilfreich, wenn Sie sich bei derartigen Problemen frühzeitig an uns wenden.« Besser ist eine direkte Variante: »Haben Sie ein Problem? Dann melden Sie sich bitte schnell bei uns.« Indirekt formulierte Aufforderungen sind schwerer zu verstehen als direkt formulierte. Sie sind jedoch auch höflicher als direkte Aufforderungen, denn der Gesprächspartner / die Gesprächspartnerin wird weniger stark festgelegt. Verständlichkeit ist jedoch im Zweifelsfall wichtiger als Höflichkeit. Seien Sie sich aber bewusst über diese mögliche Auswirkung direkter Formulierungen.

Hinweis: Manchmal ist es auch möglich, statt der Adressatenperspektive *(Sie)* in die Rolle des Lesers zu schlüpfen und so eine fingerte Sprecherperspektive *(ich)* einzunehmen. So können Sie zum Beispiel schreiben:

Diese Entscheidung ist wichtig für Sie:
- Sollen Sie ein Testament machen?
- Und was soll in Ihrem Testament stehen?

oder

Diese Entscheidung ist wichtig für mich:
- Soll ich ein Testament machen?
- Und was soll in meinem Testament stehen?

Feste Regeln dafür, wann welche Variante besser ist, gibt es nicht.

Positionen und Stimmen verdeutlichen

In Texten werden andere Positionen und Stimmen aufgerufen. Manchmal geschieht das direkt, indem eine andere Meinung oder ein Beleg zitiert wird. Manchmal ist ein Text aber auch eine Antwort auf eine bestimmte Meinungsäußerung, die im Text gar nicht explizit benannt wird. In Ihrem Leichte-Sprache-Text sollten Sie Positionen und Stimmen deutlich machen: Wer sagt was? Wie steht der Autor / die Autorin des Textes dazu? Wie verbindlich ist die jeweilige Position und welche Handlungsoptionen lassen sich ableiten?

Texte machen außerdem häufig nicht explizit, wer eine Handlung ausführt oder an wen genau sich der Leser oder die Leserin wenden soll. In Leichter Sprache sollten die Handlungsträger im Text stets explizit benannt werden. Zudem sollten Sie ausführen, wie die Leser(innen) Kontakt herstellen können (z. B. indem Sie Ansprechpersonen benennen und Kontaktinformationen geben). Das stellt eine Herausforderung für die Übersetzung dar, weil diese Informationen häufig erst ermittelt werden müssen (s. Kap. 5.2 und 5.3).

Empfehlungen: Sicherung des Textzusammenhalts

- Fügen Sie Zwischenüberschriften und/oder Randglossen ein.
- Verwenden Sie Einrückungen, um eingeschobene Erklärungen und direkte Redezüge zu kennzeichnen.
- Verwenden Sie bei längeren Reihungen Aufzählungszeichen.
- Setzen Sie Bilder und visuelle Leitsysteme zur Orientierung auf der Textebene ein (s. Kap. 9.3).
- Arbeiten Sie mit Unterstreichungen, Fettungen oder Einrahmungen, um besonders wichtige Textpassagen hervorzuheben. Verwenden Sie diese Mittel sparsam, damit sie ihren Zweck nicht verfehlen.
- Arbeiten Sie mit ausgelagerten Worterklärungen, wenn Sie zu dem Schluss kommen, dass Ihre Adressatenschaft nicht zu intensiv darauf zugreifen muss.
- Sprechen Sie Ihre Adressat(inn)en direkt an und machen Sie deutlich, welche Handlungen die Adressat(inn)en ausführen sollen. Formulieren Sie direkt und benennen Sie alle Handlungsträger und Ansprechpersonen möglichst genau.
- Machen Sie Stimmen und Positionen im Text kenntlich.

8.2.3 Weitere Strategien zur Gestaltung der Textebene

In Kap. 8.2.1 und 8.2.2 haben wir verschiedene Instrumente vorgestellt, mit denen Sie die Textsorten und Funktionen Ihrer Texte deutlich machen und ihre Kohärenz trotz eingeschränkter sprachlicher Möglichkeiten erhöhen können.

Wenn Sie aber vor einer konkreten Übersetzungsanforderung stehen, werden auch Informationen über konkrete Adressat(inn)en und die Zielsituationen eine gewichtige Rolle bei Ihrer Textplanung und der Textstrukturierung spielen. Nutzen Sie also den Instrumentenkasten, den wir oben vorgestellt haben, jeweils abgestimmt auf Ihre konkreten Adressat(inn)en und die konkrete Zielsituation. Außerdem sollten Sie stets die Möglichkeit erwägen, auch auditives Zusatzmaterial einzubeziehen. Worauf Sie dabei achten sollten, stellen wir am Ende dieses Kapitels dar.

Richten Sie den Text auf die Adressatenschaft aus

Alle primären Adressat(inn)en von Leichte-Sprache-Texten haben Leseeinschränkungen. Welche Art von Informationen sie verarbeiten können, richtet sich jedoch nach Art und Grad der Einschränkung.

Was wissen Sie über die Adressat(inn)en, an die sich ein bestimmter Text richtet? Spricht der Text eine benennbare Gruppe an oder richtet er sich allgemein an alle Adressat(inn)en mit Leseeinschränkungen? Die Beantwortung dieser Frage hat Auswirkungen auf Ihre Übersetzung.

Einige wichtige Hinweise zur Berücksichtigung der Adressatenspezifik haben wir in Kap. 5.3.2 bereits angesprochen. Hier konzentrieren wir uns auf die Gestaltung der Informationsstruktur.

Bei Personen mit einer geistigen Behinderung geht, anders als bei anderen Adressat(inn)en von Leichter Sprache, die Leseeinschränkung auf eine kognitive Einschränkung zurück. Personen mit geistiger Behinderung haben also nicht nur Schwierigkeiten mit komplexen sprachlichen Strukturen, sondern auch mit komplexen Textgegenständen. Sie können abstrakte oder komplexe Textgegenstände auch dann nicht erfassen, wenn sie in eine maximal leichte sprachliche Form gebracht werden.

Ist Ihr Text auf diesen Personenkreis ausgerichtet, so müssen Sie abwägen, was und wie viel an Informationen überhaupt sinnvollerweise untergebracht werden kann. Bestimmte Inhalte, beispielsweise juristischer oder anderweitig fachlicher Art, werden nicht von allen Adressat(inn)en verstanden, ganz gleich, wie leicht die sprachliche Form ist, in die Sie diese Inhalte bringen.

Es gibt zwei Möglichkeiten, wie Sie mit dieser Situation umgehen können:

1. Sie können die Informationen im Text stark reduzieren. Ihr Text ermöglicht dann nur noch eine grobe Orientierung über den Gegenstand; viele Informationen aus dem Ausgangstext fallen weg. Der Text ist dann für andere potenzielle Adressat(inn)en von Leichter Sprache möglicherweise nicht mehr informativ genug.
2. Sie können die Texte in einer Form aufbereiten, die für die intendierten Adressat(inn)en sprachlich angemessen, aber inhaltlich zu schwer ist, wenn sie eigenständig lesen. Die Texte können dann z. B. als Grundlage in einer Mittlersituation genutzt werden (s. Kap. 3.4). Diesen Weg geht das neue Behindertengleichstellungsgesetz des Bundes, das am 27. Juli 2016 in Kraft getreten ist.

Für die letztere Variante spricht (neben ihrer Verankerung in einem Bundesgesetz), dass ca. 60–70 % der Personen mit geistiger Behinderung keine ausreichende Lesefähigkeit haben (Ratz 2013; Kap. 3.2), um Texte (auch in Leichter Sprache) eigenständig zu lesen. Sie benötigen also auch unabhängig von der Frage, wie viele und welche Informationen der Text enthält, eine mündliche Vermittlung.

Andere potenzielle Adressat(inn)en, beispielsweise funktionale Analphabet(inn)en ohne kognitive Beeinträchtigungen oder Deutschlerner(innen), können dagegen auch Texte verarbeiten, die komplexere oder abstraktere Gegenstände in Leichter Sprache darstellen. Sie sollten entsprechende Angebote erhalten, um Texte eigenständig lesen und damit Leseerfahrungen sammeln zu können.

Empfehlungen: Adressat(inn)en

Klären Sie vor der Übersetzung, wer die Adressat(inn)en Ihres Texts sind.

- Wenn es sich um eine nicht genau bestimmbare Gruppe handelt, orientieren Sie sich an folgender Faustregel: Sprachlich minimale Belastung, inhaltlich maximaler Informationserhalt. Beachten Sie dabei: Informationsreduktionen sind häufig unvermeidbar. Sie sollten jedoch stets gut begründet sein.
- Wenn es neben der sprachlichen Erleichterung auch um inhaltliche Vereinfachungen geht, klären Sie, in welchem Maße diese erforderlich sind, und passen Sie Ihren Text entsprechend an. In einem Vorwort können Sie auf die Informationsreduktion hinweisen.
- Wenn sich der Text an Mittler(innen) richtet, passen Sie ihn so an, dass der Informationsgehalt maximal erhalten bleibt.

Richten Sie Ihren Text an der Zielsituation aus

Eng verknüpft mit der Frage nach den Adressat(inn)en ist die Frage der Zielsituation. Denn bei Weitem nicht alle Texte in Leichter Sprache werden in erster Linie für die selbstständige Lektüre genutzt.

Wir stellen hier wichtige Zielszenarien vor und verdeutlichen, welche Auswirkungen sie auf die Textgestaltung haben können.

Kommunikative Einbettung: Ist Ihr Text als Baustein in einer Kommunikationssituation gedacht, in der noch andere Ressourcen zum Einsatz kommen, etwa in einer Arbeitssituation, in der ein Arbeitsgerät bedient werden muss? Hier kann es hilfreich sein, mit Abbildungen zu arbeiten, die die Arbeitsgeräte und/oder die Schrittfolgen der auszuführenden Arbeit im Text visualisieren, sodass eine simultane Übertragung der Textinformation in die Arbeitssituation gelingt.

Rezeptionssituation: Soll der Text in Vorlesesituationen genutzt werden? Hier kann die visuelle hinter der sprachlichen Aufbereitung zurücktreten.

Parallelverwendung von Ausgangs- und Zieltext: Kommt in derselben Situation auch der Ausgangstext zum Einsatz, wie es im inklusiven Unterricht der Fall sein könnte?

In diesem Fall sollte die Struktur des Ausgangstexts so weit wie möglich erhalten bleiben, damit die Leser(innen) der verschiedenen Textfassungen gemeinsam am Textgegenstand arbeiten können. Es kann hier sogar sinnvoll sein, den Ausgangstext so anzupassen, dass die Kapitelstrukturen von Ausgangs- und Zieltext parallel geführt sind.

Hinweis: Die möglichst große Parallelität zwischen Ausgangs- und Zieltext ist auch über Instruktionssituationen hinaus von Bedeutung: Wenn es Leser(inne)n gelingt, zwischen den Textangeboten hin- und herzuspringen, müssen sie das Leichte-Sprache-Angebot nicht durchgängig nutzen, sondern können es zur Behebung vereinzelter Verstehensprobleme heranziehen. Außerdem wächst mit diesem Leseverfahren die Chance, dass sie zunehmend Standardangebote nutzen können (s. Kap. 1).

Beratungssituation: Vielleicht wird Ihr Text auch in einer Beratungssituation verwendet, z. B. von einem Arzt oder einer Ärztin, der oder die eine Operation oder Therapie erklärt. Dann kann es nützlich sein, ein Glossar mit den wichtigsten Fachbegriffen anzulegen, auf das die Ärzte und Ärztinnen bei Bedarf schnell zugreifen können.

Der Text und seine Nachbarn: Zur Zielsituation gehört auch der Kontext, in dem ein Text erscheint: Häufig sind Texte mit anderen Texten verschränkt. Auf einer Internetpräsenz etwa ist ein Leichte-Sprache-Text mit anderen Texten verbunden, die nicht in Leichter Sprache gehalten sind. Vergegenwärtigen Sie sich dieses Neben- und Miteinander von Texten. Sie müssen darauf zum Beispiel reagieren, wenn Hyperlinks in das »nicht leichte« Angebot führen. Denken Sie die Platzierung der Texte bei der Planung mit, denn sie hat Auswirkungen darauf, wie die Texte zu gestalten sind, damit sie an dem ihnen zugedachten Platz auch wirklich funktionieren. Notfalls weisen Sie Ihre Leser(innen) darauf hin, dass nicht alle Links zu einem Angebot in Leichter Sprache führen. Sie können auch in aller Kürze erläutern, welchen Inhalt die direkt verlinkten Seiten außerhalb des Leichte-Sprache-Angebots haben.

Empfehlungen: Zielsituation

Klären Sie vor der Übersetzung eines Texts, in welcher Zielsituation er zum Einsatz kommen soll, und passen Sie die Textstruktur an die intendierte Zielsituation an:

- Wird Ihr Text situationseingebettet gebraucht (Beispiel: Arbeitssituation), arbeiten Sie möglichst mit Bildern.
- Soll der Text im inklusiven Unterricht eingesetzt werden, achten Sie in besonderer Weise auf die Strukturähnlichkeit zwischen Ausgangs- und Zieltext.
- Wird Ihr Text in Beratungskontexten mit Expert(inn)en gebraucht, legen Sie ein Glossar mit den wichtigsten Fachbegriffen an.
- Ist Ihr Text in einen größeren Textkontext eingebettet (z. B. im Internet), prüfen Sie, ob die Links auf dieser Seite auf Angebote in Leichter Sprache verweisen. Nehmen Sie entsprechende Ergänzungen vor oder informieren Sie die Leser(innen) über die Asymmetrie des Angebots bzw. die Art der Information, auf die der Link führt.

Hinweis: Die Liste der möglichen Zielsituationen ist selbstverständlich nicht vollständig. Verdeutlicht werden sollte jedoch, dass Ihnen die Berücksichtigung der Zielsituationen Ihre Übersetzungsentscheidungen erleichtert.

Beachten Sie die Medialität Ihres Texts

Gestalten Sie Ihren Text auch in Abhängigkeit vom Medium. Print- und Onlinepublikationen stellen unterschiedliche Anforderungen an Ihre Texte. Sie unterscheiden sich unter anderem durch verschiedene Platzvorgaben: Wenn Sie Printpublikationen anfertigen, kann es sein, dass Ihr Auftraggeber strikte Seitenvorgaben macht. Dies kann dazu führen, dass Sie nicht alle Informationen aus dem Ausgangstext in den Zieltext aufnehmen können. Sollten sich größere Textreduktionen als notwendig erweisen, beraten Sie mit Ihrem Auftraggeber, auf welche Informationen er verzichten kann und welche für ihn besonders zentral sind.

Ein Unterschied zwischen Print- und Onlinepublikationen ergibt sich auch in Bezug auf die Möglichkeit, Erklärungen auszulagern. So haben Sie in Onlinepublikationen beispielsweise die Möglichkeit, mit Mouse-over-Boxen oder Links zu arbeiten (s. Kap. 6.1.2).

Sowohl in Print- als auch in Onlinepublikationen sollten Sie mit Bildern arbeiten, um wichtige Inhalte Ihres Texts zu veranschaulichen. Wie Sie zu einer angemessenen Bildauswahl gelangen, zeigen wir in Kap. 9.3.

Je nach intendierter Leserschaft sollten Sie auch erwägen, eine Audioversion Ihres Texts anzulegen. Denn ein Teil der Leichte-Sprache-Adressat(inn)en kann nicht eigenständig lesen, auch dann nicht, wenn die Texte in Leichter Sprache gehalten sind und bildunterstützt angeboten werden. Das betrifft z. B. 60–70 % der Personen mit geistiger Behinderung (s. o.) und Personen mit ausgeprägtem Analphabetismus (Level α 1 und α 2; leo.-Studie von Grotlüschen/Riekmann 2011; s. Kap. 3.2). Sofern keine Hörschädigung vorliegt, können sie von einer Audiofassung Ihres Texts profitieren. Für die Audiofassung sollten Sie Folgendes erwägen:

Menschlicher Sprecher vs. Computerstimme:

- Ein von einem menschlichen Sprecher eingesprochener Text fügt wichtige Informationen hinzu: Betonung, Pausen und Stimmführung sind wichtige Ressourcen, die das Verstehen erleichtern können. Allerdings hat ein solcher Text den Nachteil, dass er in Gänze neu eingesprochen werden muss, wenn Sie etwas an der schriftlichen Fassung ändern.
- Für Texte, die häufig geändert werden müssen, können Sie auf elektronische Stimmen (Screenreader) zurückgreifen. Allerdings sind diese Vorleseprogramme störanfällig: Sprachwechsel (z. B. wenn in Ihrem Text Anglizismen vorkommen) werden nicht in jedem Fall erkannt. Mehrdeutige Wörter werden möglicherweise falsch ausgesprochen (*modérn* vs. *módern*). Eine Stimmführung erfolgt nur ansatzweise und entlang der Interpunktionszeichen. Zusammengehörende Wortgruppen können auf diese Weise nicht kenntlich gemacht werden. Außerdem lesen Screenreader häufig nicht nur den »gemeinten« Text vor, sondern sämtliche Informationen auf der Seite inklusive Navigationsleisten. Wenn Sie diese Ressource nutzen möchten, testen Sie Ihren Text darum vorab mit den Screenreadern unterschiedlicher Browser und gestalten Sie ihn gegebenenfalls um.

Einbindung von Audioversionen in Texte mit unterschiedlicher Medialität:

- Wenn es sich um einen Onlinetext handelt, können Sie die Audiodatei oder das Screenreader-Symbol direkt auf Ihrer Seite einbinden. Achten Sie in diesem Falle darauf, dass das Symbol ohne Maus mit der Tastatur angesteuert werden kann (über die Tabstopp-Taste), damit auch Personen mit motorischen Einschränkungen Zugriff auf Ihr Angebot haben.

- Wenn es sich um einen Printtext handelt, können Sie das Audioangebot per QR-Code (oder eine der Weiterentwicklungen wie iQR-Code oder Secure-QR-Code) nutzen. Die Adressatenschaft kann den Code mit ihren Mobilgeräten scannen und so auf die online abgelegte Audiofassung zugreifen. Achten Sie darauf, dass die Audiodatei online zumindest für die Zeit zugriffsfähig bleibt, in der das Printdokument im Umlauf bzw. aktuell ist.
- Ist Ihr Leichte-Sprache-Text als Untertitel in einen Film eingebunden (bislang ist dieser Fall selten), stellen sich wiederum andere Anforderungen an den Text: Sie müssen sich dann an die Zeichenvorgaben der Untertitelung halten. Für standardsprachliche Texte gilt, dass sie je nach Regelwerk zwischen 30 und 40 Zeichen pro Zeile bei maximal zwei Zeilen und ca. 6 Sekunden Standzeit umfassen dürfen. Untertitel müssen auf Schnitte und Szenenwechsel im Film sowie auf das im Bild Gezeigte Rücksicht nehmen. Untertitel in Leichter Sprache sollten die maximale Zeichenzahl nicht ausschöpfen und möglichst mit einer Zeile auskommen. Die Standzeiten sollten nach Möglichkeit über den üblichen 6 Sekunden liegen, was aber wiederum von der Schnittgeschwindigkeit oder den Szenenwechseln abhängt. Insbesondere wenn die Zuschauer(innen) den Beitrag nicht selbstständig anhalten können, sollten Sie die Höchstwerte keinesfalls ausschöpfen.

Empfehlungen: Medienabhängige Textgestaltung

Passen Sie die Informationsstruktur den medialen Bedingungen an.

- Beraten Sie bei Platzbeschränkungen, die vor allem bei Printpublikationen eine Rolle spielen können, mit Ihrem Auftraggeber, welche Informationen unverzichtbar sind. Achten Sie bei der Reduktion von Informationen auch auf den Adressatenzuschnitt und die Zielsituation (s. o.).
- Nutzen Sie die Möglichkeiten des Mediums für Ihre Erklärpraxis (Randglossen, Mouse-over-Boxen, Links etc., s. Kap. 6.1.2).
- Fügen Sie in Ihren Text verständnisfördernde Bilder ein (s. Kap. 9.3).

Wenn Ihr Text gehört werden soll oder auditive Anteile hat, beachten Sie Folgendes:

- Setzen Sie menschliche Sprecher(innen) für Texte ein, die nicht häufig geändert werden müssen.
- Bei Texten, die häufigen Änderungen unterworfen sind, binden Sie einen Screenreader ein. Testen Sie die Wiedergabe in verschiedenen Browsern.
- Soll die Audiodatei in der Lesesituation abgespielt werden können, sollte sie in Onlinetexten über die Tabstopp-Taste anwählbar sein. Bei Printtexten binden Sie die Audioversion über einen QR-Code ein. Die Datei muss mit einer stabilen URL abgelegt werden.
- Ist der Text in Form von Untertiteln in einen Film eingebunden, achten Sie auf eine dosierte Textinformation (Textmenge und Standzeiten). Reduzieren Sie das Untertitelangebot vor allem dann auf unverzichtbare Kernaussagen, wenn die Adressat(inn)en den Film nicht eigenständig anhalten können.

8.2.4 Eingriff in die Informationsstruktur

Weil die Umformung in Leichte Sprache das Textvolumen erhöht, werden Sie zumeist aus dem Informationsangebot des Ausgangstexts auswählen müssen. Hier ruht eine große Verantwortung auf Ihnen, die Sie, ggf. in Absprache mit dem Auftraggeber, aktiv wahrnehmen müssen: Wenn Sie alle Informationen aus dem Ausgangstext übernehmen, wird er zu lang. Personen mit Behinderung können ihn dann möglicherweise nicht mehr aufnehmen. Jeder Eingriff in die Informationsstruktur bedeutet jedoch, dass Sie Ihren Adressat(inn)en Informationen vorenthalten. Dieses Dilemma ist letztlich unlösbar und kann nur von den Übersetzer(inne)n aufgrund ihrer Expertise jeweils für den einzelnen Text bearbeitet werden.

Letztlich muss die Textebene für jeden Einzeltext – auch und besonders unter Berücksichtigung der intendierten Adressat(inn)en, der intendierten Zielsituation und in Abhängigkeit von ihrer Medialität – individuell gestaltet werden. Dadurch, dass es jetzt mehr und mehr Texte in Leichter Sprache gibt, werden sich aber zunehmend Konventionen für Leichte-Sprache-Texte herausbilden. Halten Sie die Augen offen für Texte in Leichter Sprache, die in Ihren Augen weitgehend regelkonform geschrieben sind und die Textebene funktional umgesetzt haben; versuchen Sie für sich herauszufinden:

- Was ist an diesen Texten so besonders gelungen?
- Wie wird mit den Schwierigkeiten auf Wort-, Satz- und Textebene umgegangen?
- Welche Leichte-Sprache-Regeln hat der Text aufgegeben und hätte dies vermieden werden können?

Leichte-Sprache-Texte sollten kein eigenes, streng abgegrenztes Textuniversum bilden, sondern sich auf vielfältige Weise zu den standardsprachlichen Texten hin öffnen. Auch hier ist Ihre Expertise als Übersetzer(in) gefragt.

9. Wie bereiten Sie Texte in Leichter Sprache visuell auf?

In Standardtexten hat die visuelle Gestaltung vielfältige Funktionen. Das reicht von der Markierung von Textsorten und Textfunktionen über die visuelle Herausarbeitung von Argumentationsführungen bis hin zu vielfältigen ästhetischen Funktionen.

In Leichter Sprache steht die visuelle Aufbereitung demgegenüber ganz im Dienst der Wahrnehmbarkeit und Verständlichkeit von Texten.

Mit einer optimalen visuellen Aufbereitung Ihrer Texte beugen Sie der Gefahr vor, dass die Leser(innen) schon beim ersten Lektüreschritt scheitern: Texte, die zu klein gesetzt sind, bei denen der Kontrast zwischen Schrift und Hintergrund nicht hoch genug ist oder bei denen die Wortabstände zu klein oder zu groß sind, können insbesondere von Leser(inne)n mit Sehbeeinträchtigungen nur schlecht, im schlimmsten Fall gar nicht wahrgenommen und verarbeitet werden. Mit einer optimalen Bebilderung von Texten sorgen Sie für bessere Verständlichkeit.

Was Sie bei der visuellen Aufbereitung Ihrer Texte beachten sollten, besprechen wir in Kap. 9.1 und in Kap. 9.2. In Kap. 9.3 gehen wir auf verschiedene Strategien der Bebilderung von Leichte-Sprache-Texten ein.

9.1 Schriftzeichen

9.1.1 Schriftarten

Bei den Schriftarten, die auf dem Computer zur Verfügung stehen, können zwei große Gruppen unterschieden werden: Serifenschriften und serifenlose Schriften.
Serifen sind kleine Zierabschlüsse an Buchstaben; sie wirken im Verbund wie ein zartes Band, das die Zeilenführung andeutet. Eine viel verwendete Serifenschrift ist Times New Roman. Ein Beispiel für eine serifenlose Schrift, also eine Schrift ohne Zierabschlüsse, ist etwa Arial; hier sind alle Buchstabenelemente funktional für das Erkennen des Buchstabens; die optische Zeilenführung entfällt. Die folgende Abbildung zeigt den Buchstaben A links in Times New Roman (mit Serifen), rechts in Arial (ohne Serifen).

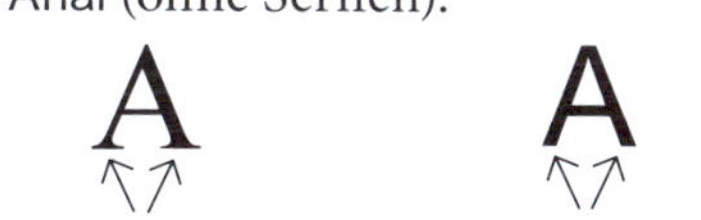

mit Serifen ohne Serifen

Bei schwachen Leser(inne)n hat das Erkennen der Buchstaben Priorität, weshalb die Netzwerkregeln und Inclusion Europe serifenlose Schriften für die Leichte Sprache empfehlen. Aus der Forschung ist aber bekannt, dass die optimale Schrifterkennung auch vom Medium abhängt. Es ist Konsens, dass sich serifenlose Schriften am Bildschirm leichter lesen lassen; für gedruckte Texte gibt es jedoch auch gegenteilige Empfehlungen. Wählen Sie deshalb, ggf. zusammen mit Ihrem Auftraggeber, eine Schrift aus. Vermeiden Sie aber Schriftartenwechsel innerhalb eines Texts. Als Schriftgröße verwenden Sie mindestens 14 Punkt.

In jedem Fall vermeiden sollten Sie Zierschriften aller Art, also zum Beispiel ***Script MT Bold*** oder *Apple Chancery*; schwache Leser(innen) können die Buchstabenformen dieser Zierschriften nur schlecht oder gar nicht identifizieren.

9.1.2 Schriftauszeichnung

Als Formen der Schriftauszeichnung stehen in standardsprachlichen Texten u. a. **Fettdruck**, *Kursive*, Unterstreichung, S p e r r u n g, durchgängige GROSSSCHREIBUNG und Farben zur Verfügung (s. auch S. 163).

Wenn Sie in Leichter Sprache bestimmte Wörter hervorheben wollen, verwenden Sie Fettdruck oder Unterstreichungen. Verzichten Sie auf Kursive, denn sie verändern die Buchstabenformen, die dann schlechter wahrnehmbar sind. Verzichten Sie auch auf Sperrungen, denn große Buchstabenabstände innerhalb eines Wortes können mit Wortzwischenräumen verwechselt werden und so zu Fehlinterpretationen führen. Auch Farbmarkierungen sollten Sie sparsam einsetzen: Sie vermindern häufig den Kontrast; farbig gesetzte Wörter lassen sich dann nur schwer erkennen (zu Vorschlägen für sinnvolle Farbmarkierungen s. S. 162 und S. 185). Die durchgängige Großschreibung verändert die Wortgestalt und sollte deshalb in Leichter Sprache nicht verwendet werden.

Empfehlungen: Schriftarten und Schriftauszeichnungen

Zur Erhöhung der Wahrnehmbarkeit Ihres Texts steht in Leichter Sprache nur ein begrenztes Angebot von Schriftarten und Schriftauszeichnungen zur Verfügung.

- Schriftarten: bevorzugt serifenlos, keine Zierschriften
- Schriftauszeichnungen: bevorzugt Unterstreichung, Fettung

Die Beschränkung auf bestimmte Schriftarten und bestimmte Schriftauszeichnungen hat jedoch auch einen empfindlichen Nachteil: Sie legt Leichte-Sprache-Leser(innen) auf Texte in Leichter Sprache fest. Seien Sie bei der Auswahl der Schriftarten und Schriftauszeichnungen flexibler, wenn es die Lesefähigkeit der Adressatengruppe erlaubt.

9.2 Layout

Die wichtigste Layoutregel für Leichte Sprache ist die, dass jeder Satz mit einer neuen Zeile beginnt. Mit der Anwendung dieser Regel erhöhen Sie die Wahrnehmbarkeit von Sätzen, die dann nicht nur grammatisch, sondern gleichzeitig auch optisch eine Einheit bilden.

Wenn ein Satz länger ist, als die Zeile Platz hat, vermeiden Sie Worttrennungen am Zeilenende. Diese zerstören die Wortgestalt und können deshalb von schwachen Leser(inne)n nur schwer oder gar nicht verarbeitet werden.

Legen Sie den Zeilenumbruch außerdem möglichst so, dass Wortgruppen, die grammatische Einheiten bilden, nicht auseinandergerissen werden. Schreiben Sie also z. B.:

(1) Die 2 Kinder erben auch
einen Teil von dem Grund·stück.

oder

(1‘) Die 2 Kinder erben auch einen Teil
von dem Grund·stück.

Wenn Zeilenübertritte nötig werden, können Sie mit einem größeren Durchschuss, also einem größeren Abstand zwischen den einzelnen Sätzen, dafür sorgen, dass die einzelnen Sätze als optische Einheiten erkennbar bleiben:

(2) Die 2 Kinder erben auch einen Teil
von dem Grund·stück.

Aber die 2 Kinder erben
nur den Teil von Otto.

Dem großen Vorteil, dass Sätze durch die zeilenweise Darbietung als optische Einheiten erkennbar gemacht werden, steht ein empfindlicher Nachteil gegenüber: Sätze können nicht mehr als inhaltlich zusammengehörig erkannt werden. Arbeiten Sie deshalb mit weiteren Mitteln, um die Zusammengehörigkeit von Informationen darzustellen. Dazu gehören zum Beispiel Einrückungen und Aufzählungszeichen, aber auch Zwischenüberschriften (s. Kap. 8.2.2).

Außerdem können Sie etwa bei Themenwechseln, die keine eigene Überschrift erfordern, größere Abstände lassen. Die dadurch entstehenden Textblöcke markieren dann Informationseinheiten:

(3) **Der Pflicht·teil**
In Ihrem Testament bestimmen Sie Ihre Erben.
Zum Beispiel kann auch ein Freund von Ihnen erben.
Ihr Freund kann Sachen von Ihnen erben.
Und Ihr Freund kann Geld von Ihnen erben.

Personen aus Ihrer engen Familie bekommen immer etwas von Ihnen.
Diese Personen sind nämlich Pflicht·teils·berechtigte.
Das heißt:
Die Personen müssen etwas bekommen.
(ERB-L, S. 39, abgewandelt)

Manchmal kann es auch sinnvoll sein, besonders wichtige Abschnitte durch Einrahmungen hervorzuheben (s. auch S. 163); die Informationen in der Einrahmung werden dann als Einheit erkennbar:

(4) Ihre Entscheidungen schreiben Sie in ein Testament.
Sie entscheiden zum Beispiel:

Meine Tochter Gisela erbt. Und mein Sohn Jürgen erbt. Meine Kinder erben gleich viel. Und mein Neffe Jens bekommt meine goldene Uhr als Vermächtnis.

(ERB-L, S. 35)

Anmerkung: Das Wort *Vermächtnis* wird in dem Text, aus dem wir hier zitieren, an anderer Stelle erklärt.

Empfehlungen: Layout

- Beginnen Sie Sätze immer auf neuen Zeilen.
- Vermeiden Sie Worttrennungen und stellen Sie sicher, dass grammatische Einheiten durch Zeilenumbruch nicht auseinandergerissen werden.
- Nutzen Sie Einrückungen, Aufzählungszeichen, Zwischenüberschriften, variierende Zeilenabstände und Rahmungen, um zusammengehörende Informationen herauszustellen.

Wie bei Schriftarten und Schriftauszeichnung empfehlen wir jedoch:

- Wägen Sie sorgfältig ab, ob nicht auch stärker an allgemeinsprachlichen Texten orientierte visuelle Elemente hinzugenommen werden können, um den Leser(inne)n den Übertritt in allgemeinsprachliche Texte zu erleichtern und die Stigmatisierungsgefahr der Adressat(inn)en zu lindern.

9.3 Bilder

In allen Regelwerken wird die Nutzung von Bildern zur Steigerung der Verständlichkeit von Texten empfohlen (s. Grundlagenwerk, Kap. 7.4). Bilder führen aber nicht zwangsläufig zu einer besseren Verständlichkeit. Auch die Regelwerke formulieren hier verschiedene Anforderungen. In den Netzwerkregeln heißt es: »Die Bilder müssen zum Text passen« (BMAS 2013, S. 67), die BITV 2.0 (2011) fordert »aussagekräftige Symbole und Bilder«, Inclusion Europe (2009, S. 21) zufolge sollen die Bilder »erklären, um was es im Text geht«.

Wenn Sie in Ihren Leichte-Sprache-Texten Bilder verwenden wollen, halten Sie sich an eine goldene Regel:

Verwenden Sie Bilder mit einer **klaren Aussage** und **eindeutigem Text-Bild-Bezug**, die die Leser(innen) beim **Verstehen des Texts** unterstützen.

Verwenden Sie keine Bilder mit unklarer Aussage. Verwenden Sie außerdem keine Bilder, in denen Text- und Bildinformation nicht oder nicht erkennbar aufeinander bezogen sind oder in denen der Text-Bild-Bezug uneindeutig oder widersprüchlich ist. Sie verwirren die Leser(innen) dann und lenken sie vom Wesentlichen ab.

Bei der konkreten Entscheidung, welches Bild oder welche Bilder Sie verwenden wollen, reicht die Beherzigung der goldenen Regel jedoch noch nicht aus. Stellen Sie sich deshalb die Frage, was genau Sie mit Ihren Bildern erreichen wollen.

Sollen Ihre Bilder den Text schöner machen? Auf rein schmückende Bilder sollten Sie in Ihren Texten ganz verzichten. Sie verwirren die Leser(innen) und lenken sie vom Wesentlichen ab.

Sollen Ihre Bilder den Leser(inne)n helfen, sich in Ihrem Text zurechtzufinden? Solche Leitsysteme können sehr nützlich sein. Etwa können Bilder, die das Thema eines Textabschnitts vorwegnehmen, einen passenden inhaltlichen Rahmen setzen (z. B. ein Teller oder ein gut erkennbares Nahrungsmittel, wenn es um Ernährung geht; ein Kinderwagen, wenn es um Schwangerschaft und Geburt geht). Die Leser(innen) wissen dann, was sie erwartet.

Ein manchmal in Leichter Sprache genutztes Leitsystem ist die Einführung einer Leitfigur, die die Leser(innen) durch den Text führt (s. Grundlagenwerk, Kap. 7.4.1.2). Hier ist sorgsam abzuwägen: Eine Leitfigur kann durchaus die Kohärenz eines Texts sichern helfen und so etwas wie eine persönliche Ansprache der Leser(innen) bewirken. Jedoch ist das Instrument der Leitfigur stark mit Kindertexten (z. B. Fibeln) assoziiert und ist daher für erwachsene Adressat(inn)en nur bedingt geeignet.

Sollen die Bilder den Text als Text in Leichter Sprache kennzeichnen? Ein Verfahren, mit dem Texte als Leichte-Sprache-Texte gekennzeichnet werden, ist die Nutzung von eigens zu diesem Zweck erstellten Bildern, die dann auch noch anderen Funktionen dienen können (z. B. Informationen verständlich machen). Das Netzwerk Leichte Sprache hält einen solchen alphabetisch geordneten Satz von Bildern bereit, gezeichnet von Stefan Albers (Lebenshilfe Bremen 2013). Den Bildern kommt das Verdienst zu, eine Reihe von Lebensbereichen abzudecken, die für Texte in Leichter Sprache relevant sein können, etwa *Arbeit und Beruf* oder *Politik und Recht*. Allerdings ist der Bildbestand zum einen zu schmal, um alles ausdrücken zu können, was nötig ist. Zum anderen gilt wieder das bereits für Schriftzeichen und Layout Gesagte: Bei der Verwendung eines speziell für Leichte Sprache angefertigten Bildersatzes werden Leser(innen) auf Leichte Sprache festgelegt.

Soll Ihr Bild Informationen aus dem Text besser verständlich machen? Soll es z. B. bestimmte Personen oder vermutlich nicht bekannte Gegenstände zeigen? Soll es helfen, einen vermutlich unbekannten Gegenstand oder eine vermutlich unbekannte Handlung aus dem Text in einen bekannten Kontext einzubetten? Soll es helfen, ein abstraktes Konzept aus dem Text besser zu verstehen? Hier können Ihnen vier Leitfragen helfen, Ihre Entscheidung sicher zu treffen:

1. Welcher Textinhalt genau soll bebildert werden (Bezugsgröße)?
2. Wie genau soll das Verhältnis zwischen Text und Bild beschaffen sein (Bezugsart)?

3. Welcher Bildtyp ist geeignet?
4. An welcher Stelle soll das Bild eingebunden sein?

Diese vier Fragen wollen wir nun der Reihe nach diskutieren.

1. Welcher Textinhalt genau soll bebildert werden (Bezugsgröße)?

- **Personen:** Das Zeigen von Personen kann unterschiedlichen Zwecken dienen. In Beratungsbroschüren etwa kann die Fotografie der beratenden Person oder einer konkreten Ansprechperson die Scheu vor Behördengängen abbauen helfen. In Wahlbroschüren werden Spitzenkandidat(inn)en abgebildet, um Bekanntheit/Wiedererkennbarkeit herzustellen. In berufsberatenden Texten können Personenabbildungen zum Beispiel eingefügt werden, um typische Berufskleidung zu zeigen.
  Wenn Sie eine Person oder Personen abbilden, überlegen Sie, welchen Zweck Sie damit genau erreichen wollen, und wählen Sie dann das dazu passende Bild aus.
- **Gegenstände:** Bei der Abbildung von Gegenständen machen Sie den Leser(inne)n Unvertrautes bekannt, z. B. bestimmte Arbeitsinstrumente in einem berufsberatenden Text (etwa eine Bügelmaschine) oder Geräteteile in Gebrauchsanweisungen. Hier ist besondere Sorgfalt darauf zu legen, dass das Bild nicht mehr oder andere Informationen enthält als die, die man tatsächlich braucht, um eine Vorstellung über einen Gegenstand auszubilden. Am besten geeignet sind Abbildungen ohne störenden Hintergrund und ohne zusätzliche Abbildungsinformationen. Wollen Sie z. B. ein bestimmtes Tier zeigen, sollte es nicht in einem Käfig abgebildet sein.
- **Handlungen und Vorgänge:** Die Visualisierung von Handlungen und Vorgängen kann den Leser(inne)n helfen, komplexe Prozesse besser nachzuvollziehen (z. B. bestimmte Handgriffe beim Kochen, das Zusammensetzen von Möbelteilen) oder eine Vorstellung über Handlungen oder Vorgänge zu gewinnen (z. B. Blutwäsche). In solchen Fällen kann es hilfreich sein, auch den typischen Kontext, in dem die Handlungen und Vorgänge stattfinden, abzubilden; etwa eine Küchenumgebung beim Kochen oder ein Krankenhausbett für die Blutwäsche. Damit situieren Sie die Handlungen und Vorgänge in einer Umgebung, mit der sie typischerweise verbunden sind, und erhöhen so die Verständlichkeit.
- **Konzepte:** Konzepte, die in der Standardsprache mit abstrakten Begriffen bezeichnet werden (z. B. *Freundschaft*, *Ekel*, *Freiheit*), können schwer fassbar sein. Einige von ihnen lassen sich mit Bildern zumindest exemplarisch dar-

stellen. Achten Sie hier aber darauf, keine Bilder zu verwenden, die ihrerseits ein Symbol, z. B. Schriftzeichen oder Sonderzeichen, enthalten bzw. machen Sie sich klar, dass solche Symbole selbst interpretiert werden müssen. Wenn Sie also z. B. das abstrakte Konzept »Recht« mit einem Paragrafenzeichen symbolisieren, muss sichergestellt sein, dass das Paragrafenzeichen selbst verstanden wird. Es steht aber zu vermuten, dass dies bei der überwiegenden Zahl der primären Adressat(inn)en nicht der Fall ist.

- **Argumentationen bzw. komplexere Textzusammenhänge:** Die anspruchsvollste Form der Visualisierung ist sicherlich die Veranschaulichung von Argumentationen. Sie kann zum Beispiel nötig werden, wenn der Text komplexe Sachverhalte darstellt. So werden etwa in der Erbrechtsbroschüre des Niedersächsischen Justizministeriums recht komplexe Verwandtschaftsverhältnisse dargestellt, um verschiedene Erbschaftskonstellationen zu veranschaulichen. Solche Verwandtschaftsverhältnisse sollten Sie in einer Grafik visualisieren. Die Autor(inn)en der Erbrechtsbroschüre haben sich dafür entschieden, den Textinformationen Stammbäume zur Seite zu stellen, die die komplexen Konstellationen visuell zugänglich machen (vgl. ERB-A); die Leichte-Sprache-Übersetzerin hat dieses Mittel ebenfalls eingesetzt (vgl. ERB-L).

2. Wie genau soll das Verhältnis zwischen Text und Bild beschaffen sein (Bezugsart)?

Bei der Frage, in welcher Relation Ihr Bild zum Text stehen soll, stehen Ihnen verschiedene Möglichkeiten zur Verfügung, aus denen Sie je nach der Funktion, die Ihr Bild haben soll, wählen können.

- **Verdoppelung:** Ihr Bild wiederholt die Information aus dem Text. Zum Beispiel zeigen Sie das Foto einer Nähmaschine in einem Leichte-Sprache-Text über den Beruf des Nähers bzw. der Näherin, in dem auch über Nähmaschinen berichtet wird.
- **Erweiterung:** Ihr Bild enthält eine über den Text hinausweisende Information. Das ist zum Beispiel der Fall, wenn Sie einem Text über ein geschichtliches Thema einen Zeitstrahl hinzufügen, auf dem Sie das besprochene Ereignis zeitlich einordnen, um den Leser(inne)n so eine Orientierung über den Verlauf historischer Ereignisse zu geben.
- **Reduktion:** Ihr Bild enthält nur einen Teil der Information aus dem Text. Zum Beispiel können Sie bei Handlungen den Anfangs- oder den Endzustand visualisieren, etwa einen auf eine bestimmte Temperatur eingestellten

Herd als Endzustand oder einen Apfel und einen Apfelschäler als Anfangszustand einer Handlung.

- **Beispiel:** Ihr Bild gibt ein Beispiel für einen allgemeineren Begriff aus Ihrem Text. In einem Text über Getränke wäre eine Flasche Limonade ein mögliches Beispiel, in einem Text über Gebäude ein Wohnhaus. Achten Sie in diesen Fällen darauf, dass das Bild einen guten Vertreter der gemeinten Bedeutung zeigt. Beispiele können Sie auch für die Konkretisierung abstrakter Begriffe einsetzen, etwa eine traurig blickende Person für den Begriff *Trauer.*
- **Erläuterung:** Ihr Bild erklärt Informationen aus dem Text. So können Sie beispielsweise mit Diagrammen Zahlenverhältnisse erläutern.
- **Zusammenfassung:** Ihr Bild bündelt mehrere Informationen aus dem Text. Dies können Sie z. B. mit einer Schemazeichnung erreichen, aber auch mit einer Tabelle oder einem Organogramm.

3. Welcher Bildtyp ist geeignet?

Der Kommunikationswissenschaftler Steffen-Peter Ballstaedt hat die folgenden vier Bildtypen unterschieden, die Ihnen auch für die Auswahl von Bildern für Leichte-Sprache-Texte eine gute Orientierung bieten.

- **Abbilder:** Abbilder sind, wie Ballstaedt (2005) schreibt, ein »Realitätsersatz für Gegenstände, Lebewesen oder Szenen«. Abbilder können Zeichnungen oder Fotografien sein. Sie eignen sich für die Darstellung von Personen, Gegenständen und Handlungen/Vorgängen.
- **Visualisierungen:** Unterscheiden Sie bei den Visualisierungen zwischen Charts und Diagrammen. Charts sind z. B. Tabellen oder Organogramme. Aber auch der Stammbaum, von dem oben die Rede war, gehört dazu. Charts veranschaulichen die logische Ordnung komplexer inhaltlicher Zusammenhänge, sind also besonders gut für die Veranschaulichung von Argumentationen geeignet. Diagramme, z. B. Kreis- oder Säulendiagramme, veranschaulichen in einem Text ausgedrückte Zahlenverhältnisse. So können z. B. prozentuale Aufteilungen sehr gut mit einem Kreisdiagramm veranschaulicht werden. Davon können auch Leser(innen) profitieren, die mit der Prozentrechnung nicht vertraut sind; die Verteilungsverhältnisse werden in solchen Diagrammen auch ohne die Verwendung von Zahlen sichtbar.

- **Karten:** Karten bilden einen geografischen Ausschnitt aus der Vogelperspektive ab. Zusätzlich enthalten sie Beschriftungen und meistens auch weitere Symbolsysteme, z. B. auch Legenden. Das Lesen von Karten ist anspruchsvoll; sollten Sie eine Karte verwenden wollen, achten Sie darauf, weitere Symbolsysteme nur dosiert einzubringen oder sie zu erklären.
- **Piktogramme:** Piktogramme können schematische, reduzierte Abbilder von etwas sein, z. B. eine Kaffeetasse, die auf eine Pause verweist, oder eine laufende Person auf dem Notausgangsschild, die auf das Fluchterfordernis im Brandfall verweist. Piktogramme können aber auch Symbole sein. Symbolen kann man die Bedeutung nicht ablesen, sie haben keine Ähnlichkeit mit dem Abgebildeten; für ihre Interpretation benötigt man eigenständiges Wissen. So stellen etwa eine Glühbirne für »jetzt weiß ich es« oder zwei übereinander liegende Ringe für »verheiratet« Piktogramme dar, für deren Verstehen den Leser(inne)n der kulturelle Kode bekannt sein muss. Prüfen Sie, wenn Sie Piktogramme einsetzen wollen, welche Verstehensanforderungen mit ihnen verknüpft sind, sonst kann es geschehen, dass Sie Verstehenshürden auf- statt abbauen.

4. An welcher Stelle soll mein Bild eingebunden sein?

Zuletzt gehen wir der Frage nach, wo Bilder in den Text eingebunden werden sollen. Welche Position von Bildern eignet sich gut, welche eignet sich weniger gut? Um hier eine angemessene Entscheidung zu treffen, orientieren Sie sich an den folgenden zwei Kriterien:

1. Integration: Ihr Bild sollte möglichst nah an der Textstelle stehen, auf die es sich bezieht.
2. Gemeinsame Region: Ihr Bild sollte nicht durch eine Trennlinie o. Ä. vom Text separiert sein.

Mit diesem Verfahren machen Sie es den Leser(inne)n möglich, das Bild auf die richtige Textstelle zu beziehen und sich rasch zwischen Text und Bild hin- und herzubewegen, ohne die Orientierung zu verlieren.

Hinweis: Es kann vorkommen, dass Sie in der Platzierung der Bilder nicht frei sind, weil der Auftraggeber nur eine bestimmte Form der Seitengestaltung anbietet. Um die Verknüpfung von Bild und Text zu verdeutlichen, können Sie in diesem Fall mit anderen Mitteln arbeiten: Unterstreichen Sie dann beispielsweise die Textstelle, auf die sich das Bild bezieht, oder färben Sie Textausschnitt und Bild mit derselben Farbe ein. Achten Sie aber auf ausreichenden Kontrast insbesondere der Schrift (s. Kap. 9.1.2). Bei Onlinetexten können Sie, wenn Sie mit diesem Mittel arbeiten, auch die Option einrichten, dass die Leserschaft sich eigenständig einen anderen Kontrast einstellen kann, um eine Sehbeeinträchtigung zu kompensieren. Sie können die Textstelle und das Bild auch mit einem Pfeil verbinden.

Empfehlungen: Bilder

Beim Einsatz von Bildern beachten Sie die goldene Regel: Wählen Sie nur Bilder mit klaren Aussagen und eindeutigem Text-Bild-Bezug, die die Leser(innen) beim Verstehen des Texts unterstützen.

- Bei der konkreten Bildauswahl machen Sie sich zunächst die Funktion deutlich, die Ihre Bilder haben sollen (z. B. Leitsystem, Sicherung der Verständlichkeit von Textinhalten).
- Überlegen Sie, welche Bezugsgröße aus dem Text Sie veranschaulichen wollen (z. B. Personen, Gegenstände oder Handlungen).
- Legen Sie fest, in welchem Verhältnis Ihr Bild zu den Textinhalten stehen soll (z. B. erklärend, erweiternd, reduzierend, zusammenfassend).
- Entscheiden Sie sich für einen geeigneten Bildtyp (z. B. Abbildung, Karte, Visualisierung).
- Positionieren Sie das Bild möglichst nah an der Textstelle, auf die sich das Bild bezieht und trennen Sie das Bild nicht durch weitere optische Mittel (z. B. einen Trennstrich) vom Text.

Anmerkung: Manchmal kann es sein, dass Sie, z. B. aus Kosten- oder Platzgründen, gar keine Bilder verwenden können. Versuchen Sie dann, alles, wofür Sie gern Bilder verwendet hätten, so deutlich wie möglich im Text auszuführen.

10. Wie sieht Einfache Sprache aus?

Nicht alle schwachen Leser(innen) benötigen Texte in Leichter Sprache. Dennoch gibt es viele Gesellschaftsmitglieder, die an allgemeinsprachlichen Texten scheitern. Deshalb wird immer wieder der Ruf nach gestuften Erleichterungssystemen laut, wie sie bereits 1997 in den Leitlinien der IFLA zur Gestaltung von leichter zu lesenden Texten gefordert wurden (s. Kap. 2.1).

Es gibt bisher aber noch keine allgemein akzeptierte Praxis zur Erstellung von Texten in Einfacher Sprache, also einer sprachlichen Variante, die leichter ist als die Allgemeinsprache, aber nicht so stark erleichtert wie die Leichte Sprache.

Nun kann es Ihnen jedoch immer wieder geschehen, dass Ihre Auftraggeber sich von Ihnen Texte für Adressat(inn)en wünschen, deren Lesefähigkeit zwar beeinträchtigt ist, die aber mehr verstehen können als die primären Adressat(inn)en von Leichter Sprache. Oft ist es sogar so, dass den Auftraggebern die klare begriffliche Abgrenzung zwischen Leichter Sprache und Einfacher Sprache nicht bekannt ist. In diesen Fällen weisen Sie Ihren Auftraggeber auf die Unterschiede hin und erfragen Sie, welche Adressat(inn)en er genau ansprechen möchte. Entscheiden Sie von dort aus zusammen mit dem Auftraggeber, wie stark die Erleichterung ausfallen soll (s. Kap. 5.2).

Damit Sie auch in diesen Fällen professionelle Angebote machen können, führen wir Sie im folgenden Kapitel in die wichtigsten Grundlagen der Einfachen Sprache ein und geben Empfehlungen zur Textgestaltung. Weitere Hinweise finden Sie im Grundlagenwerk (Kap. 14).

10.1 Einfache Sprache – ein flexibles System

Einfache Sprache ist sehr viel flexibler als Leichte Sprache. Man kann sich das gesamte Varietätenspektrum wie ein Kontinuum mit zwei Extrempolen vorstellen. Der eine Extrempol ist die voll ausgebaute Standardsprache, der andere die nach allen Regeln der Kunst reduzierte Leichte Sprache. Dazwischen bewegt sich die Einfache Sprache, die je nach Adressatenschaft und Textsorte gestaltet werden kann:

Leichte Sprache — Einfache Sprache — Standardsprache

Schon hier zeigt sich, dass es für Einfache Sprache keine festen Regeln geben kann. Es geht immer um ein Mehr oder Weniger. Um dieses Mehr oder Weniger genauer zu bestimmen, können Sie sich Einfache Sprache wie ein Schubladensystem vorstellen. Die jeweils oberen Schubladen enthalten die sprachlichen Mittel, die auch in Leichter Sprache erlaubt sind. Je weiter nach unten Sie kommen, desto schwieriger wird es.

Mit diesem Modell vor Augen können Sie den Schwierigkeitsgrad Ihrer Texte kriteriengeleitet dosieren: Je weiter Sie bei einer Kategorie nach unten gehen, die Schwierigkeit also erhöhen, desto eher sollten Sie bei den anderen Kategorien in die oberen Schubladen greifen.

Wir zeigen das beispielhaft an vier Kategorien und wählen dafür den Satzbau (s. Kap. 7.1), die Negation (s. Kap. 7.7), die Pronomen der dritten Person (s. Kap. 6.3) und den Wortschatz (s. Kap. 6.1) aus:

Satzbau	Verneinung	Pronomen (3. Ps.)	Wortschatz
Hauptsätze	*nicht/kein*	keine Pronomen	zentrale Vertreter
Satzgefüge	*nirgends, niemals*	eindeutig auflösbar	alle Kernwörter und Fremdwörter
Nominal-konstruktionen	*keineswegs*	komplexe Auflösungs-verfahren	Fachwörter

zunehmend komplexer

Ganz oben finden Sie für jede Kategorie die Regeln für Leichte Sprache (nur Hauptsätze, zum Ausdruck der Verneinung bevorzugt *nicht/kein*, keine Pronomen der dritten Person, zentrale Vertreter des Wortfeld), nach unten hin finden Sie, ebenfalls für jede Kategorie, zunehmend komplexer werdende Anforderungen. Man kann sich nun Texte vorstellen, in denen der Wortschatz voll ausgeschöpft wird, in denen also nicht nur die prototypischen, sondern auch weniger zentrale Vertreter von Wortfeldern, inklusive Fremdwörter, und außerdem Fachwörter genutzt werden. Sie hätten damit, im Bild gesprochen, alle Wortschatzschubladen geöffnet.

In diesen Fällen sollten Sie bei allen anderen sprachlichen Entscheidungen tendenziell nur die oberen Schubladen aufziehen – beim Satzbau also tendenziell bei Hauptsätzen bleiben, weiter nur mit *nicht* und *kein* verneinen und Pronomen nicht oder nur behutsam, also in solchen Fällen einsetzen, in denen sie eindeutig auflösbar sind.

Nun stellen sich zwei Fragen:

1. In welchem Verhältnis stehen die sprachlichen Mittel zueinander? Um im Bild zu bleiben: Wann sollte man welche Schubladen öffnen?
2. Wie können die Schwierigkeitsgrade innerhalb der einzelnen Kategorien bestimmt werden? Im Bild gesprochen: Wie kann man feststellen, was sich in den oberen und was sich in den unteren Schubladen befindet?

10.2 Die schrittweise Steigerung des Schwierigkeitsgrades

10.2.1 Das Verhältnis der sprachlichen Mittel zueinander

Um zu entscheiden, wann Sie welche Mittel stärker zum Einsatz bringen sollten, empfehlen wir zwei Orientierungen:

Die **erste Orientierung** gewinnen Sie mit Blick auf den zu übersetzenden Text und seine Verwendung in der Zielsituation:

- Wenn zum Beispiel das Fachvokabular in einem Text und für die Zielsituation eine zentrale Rolle spielt, lohnt es sich, die Wortschatzschubladen möglichst weit zu öffnen. Wenn Sie sich dann bei allen anderen Kategorien zurückhalten, können sich die Leser(innen) auf die Schwierigkeiten beim Verstehen der Wörter konzentrieren, während sie bei allen anderen Verarbeitungsanforderungen entlastet sind.
- Wenn Sie einen Text mit nur wenigen Fachwörtern übersetzen oder wenn es auf die genaue Übernahme der Fachwörter in der Zielsituation weniger ankommt, sondern beispielsweise stärker auf die Argumentation des Texts, seien Sie bei der Grammatik großzügiger. Die Leser(innen) sind dann beim Wortschatz entlastet. Wenn andere Schubladen weiter geöffnet werden, z. B. durch das Einfügen von Nebensätzen oder die Verwendung von Pronomen, profitieren die Leser(innen) von dem besseren Textzusammenhalt.

Die **zweite Orientierung** liefert die Beantwortung der Frage, in welcher Textdimension Sie die stärkste Textverbesserung erreichen wollen:

- Der Verzicht auf den Genitiv und seine Ersetzung durch die *von*-Phrase *(das Haus des Lehrers ➞ das Haus von dem Lehrer)* hat große Auswirkungen auf die **Ästhetik** eines Texts. Das Fehlen des Genitivs wird häufig auch als Erstes genannt, wenn es darum geht, Leichte Sprache zu diskreditieren.

Wenn der Genitiv zugelassen ist, haben Sie also in der Dimension der Textästhetik eine erhebliche Verbesserung erreicht.

- Der Verzicht auf Pronomen der dritten Person und auf Satzgefüge hat besonders gravierende Auswirkungen auf die Herstellung der **Kohärenz** von Texten. Wenn Sie Satzgefüge und Pronomen zulassen, haben Sie eine erhebliche Verbesserung der Textkohärenz erreicht.
- Der Verzicht auf den Konjunktiv hat starke Auswirkungen auf die **Ökonomie** der Texte: Denn mit dem Konjunktiv werden komplexe Bedeutungsverhältnisse ausgedrückt. Wenn diese Verhältnisse mit anderen Mitteln ausgedrückt werden müssen, macht dies den Text länger. Die Verwendung des Konjunktivs macht Ihren Text kürzer und kompakter.

Die folgende Tabelle gibt Ihnen einen Überblick über die Effekte fehlender sprachlicher Mittel auf die Dimensionen Ästhetik, Kohärenz und Ökonomie für die Kategorien Pronomen, Satzgefüge, Konjunktiv, Genitiv, Präteritum und Passiv.

Das Fehlen der jeweiligen Kategorie kann sich unterschiedlich stark auswirken:
+++ gravierender Effekt
++ großer Effekt
+ geringer Effekt
– sehr geringer Effekt

	Ästhetik	Kohärenz	Ökonomie
Pronomen	+++	+++	+
Satzgefüge	++	++	++
Konjunktiv	+	+	+++
Genitiv	+++	–	+
Präteritum	++	+	++
Passiv	+	+	+

10.2.2 Schwierigkeitsgrade

Schwieriger zu beantworten ist die zweite Frage nach den Schwierigkeitsgraden innerhalb der einzelnen Kategorien. Hier fehlen an vielen Stellen noch aussagekräftige Forschungsergebnisse. An einigen Stellen lassen sich aber bereits Aussagen treffen. Wir beleuchten also im Folgenden die Schwierigkeitsgrade innerhalb von drei der bereits beispielhaft genannten Kategorien (Satzbau, Pronomen, Verneinung) sowie sechs weiteren Kategorien (Satzgefüge, Genitiv, unpersönliche Aussagen, Konjunktiv, Präteritum/Plusquamperfekt, Reihungen mit *und*).

Satzbau

Einfache Sätze lassen sich am leichtesten verarbeiten; danach folgen Satzgefüge (s. Kap. 7.1). Am schwierigsten sind komplexe Nominalkonstruktionen (s. Kap. 7.3), hinter denen sich Sätze verbergen. Lassen Sie in Einfacher Sprache also eher Satzgefüge als komplexe Nominalkonstruktionen zu.

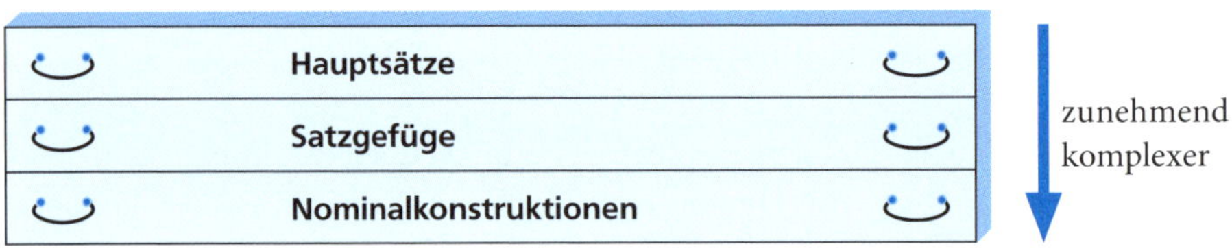

Satzgefüge

Bei den Satzgefügen sind diejenigen mit inhaltlich gefüllten Subjunktionen wie *wenn, weil, damit* (s. Kap. 7.1.1) am leichtesten zu verarbeiten. Denn die Subjunktion enthält eine eigene Bedeutung (z. B. Bedingung, Begründung, Zweck), die den Leser(inne)n eine inhaltliche Orientierung gibt.

Schwerer zu bewältigen sind Ergänzungssätze, die mit einer inhaltsleeren Subjunktion *(dass, ob)* eingeleitet sind (s. Kap. 7.1.3). Am schwierigsten zu verarbeiten sind Relativsätze (s. Kap. 7.1.2), auch deshalb, weil sie oft in einen Satz eingelagert sind.

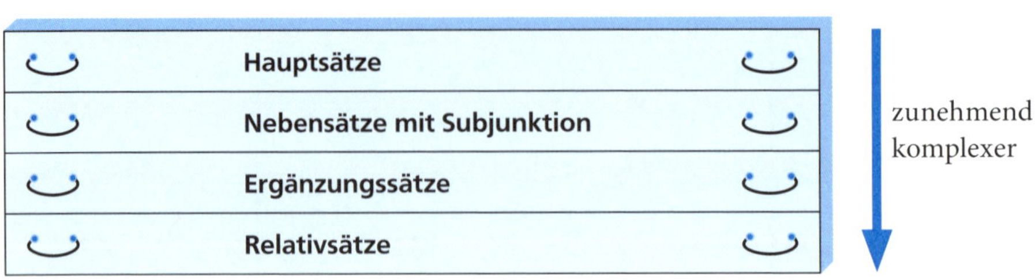

Hinweis: Wenn Sie in Einfacher Sprache Satzgefüge verwenden, achten Sie darauf, dass diese keine Mehrfacheinbettungen enthalten, dass das Satzgefüge also nicht aus mehr als zwei Sätzen besteht wie in folgendem Beispiel:
Wenn Sie zum Arzt gehen, weil Sie Rückenprobleme haben, bedenken Sie ...
Schreiben Sie nur einen Hauptsatz und einen Nebensatz, am besten in dieser Reihenfolge:
Sie haben Rückenprobleme? Wenn Sie zum Arzt gehen, dann bedenken Sie ...
Vermeiden sollten Sie in allen Fällen eingelagerte Nebensätze:
Gehen Sie, wenn Sie Rückenprobleme haben, zum Arzt.
Hier wird der Hauptsatz *(Gehen Sie ... zum Arzt)* durch den Nebensatz unterbrochen.

Genitiv

Den Genitiv haben wir als »Meister der nominalen Komplexität« bezeichnet (s. Kap. 7.3). Dabei haben wir zwei Fälle unterschieden:

1. In der Genitivkonstruktion steckt ein Satz *(die Auswahl des besten Angebots – jemand wählt das beste Angebot aus)*. Sie erkennen diese Genitive daran, dass ihre Bezugswörter von Verben abgeleitet sind *(Auswahl – auswählen)*. Solche Genitivstrukturen sollten Sie auch in Einfacher Sprache nicht verwenden, denn so verpackte Sätze stellen erhebliche Anforderungen an die Leser(innen).
2. In der Genitivkonstruktion steckt kein Satz *(das Handy der Kanzlerin, das Haus des Lehrers)*. Sie erkennen sie daran, dass ihre Bezugswörter nicht von Verben abgeleitet sind (hier: *Handy, Haus*). In Leichter Sprache werden sie meist in eine *von*-Phrase gebracht. In Einfacher Sprache können Sie für diese Arten von Konstruktionen den Genitiv zulassen.

kein Genitiv (stattdessen *von*-Phrase)
Genitiv ohne Verbkonstruktion
Genitiv mit Verbkonstruktion

↓ zunehmend komplexer

Pronomen

Pronomen der ersten und zweiten Person *(ich, du, wir, ihr)* sowie das Anredepronomen *Sie* sind in Leichter Sprache ohnehin erlaubt. Bei den Pronomen der dritten Person *(er, sie, es)*, die in Leichter Sprache nicht zugelassen sind (s. Kap. 6.3), sind diejenigen am leichtesten zu verstehen, die einem Bezugswort eindeutig zugeordnet werden können: *Marie hat einen Sohn. Er ist jetzt drei Jahre alt.* Muss zwischen mehreren Bezugswörtern ausgewählt werden, wird das Verständnis schon schwieriger: *Herbert hat einen Sohn. Er ist jetzt drei Jahre alt.* Am problematischsten sind sicherlich Pronomen, bei denen die Auflösung uneindeutig ist: *Herbert hat einen Sohn. Er ist jetzt 30 Jahre alt.* Gleiches gilt für solche, bei denen der Weg zwischen dem Pronomen und dem Bezugswort besonders weit ist: *Herbert sollte seinen Sohn am Morgen in den Kindergarten bringen. Nun hat er sich verspätet.*

Uneindeutige Fälle sind auch deshalb schwer, weil sie allein über das Weltwissen erschlossen werden müssen. Da unser Weltwissen sich aber in großem Umfang aus schriftlichen Texten speist und schwache Leser(innen) weniger Lesepraxis haben, verfügen sie häufig auch über weniger Weltwissen. Pronomen der dritten Person stellen dann möglicherweise eine zu große Hürde dar.

Im Grundlagenwerk (Kap. 9.2.2.3) sind die verschiedenen Fälle der pronominalen Bezugnahme vorgestellt. In der konkreten Übersetzungspraxis ist es wichtig, dass Sie sich beim Einsatz von Pronomen der dritten Person klar machen, wo möglicherweise Schwierigkeiten, z. B. wegen mehrerer möglicher Bezugswörter, entstehen könnten. Als grobe Orientierung können Sie die folgende Abstufung verwenden:

- **keine Pronomen der dritten Person**
- **Pronomen mit eindeutig auflösbarem Bezug**
- **Pronomen mit mehreren möglichen Bezugswörtern**
- **Pronomen mit langem Abstand zum Bezugswort**
- **Pronomen mit nicht eindeutig auflösbaren Bezügen**

↓ zunehmend komplexer

Hinweis: Achten Sie aber beim Einsatz von Pronomen auch auf Folgendes: Die eindeutige Zuordnung zu einem Bezugswort ist oft nur dann möglich, wenn die Leser(innen) wissen, welches grammatische Geschlecht das Bezugswort hat: *Der Geist flog im Schloss umher. Es/Er war grün.* Gerade bei Lerner(inne)n des Deutschen kann diese Kenntnis nicht umstandslos vorausgesetzt werden, selbst wenn sie das Deutsche bereits auf höherem Niveau beherrschen. Wenn Sie also einen Text für Leser(innen) mit Deutsch als Zweitsprache gestalten sollen, achten Sie besonders auf die dosierte Verwendung von Pronomen.

Unpersönliche Aussagen

Unpersönliche Aussagen können eine wichtige Funktion im Text übernehmen. So kann zum Beispiel mit *man*-Konstruktionen, *jemand*-Konstruktionen oder mit Passivkonstruktionen (s. Kap. 7.4) ausgedrückt werden, dass etwas für jedermann / für alle zutrifft *(Man sollte schon in jungen Jahren für das Alter vorsorgen).* Solche Allgemeinaussagen dienen dem Textverstehen. Sie sollten vor solchen unpersönlichen Aussagen zugelassen werden, bei denen ein konkreter Handlungsträger existiert, der jedoch verborgen bleibt *(Sie werden über die Entscheidung rechtzeitig informiert).* Solche Aussagen sollten Sie deshalb nur in Einfache-Sprache-Texten verwenden, die sich der Standardsprache weit annähern:

keine unpersönlichen Aussagen
Allgemeinaussagen
Aussagen mit verborgenen Handlungsträgern

zunehmend komplexer

Konjunktiv

Die zwei wichtigsten Domänen des Konjunktivs sind der Potenzialis/Irrealis und die indirekte Rede (s. Kap. 7.5). Das Konzept, das im Potenzialis/Irrealis steckt, mit anderen sprachlichen Mitteln auszudrücken, ist mit viel Aufwand verbunden. Demgegenüber ist die Umwandlung der indirekten in die direkte Rede meist unproblematisch möglich. Wenn Sie den Konjunktiv also einsetzen, nutzen Sie ihn – wegen der erheblichen ökonomischen Vorteile – zuerst für den Irrealis/Potenzialis und vermeiden Sie ihn zunächst noch bei der Redewiedergabe. Dafür spricht auch, dass der Konjunktiv in der Redewiedergabe auf die Schriftsprache festgelegt ist. Auch in Einfacher Sprache sollten Sie zunächst noch medienneutrale Formen verwenden.

kein Konjunktiv
Konjunktiv bei Irrealis/Potenzialis
Konjunktiv bei indirekter Rede

zunehmend komplexer bzw. schriftsprachlich

Präteritum/Plusquamperfekt

Die Verarbeitung des Präteritums und des Plusquamperfekts stellt eine insgesamt sehr hohe Hürde dar (s. Kap. 7.6.1). Wenn Sie diese Formen verwenden wollen, halten Sie sich deshalb an allen anderen Stellen stärker zurück. Wenn Sie neben Präteritum/Plusquamperfekt noch weitere standardsprachliche Mittel einsetzen möchten (Pronomen der dritten Person, Genitiv, Nebensätze), dann werden Sie eine Version der Einfachen Sprache erzeugen, die im Kontinuum zwischen Leichter Sprache und Standardsprache sehr weit in Richtung vollausgebildeter Standard tendiert.

Reihungen mit *und*

Reihungen mit *und* sind dann leichter zu verarbeiten, wenn die gemeinsame Einordnungsinstanz (GEI) bekannt ist und wenn die gereihten Elemente sichtbar, d.h. mittels typografischer Absetzung, unter der GEI angeordnet sind (s. Kap. 7.2). In Einfacher Sprache können Sie die optische Reihungsstruktur aufheben. Die GEI sollten Sie zunächst allerdings wenn möglich weiter explizit ausdrücken.

GEI, typografische Absetzung
GEI, keine typografische Absetzung
Reihungen ohne explizite GEI

zunehmend komplexer

Verneinungen

Nicht und *nein* sind auch in Einfacher Sprache die besten Vertreter zum Ausdruck von Verneinungen (s. Kap. 7.7). Sie können aber auch damit beginnen, komplexere Verneinungsausdrücke wie *nie*, *nirgends* oder in Wörtern eingelagerte Negationen wie in *unverheiratet* oder *Unglück* zu verwenden.

Stark schriftsprachlich geprägte Negationsausdrücke (etwa *keineswegs*, *nichtsdestotrotz*) sollten Sie noch länger vermeiden. Zweigliedrige Negationsausdrücke wie *weder ... noch* oder *nicht nur ..., sondern auch* sollten Sie auch in Einfacher Sprache nicht oder erst ganz am Ende der Anreicherungskette verwenden. Am problematischsten ist sicherlich die doppelte Verneinung (z. B. *nicht uninteressant*), die auch in Einfacher Sprache nicht verwendet werden sollte.

nicht, kein
nie, nirgends, unverheiratet
keineswegs, nichtsdestotrotz
weder … noch; nicht nur …, sondern auch

zunehmend komplexer

Hinweis: Auf die Fettung von Negationsausdrücken können Sie in Einfacher Sprache verzichten.

10.3 Die visuelle Aufbereitung von Texten in Einfacher Sprache

Der Mediopunkt (s. Kap. 6.4) gehört der Leichten Sprache zu. Verwenden Sie ihn nicht in Ihren Texten in Einfacher Sprache. In Bezug auf die Wahl der Schriftart und der Schriftauszeichnung (s. Kap. 9.1) sind Sie in Einfacher Sprache frei. Die für Leichte Sprache empfohlene Schriftgröße von mindestens 14 Punkt sollten Sie zur Sicherung der optimalen Wahrnehmbarkeit aber auch hier beibehalten.

Die Layoutregel der Leichten Sprache, jeden Satz auf einer neuen Zeile zu beginnen (s. Kap. 9.2), gilt in Einfacher Sprache nicht. Sie können die Sätze also in einen Fließtext bringen. Machen Sie aber reichlich Gebrauch von Absätzen, um thematisch zusammengehörende Informationen sichtbar zu machen. Verwenden Sie ähnlich wie in Leichte-Sprache-Texten großzügig Zwischenüberschriften und arbeiten Sie – im Fall von fachlich besonders dichten Texten – auch mit Randglossen (s. Kap. 8.2.2). Auch das Schreiben einer Kurzzusammenfassung, die dem Text vorangestellt wird, oder das Verfassen eines Vorworts, in dem Sie auf die Textsorte hinweisen (s. Kap. 8.2.1), kann für Leser(innen) von Einfache-Sprache-Texten eine Erleichterung darstellen.

Die Arbeit mit Bildern erfolgt in Texten in Einfacher Sprache dosiert. Achten Sie aber auch hier auf die oben formulierte goldene Regel (s. Kap. 9.3): Verwenden Sie auch in Einfacher Sprache keine Zierbilder oder Bilder mit Zierelementen, die vom Textinhalt ablenken, und achten Sie auf einen eindeutigen Text-Bild-Bezug.

Bevorzugen Sie Bilder, die entweder die Textstruktur verdeutlichen (visuelle Leitsysteme), oder Bilder, die die Textinhalte veranschaulichen. Ähnlich wie bei der Leichten Sprache ist der optimale Einsatz von Bildern wesentlich vom Vorwissen der Adressat(inn)en abhängig. Je ausgeprägter das Welt- und Textwissen Ihrer konkreten Adressatengruppe ist, desto weniger Bilder sollten Sie zum Einsatz bringen.

Empfehlungen: Einfache Sprache

Bei der Erstellung von Texten in Einfacher Sprache können Sie unterschiedliche Grade der Erleichterung wählen.

- Um den Schwierigkeitsgrad dosiert anzuheben, gehen Sie kriteriengeleitet vor: Je schwieriger Sie den Text in einer Dimension (z. B. beim Wortschatz) machen, desto leichter sollte er in anderen Dimensionen (z. B. beim Satzbau) sein.
- Bei der Entscheidung über die konkrete Auswahl sprachlicher Mittel für Ihren Einfache-Sprache-Text bieten sich folgende Orientierungen an:
  - Wo liegt der Schwerpunkt des Ausgangstexts? Ist z. B. der Wortschatz zentral oder ist die Argumentationsstruktur wichtiger?
  - In welcher Zielsituation wird der Einfache-Sprache-Text gebraucht? Kommt es auf die genaue Wortwahl an? Oder ist es wichtiger, dass die Adressat(inn)en die inhaltlichen Zusammenhänge verstehen?
  - Wollen Sie eine Textverbesserung eher in der Dimension Ästhetik, in der Dimension Kohärenz oder in der Dimension Ökonomie erzielen?
- Wenn Sie sich entschieden haben, ein bestimmtes sprachliches Mittel zu verwenden (z. B. Satzgefüge), achten Sie darauf, nicht gleich das gesamte Spektrum auszureizen. Nutzen Sie auch hier verschiedene Schwierigkeitsgrade, wie wir sie in den einzelnen Schubladensystemen vorgestellt haben.
- Bei der visuellen Gestaltung können Sie darauf verzichten, lange Wörter mit Mediopunkt zu gliedern und jeden Satz in einer neuen Zeile zu beginnen.
- Achten Sie dennoch auf gute Wahrnehmbarkeit der Informationsstruktur, indem Sie Absätze machen und Zwischenüberschriften setzen.
- Wählen Sie wie in Leichter Sprache einen großen Schriftgrad (mindestens 14 Punkt).
- Ob Sie Bilder verwenden und was genau Sie bebildern, hängt vom Vorwissen der Adressat(inn)en ab.

11. Kommentierte Literaturliste

Eine ausführliche Literaturliste zu allen thematischen Bereichen finden Sie im Grundlagenwerk. Hier geben wir Ihnen einige kommentierte Leseempfehlungen und wichtige Links zu den Themen des Ratgebers.
Alle angegebenen Internetlinks und Downloadmöglichkeiten wurden zuletzt am 24.08.2016 überprüft.

Regelwerke aus Praxis und Wissenschaft

BITV 2.0 (2011): Die Vorgaben zur Gestaltung von Texten in Leichter Sprache nach der **Barrierefreie-Informationstechnik-Verordnung** (BITV 2.0, Verordnung zur Schaffung barrierefreier Informationstechnik nach dem Behindertengleichstellungsgesetz) finden Sie in deren Anlage 2: http://www.gesetze-im-internet.de/bitv_2_0

BMAS (2013): **Das Regelwerk des Netzwerks Leichte Sprache** e. V. finden Sie auf den Seiten des Netzwerks selbst: http://www.leichtesprache.org > Leichte Sprache > Die Regeln. Das Regelwerk des Netzwerks ist auch über die Seiten des Bundesministeriums für Arbeit und Soziales (BMAS) zugänglich: Leichte Sprache. Ein Ratgeber. Abdruck der »Regeln für Leichte Sprache« des Netzwerks Leichte Sprache e. V.: http://www.bmas.de > Service > Publikationen.

Bredel, Ursula / Maaß, Christiane (2016 a): **Leichte Sprache: Theoretische Grundlagen. Orientierung für die Praxis.** Berlin: Dudenverlag (= »Grundlagenwerk«). Es handelt sich aktuell um das umfassendste Werk zur Leichten Sprache. Leichte Sprache wird hier in den Kontext unterschiedlicher Disziplinen eingeordnet und die Regeln werden wissenschaftlich begründet.

Inclusion Europe (2009): **Inclusion Europe** stellt sein Regelwerk »Informationen für alle! Europäische Regeln, wie man Informationen leicht lesbar und leicht verständlich macht« auf der Plattform http://easy-to-read.eu unter dem Karteireiter »Europäische Regeln« in vielen Sprachen zur Verfügung.

Maaß, Christiane (2015): **Leichte Sprache. Das Regelbuch.** Berlin et al.: LIT. Sie können das Buch auf den Seiten der Forschungsstelle Leichte Sprache im Bereich »Download« herunterladen: https://www.uni-hildesheim.de/

leichtesprache. Hier werden die Regelwerke miteinander verglichen und die Regeln für die Übersetzungspraxis angepasst.

Wichtige Links zur Leichten Sprache

Das **Netzwerk Leichte Sprache** stellt auf seinen Seiten Informationen über Leichte Sprache und über Veranstaltungen und Schulungen zur Verfügung: http://leichtesprache.org

Die **Forschungsstelle Leichte Sprache** informiert über Forschungsprojekte und Schulungen zur Leichten Sprache und bietet wissenschaftliche Publikationen zum Download: http://www.uni-hildesheim.de/leichtesprache

Die **Onlineplattform Hurraki** ist ein Wörterbuch für Leichte Sprache, auf dem User selbstständig neue Einträge einstellen können (Wiki). Außerdem bietet sie viele Informationen rund um Leichte Sprache: http://hurraki.de

Das **Netzwerk IQ** (Integration durch Qualifizierung) hat das **Wörterbuch SGB II Leichte Sprache** mit Kommunikationsempfehlungen für Mitarbeiterinnen und Mitarbeiter der Arbeitsverwaltung herausgegeben: http://www.netzwerk-iq.de > Publikationen > Fachpublikationen.

Das **Büro für Leichte Sprache** der Lebenshilfe Bremen ist eine der am längsten bestehenden Onlinepräsenzen zum Thema Leichte Sprache.
Hier finden sich neben Informationen aller Art auch Literaturhinweise und Leichte-Sprache-Illustrationen: http://www.leichte-sprache.de

Bundesbehörden, u. a. alle Bundesministerien und auch die Bundesregierung, müssen seit März 2014 auf ihren Onlinepräsenzen ein Angebot in Leichter Sprache vorhalten. Sie finden das Angebot im Allgemeinen mit der Startseite verlinkt, beispielsweise: https://www.bundesregierung.de > Seitenkopf rechts. Direktlink: https://www.bundesregierung.de/Webs/Breg/DE/LeichteSprache/leichteSprache_node.html

Die **Bundesvereinigung Lebenshilfe** engagiert sich für Personen mit geistiger Behinderung und hält ein großes Angebot von Texten in Leichter Sprache vor: https://www.lebenshilfe.de/de/leichte-sprache

Die **Bundeszentrale für politische Bildung** hat 2014 ein Heft über Leichte und Einfache Sprache herausgegeben (Aus Politik und Zeitgeschichte, 9–11/2014): http://www.bpb.de/apuz/179341/leichte-und-einfache-sprache-versuch-einer-definition

Rechtliche Lage in Deutschland

BGG, Entwurf (2016): Entwurf des Gesetzes zur Weiterentwicklung des Behindertengleichstellungsrechts (BGG), BT-Drs. 18/7824 vom 09.03.2016, http://dip21.bundestag.de/dip21/btd/18/078/1807824.pdf

BGG (2016): Gesetz zur Weiterentwicklung des Behindertengleichstellungsrechts vom 19.07.2016, BGBl. I Nr. 36, S. 1757–1763, http://www.bgbl.de

NAP (2011): Nationaler Aktionsplan der Bundesregierung zur Umsetzung der UN-Behindertenrechtskonvention – Unser Weg in eine inklusive Gesellschaft, http://www.bmas.de > Service > Publikationen.

Adressatenschaft von Leichter Sprache

Hier finden Sie die Literatur zu den unterschiedlichen Ursachen für Leseeinschränkungen, auf die wir uns für unsere Ausführungen im Ratgeber gestützt haben:

Geistige Behinderung

Bundesvereinigung Lebenshilfe für Menschen mit geistiger Behinderung et al. (2001): Positionspapier Gesundheitliche Versorgung von Menschen mit geistiger Behinderung. In: Bundesverband evangelischer Behindertenhilfe (Hrsg.): Gesundheit und Behinderung. Expertise zu bedarfsgerechten gesundheitsbezogenen Leistungen für Menschen mit geistiger und mehrfacher Behinderung als notwendiger Beitrag zur Verbesserung ihrer Lebensqualität und zur Förderung ihrer Partizipationschancen. Reutlingen: Diakonie-Verlag.

Fornefeld, Barbara (2000): Einführung in die Geistigbehindertenpädagogik. München, Basel: Reinhardt.

Ratz, Christoph (2013): Zur aktuellen Diskussion und Relevanz des erweiterten Lesebegriffs. In: Empirische Sonderpädagogik 4, 343–360.

Seidel, Michael (2013): Geistige Behinderung, eine Einführung. In: Bienstein, Pia / Rojahn, Johannes (Hrsg.): Selbstverletzendes Verhalten bei Menschen mit geistiger Behinderung. Grundlagen, Diagnostik und Intervention. Göttingen et al.: Hogrefe, 11–28.

Senckel, Barbara (2010): Mit geistig Behinderten leben und arbeiten. Eine entwicklungspsychologische Einführung. München: Beck.

Lernschwierigkeiten

Heimlich, Ulrich (2009): Lernschwierigkeiten. Sonderpädagogische Förderung im Förderschwerpunkt Lernen. Bad Heilbrunn: Klinkhardt.

Langenfeld, Christine (2006): Maßnahmen des Nachteilsausgleichs und des besonderen Schutzes für Schüler und Schülerinnen mit Legasthenie an allgemeinbildenden Schulen. Rechtsgutachterliche Stellungnahme erstattet von Prof. Dr. Christine Langenfeld, Institut für öffentliches Recht, Georg-August-Universität Göttingen, für den Bundesverband Legasthenie und Dyskalkulie. In: Bundesverband Legasthenie und Dyskalkulie (Hrsg.): Chancengleichheit herstellen, Diskriminierung vermeiden. Hannover: Eigenverlag, 5–28, https://www.bvl-legasthenie.de/images/static/pdfs/bvl/Sonderheft_Recht_10_2006.pdf

Valtin, Renate / Voss, Andreas / Bos, Wilfried (2015): Zur Diagnose von isolierten und kombinierten Leseproblemen. In: Didaktik Deutsch 38, 41–59.

Demenz

Gress-Heister, Markus (2003): Abbau sprachverarbeitender Prozesse bei dementiellen Syndromen am Beispiel pronominaler Formen. In: Fiehler, Reinhard / Timm, Caja (Hrsg.): Sprache und Kommunikation im Alter. Radolfzell: Verlag für Gesprächsforschung, 292–309.

Hummert, Mary L. / Ryan, Ellen (1996): Toward understanding variations in patronizing talk addressed to older adults: Psycholinguistic features of care and control. In: International Journal of Psycholinguistics 12, 149–169.

Kurz, Alexander (2013): Das Wichtigste über die Alzheimer-Krankheit und andere Demenzformen. Ein kompakter Ratgeber. 23., aktualisierte Auflage. Berlin: Deutsche Alzheimer Gesellschaft e.V.

Sachweh, Svenja (2008): Spurenlesen im Sprachdschungel – Kommunikation und Verständigung mit demenzkranken Menschen. Bern: Huber.

Schecker, Michael (2003): Sprache und Demenz. In: Fiehler, Reinhard / Timm, Caja (Hrsg.): Sprache und Kommunikation im Alter. Radolfzell: Verlag für Gesprächsforschung, 278–292.

Schindelmeiser, Jochen (2008): Neurologie für Sprachtherapeuten. München: Elsevier.

Prälinguale Hörschädigung / Gehörlosigkeit

Hennies, Johannes (2009): Lesekompetenz gehörloser und schwerhöriger SchülerInnen: Ein Beitrag zur empirischen Bildungsforschung in der Hörgeschädigtenpädagogik. Dissertationsschrift Humboldt Universität Berlin, http://edoc.hu-berlin.de/dissertationen/hennies-johannes-2009-07-15/PDF/hennies.pdf

Holzinger, Daniel / Fellinger, Johannes / Strauß, Ulrike / Hunger, Barbara (2006): CHEERS-Studie, Chancen Hörgeschädigter auf eine erfolgreiche schulische Entwicklung, http://www.barmherzige-brueder.at/dl/mNnrJKJLolonJqx4KJK/Barmherzige_Br_der___Cheers-Studie.pdf

Krammer, Klaudia (2001): Schriftsprachkompetenz gehörloser Erwachsener. Klagenfurt: Veröffentlichungen des Forschungszentrums für Gebärdensprache und Hörgeschädigtenkommunikation der Universität Klagenfurt. Band 3.

Kramreiter, Silvia (2011): Integration von gehörlosen Kindern in der Grundschule mit Gebärdensprache und Lautsprache in Österreich. Dissertationsschrift Universität Wien, http://othes.univie.ac.at/14930

Kramreiter, Silvia (2012): Aufbau von Schriftsprachkompetenz gehörloser Kinder bei schulischer Integration – Wiener Waldschule. In: Schulheft 146, o. P., http://www.plig.at/pdf/pressespiegel/KRAMREITER+2012+1.pdf

Krausneker, Verena (2004): Viele Blumen schreibt man Blümer. Soziolinguistische Aspekte des bilingualen Wiener Grundschul-Modells mit Österreichischer Gebärdensprache und Deutsch. Hamburg: Signum.

Aphasie

Bindel, Rolf W. (1993): Zurück zur Sprache. Heusweiler: Pressevertrieb Saar.

Bundesverband für die Rehabilitation der Aphasiker, http://www.aphasiker.de

Huber, Walter / Poeck, Klaus / Springer, Luise (2006): Klinik und Rehabilitation der Aphasie. Stuttgart et al.: Thieme.

Leuninger, Helen (1989): Neurolinguistik: Probleme, Paradigmen, Perspektiven. Opladen: Westdeutscher Verlag.

Lutz, Luise (1992): Das Schweigen verstehen: Über Aphasie. Berlin, Heidelberg: Springer.

Poeck, Klaus (1987) (Hrsg.): Neurologie. Heidelberg: Springer.

Tesak, Jürgen (2006): Einführung in die Aphasiologie. 2. Auflage. Stuttgart: Thieme.

Funktionaler Analphabetismus

Bundesverband Alphabetisierung und Grundbildung e.V.: http://www.alphabetisierung.de

Grotlüschen, Anke / Riekmann, Wibke (2011): leo. Level-One-Studie, Presseheft. Hamburg, http://www.mein-schlüssel-zur-welt.de/_files/leo-Presseheft_15_12_2011.pdf

Hubertus, Peter / Nickel, Sven (2003): Sprachunterricht in der Erwachsenenbildung: Alphabetisierung von Erwachsenen. In: Bredel, Ursula / Günther, Hartmut / Klotz, Peter / Ossner, Jakob / Siebert-Ott, Gesa (Hrsg.): Didaktik der deutschen Sprache. Ein Handbuch. Band 2. Paderborn: Schöningh UTB, 719–728.

Nickel, Sven (2002): Funktionaler Analphabetismus – Ursachen und Lösungsansätze hier und anderswo. Bundesverband Alphabetisierung e.V., Universität Bremen, http://elib.suub.uni-bremen.de/publications/ELibD890_Nickel-Analphabetismus.pdf

Deutsch als Zweitsprache

Haug, Sonja (2008): Sprachliche Integration von Migranten in Deutschland. Integrationsreport. Herausgegeben vom Bundesamt für Migration und Flüchtlinge, https://www.bamf.de > Infothek > Publikationen.

RAM-Studie: Babka von Gostomski, Christian (2008): Türkische, griechische, italienische und polnische Personen sowie Personen aus den Nachfolgestaaten des ehemaligen Jugoslawien in Deutschland. Erste Ergebnisse der Repräsentativbefragung »Ausgewählte Migrantengruppen in Deutschland 2006/2007«. Herausgegeben vom Bundesamt für Migration und Flüchtlinge. RAM – Repräsentativbefragung ausgewählter Migrantengruppen, http://www.migration-online.de/data/wp11ramersteergebnisse.pdf

Verstehen und Verständlichkeit

Die Verständlichkeitsforschung wird im Grundlagenwerk (Kap. 4.1 und 4.2) zusammengefasst; im Folgenden finden Sie einige Schriften in Auswahl.

Wichtige Verständlichkeitsansätze:

Göpferich, Susanne (2002): Textproduktion im Zeitalter der Globalisierung. Tübingen: Stauffenburg.

Groeben, Norbert (1982): Leserpsychologie: Textverständnis – Textverständlichkeit. Münster: Aschendorff.

Langer, Inghard / Schulz von Thun, Friedemann / Tausch, Reinhard (1974): Verständlichkeit in Schule, Verwaltung, Politik, Wissenschaft. 9. Auflage, 2011 unter dem Titel: Sich verständlich ausdrücken. München, Basel: Reinhardt. (= »Hamburger Verständlichkeitskonzept«)

Einen aktuellen Überblick über die Verständlichkeitsforschung liefern u. a. diese Autor(inn)en:

Fischer, Sylvia (2011): Verständlichkeit von Bedienungsanleitungen: dysfunktionale Rezeption von Instruktionen. Dissertationsschrift Universität Mainz, http://ubm.opus.hbz-nrw.de/volltexte/2011/2968/pdf/doc.pdf

Kercher, Jan (2013): Verstehen und Verständlichkeit von Politikersprache. Verbale Bedeutungsvermittlung zwischen Politikern und Bürgern. Wiesbaden: Springer.

Auf die Rolle der Verständlichkeit im Leseprozess gehen u. a. diese Autor(inn)en ein:

Iluk, Jan (2009): Verarbeitungs- und lernbehindernde Barrieren in Lehrtexten aus kognitionswissenschaftlicher Sicht. In: Antos, Gerd (Hrsg.): Rhetorik und Verständlichkeit. Tübingen: Niemeyer, 46–60.

Isler, Dieter / Philipp, Maik / Tilemann, Friederike (2010): Lese- und Medienkompetenzen: Modelle, Sozialisation und Förderung. Düsseldorf: LfM.

Der Aspekt der Lesbarkeit von Druckschriften findet sich hier ausgeführt:

Wendt, Dirk (2000): Lesbarkeit von Druckschriften. In: Gorbach, Rudolf P. (Hrsg.): Lesen. Erkennen. Ein Symposium der Typographischen Gesellschaft München. München: Typographische Gesellschaft München, 9–64.

Umfassend zu verständlicher und barrierefreier Web-Programmierung ist dieses Werk:

Hellbusch, Jan E. / Probiesch, Kerstin (2011): Barrierefreiheit verstehen und umsetzen. Webstandards für ein zugängliches und nutzbares Internet. Heidelberg: d.punkt.

Weitere zitierte Literatur und Quellen, soweit nicht im Text vollständig angegeben

Ballstaedt, Steffen-Peter (2005): Visualisierung. Bilder in der technischen Kommunikation, Fachhochschule Gelsenkirchen, http://www.ballstaedt-kommunikation.de/wp-content/uploads/Skript_Bilder_Technischen-Kommunikation.pdf

Bangel, Melanie / Müller, Astrid (2016): Die Wortschreibung als Lerngegenstand im Schriftsprachunterricht: Ergebnisse einer Interventionsstudie. In: Mesch, Birgit / Noack, Christina: System, Norm und Gebrauch – drei Seiten einer Medaille? Orthographische Kompetenz und Performanz im Spannungsfeld zwischen System, Norm und Empirie. Baltmannsweiler: Schneider Hohengehren, 96–121.

Blindeninstitutsstiftung (2015 a): Das ist uns wichtig – Leitbild in Leichter Sprache, http://www.blindeninstitut.de > Die Stiftung > Stiftungswerte oder https://www.uni-hildesheim.de/media/fb3/uebersetzungswissenschaft/Leichte_Sprache_Seite/Publikationen/Leitbild-Leichte-Sprache.pdf

Blindeninstitutsstiftung (2015 b): Leitbild, http://www.blindeninstitut.de > Die Stiftung > Stiftungswerte.

Bredel, Ursula / Maaß, Christiane (2016 b): Arbeitsbuch Leichte Sprache. Übungen für die Praxis mit Lösungen. Berlin: Dudenverlag.

denk|mal (2009): denk|mal. Geschichte 7/8, Braunschweig: Schroedel.

Lang, Ewald (1977): Semantik der koordinativen Verknüpfung. Berlin: Akademie-Verlag.

Lebenshilfe Bremen (2013): Leichte Sprache: Die Bilder. Gezeichnet von Stefan Albers. Marburg: Lebenshilfe-Verlag.

Quellen

PAH-A	Actelion (2014): Was ist pulmonal-arterielle Hypertonie (PAH)? (Patientenbroschüre), http://ruhigatmen.at/uploads/2014/10/patientenbroschuere_2014.pdf
PAH-L	Klarigo (2015): Leben mit pulmonal arterieller Hypertonie. Patienteninformation in Leichter Sprache, Pfungstadt: Klarigo – Verlag für Patientenkommunikation.
ERB-A	Niedersächsisches Justizministerium (2013): Erbrecht. vererben – erben. Was Sie über das Erbrecht wissen sollten, 16. Auflage, http://www.mj.niedersachsen.de/download/8161
ERB-L	Niedersächsisches Justizministerium (2014): Das Erb·recht. vererben – erben. Wichtige Informationen zum Erb·recht in Leichter Sprache, http://www.mj.niedersachsen.de/download/89286
SAND-A	Deutsche Presse-Agentur GmbH (2015): Massenkarambolage im Sandsturm: Geldstrafe für Lkw-Fahrer, Meldung vom 10.11.2015.
SAND-L	NDR (2015): Unfall im Sand·sturm: Geld·strafe für Lkw-Fahrer, Meldung vom 13.11.2015, http://www.ndr.de/fernsehen/service/leichte_sprache/Unfall-im-Sandsturm-Geldstrafe-fuer-Lkw-Fahrer,nilssandsturm100.html

Internetportale

Duden online:	http://www.duden.de
Wortschatzportal der Universität Leipzig:	http://wortschatz.uni-leipzig.de

Register